Analoge Eltern – digitale Kinder

© privat

Dr. Nelia Schmid König, geb. 1956 in der Schweiz, ist Literaturwissenschaftlerin und Psychoanalytikerin für Kinder, Jugendliche und Paare. Sie arbeitet auch als Supervisorin für Lehrer:innen und Erzieher:innen. www.neliaschmidkoenig.de

Nelia Schmid König

Analoge Eltern – digitale Kinder

Eine Herausforderung für Familien

Mabuse-Verlag
Frankfurt am Main

Bibliografische Information der Deutschen Nationalbibliothek

Die Deutsche Nationalbibliothek verzeichnet diese Publikation in der Deutschen Nationalbibliografie; detaillierte bibliografische Daten sind im Internet über http://dnb.dnb.de abrufbar.
Informationen zu unserem gesamten Programm, unseren Autor:innen und zum Verlag finden Sie unter: www.mabuse-verlag.de.
Wenn Sie unseren Newsletter zu aktuellen Neuerscheinungen und anderen Neuigkeiten abonnieren möchten, schicken Sie einfach eine E-Mail mit dem Vermerk „Newsletter" an: online@mabuse-verlag.de.

Kasseler Str. 1 a
60486 Frankfurt am Main
Tel.: 069-70 79 96-22
Fax: 069-70 41 52
vertrieb@mabuse-verlag.de
www.mabuse-verlag.de
instagram.com/mabuseverlag
facebook.com/mabuseverlag
twitter.com/MabuseVerlag

Lektorat: Linde Löffler, Frankfurt am Main
Projektkoordination und Korrektorat: Simone Holz, Pisa, www.lektorat-reazione-holz.eu
Layout und Satz: FEINSATZ, Florian Grundei, Sankt Augustin
Umschlaggestaltung: Marion Ullrich, Frankfurt am Main
Umschlagabbildung: © mauritius images/Westend61/OneInchPunch
Druck: Stückle Druck und Verlag, Ettenheim

ISBN: 978-3-86321-663-4
Printed in Germany

Für meine geliebten Menschen, die es genauso wie ich versuchen:
„Gelebt wird nicht im Ereignis, sondern im Prozess." (Roger Willemsen)

Inhalt

Geleitwort

Jedes Kind bringt ein genetisches Potenzial mit, vererbt von seinen Eltern und unzähligen Vorfahren. Das ist quasi die biologische Mitgift. Geformt wird diese von Beziehung und Erziehung. Betrachten wir Erziehung und das Entstehen von seelischen Problemen, so wird deutlich, dass diese zu keiner Zeit in einem abgegrenzten familiären Bereich stattfanden, sondern dass in diesen Raum unaufhörlich Einflüsse der Gesellschaft drangen, die sich atmosphärisch niederschlugen und die Persönlichkeitsentwicklung eines Kindes beeinflussten. Schon an dieser Stelle wage ich zu behaupten, dass diese Einflüsse noch nie so gewaltig waren wie in heutigen Zeiten. Die digitale Revolution hat aus unserer Welt eine andere gemacht.

Ende der 70er-Jahre kamen die ersten Personalcomputer auf den Markt. Von da an veränderten sich die Tätigkeiten der schreibenden Menschen grundlegend. In den 90er-Jahren wurde das Internet für die Öffentlichkeit zugänglich, wurden zunehmend E-Mails versandt, wurde das Smartphone entwickelt und konnten Videokonferenzen durchgeführt werden. Das Internet war interaktiv geworden. Wir begannen die Erleichterungen zu genießen, die uns die digitalen Veränderungen brachten.

Doch hat Paracelsus schon vor 500 Jahren gesagt, dass die Dosis das Gift macht. Entscheidend ist nicht allein die Substanz, sondern auch die Menge. Mediengebrauch kann wie ein Rauschmittel wirken. Es löst deshalb angenehme Gefühle aus, weil es die gleichen Hirnstrukturen erregt wie die von Natur aus vorhandenen belohnenden Botenstoffe: Der Gebrauch von digitalen Medien wirkt somit auf das Belohnungssystem und kann darum auch in die Abhängigkeit führen. Als Facebook, Instagram, TikTok und Konsorten entstanden, alle zugänglich über das Smartphone, drangen diese Einflüsse tsunamiartig in die Familien ein – manchen Eltern ist inzwischen der Einfluss auf ihre Kinder gänzlich entglitten (Müller, 2023).

Allerdings gibt es auch eine Gruppe von Pädagoginnen und Pädagogen, die der Meinung ist, Kinder und Jugendliche würden durch digitale Nutzung ausschließlich Vorteile haben, solche Kassandrarufe habe es in der Geschichte bei allen Neuheiten gegeben. Beispielsweise als Buchdruck und Bücher aufkamen und das Lesen zur omnipräsenten Lust wurde, habe man vor schweren Schäden gewarnt. Tatsächlich kann jedes Medium so genutzt werden, dass es negative Auswirkungen hat. Um die richtige Balance zwischen Sorglosigkeit und Panikmache zu finden, braucht es auch 2024 noch einen detaillierten Blick auf die Medien.

Vergleichen wir die Gefahren von leidenschaftlichem Lesen mit exzessiver Mediennutzung, so sehe ich einen ganz gravierenden Unterschied. Wenn ich lese, muss ich Bilder und Fantasien generieren, dies ist ein höchst kreativer Akt. Beim Lesen wird ein Kind oder ein:e Jugendliche:r ein eigenes Kino im Kopf entwickeln. Beim Gebrauch von Medien kann das in geringerem Maß auch geschehen. Doch ist dauerhafter Mediengebrauch auch geeignet, Fantasien zu zerstören. Hierzu möchte ich aus einer eigenen Untersuchung zitieren.

Mein Kollege R.H. Weiß und ich (1996) konnten mit Sprachinhaltsuntersuchungen das Folgende nachweisen: Ein exzessiver Gebrauch von Medien, insbesondere mit gewalthaltigen Inhalten, kann Einfühlung, Wahrnehmung und Realitätsprüfung verändern. Langfristig kann sich die Realität mit Fantasien mischen. Für solche Kinder und Jugendliche wird symbolisches Denken immer schwieriger, sodass auch reale Taten leichter folgen können. Vielseher zeigen bereits eine höhere Affinität zum Betrachten von gewalthaltigen Medien, gleichzeitig finden auch unbewusste und bewusste Lernprozesse statt, die zu weiteren aggressiven Fantasien (und möglicherweise auch zu Handlungen) stimulieren können: Kinder können im schlimmsten Fall emotional abstumpfen und verrohen. Der Mediengebrauch von Kindern und Jugendlichen sollte also unbedingt erzieherisch moderiert werden.

Ich kenne die Bücher von Nelia Schmid König. Sie sind immer kenntnisreich und praxisnah. Als ich von ihrer Idee hörte, ein spezielles Fachbuch über kindliche Entwicklung zu schreiben, war ich begeistert. Solche Fachbücher gibt es natürlich bereits, aber die Autorin hatte etwas ganz Besonderes geplant. Kinder leben überwiegend in einer digitalen Welt, die den Menschen nicht nur Segen bringt, sondern auch manche Gefahren bereithält.

Viele Eltern sind – auch abhängig von ihrem Alter – eher in der analogen Welt zu Hause. Durch die Entwicklung der digitalen Medien müssen Familien nun auf Einflüsse reagieren und mit Veränderungen umgehen, die durchaus Sorgen und Ängste auslösen (Müller, 2023). Nelia Schmid König zeigt für alle Entwicklungsstufen, wie Eltern und Kinder wieder gemeinsame Verständigungsebenen finden können. Sie verwendet dazu zahlreiche Fallvignetten, auch um die Zusammenhänge zwischen sozialen Einflussfaktoren und psychischen Nöten nachvollziehbar zu machen. Dabei geht sie vor wie in einer Psychotherapie, in der die zugrunde liegenden Konflikte erkannt und bewusst gemacht werden: Die Autorin nimmt die Leserin und den Leser gleichsam an die Hand, verdeutlicht ihnen, was sie in der jeweiligen Entwicklungsphase für ihr Kind tun können, und benennt notwendige Entwicklungshilfen. Damit unterscheidet sich dieses Buch augenfällig von herkömmlichen psychoanalytischen Fachbüchern. Ich würde mir wünschen, dass das Buch zur Basis- und Pflichtliteratur aller Kinder- und Jugendlichenpsychotherapeut:innen und Erwachsenentherapeut:innen wird. Vor allem möchte ich es allen Eltern ans Herz legen. Und eines verdeutlicht die Autorin: Es gibt immer sogenannte „Problemfälle“, doch kein Kind muss verloren gehen. Denn das Gehirn des Menschen ist „neuroplastisch“ und kann sich bis ins hohe Alter umorganisieren.

Hans Hopf, 2024

Literatur

Hopf, Hans & Weiß, Rudolf H. (1996): Horror- und Gewaltvideokonsum bei Jugendlichen. Eine Untersuchung von Sprachproben von Videokonsumenten mit der Gottschalk-Gleser-Sprachinhaltsanalyse. Praxis der Kinderpsychologie und Kinderpsychiatrie 45 (1996) 5, S. 179–185.

Müller, Silke (2023): Wir verlieren unsere Kinder. Gewalt, Missbrauch, Rassismus. Der verstörende Alltag im Klassen-Chat. München: Droemer-Verlag.

Einführung

Es gibt viele gute und fundierte Fachbücher zur kindlichen Entwicklung. Doch meines Wissens fehlt ein Buch, das folgende aktuelle Familiensituation aufgreift und in der Bedeutung für das Zusammenleben beschreibt: analoge Eltern und digitale Kinder. Zwei Generationen müssen das Kunststück schaffen, eine gemeinsame Verständigungsebene zu finden, obwohl sie in einer jeweils anderen soziokulturellen Sprache und Welt sozialisiert worden sind. Das hat es so noch nie gegeben. Die jetzigen Kinder und Jugendlichen sind durch die sozialen Medien nichtfamiliären Einflüssen ausgesetzt, wie die Familien sie noch nie stemmen mussten. Diese so starken medialen Außeneinflüsse (und es gehören, die Jugendlichen wissen, wovon ich spreche, nicht nur anregende, aufbauende, sondern auch sehr zerstörerische dazu) scheinen den Elterneinfluss empfindlich zu reduzieren. Das hat für die Erziehung der Kinder erhebliche Folgen.

Die Frage wird also sein: Wie kann die analoge Welt auch als eine physisch erfahrbare und sinnliche Welt über alle Entwicklungsstufen hindurch vom Baby zum jungen Erwachsenen aufrechterhalten werden, ohne die digitalen Veränderungen in ihrer Wirkung auf das Familienleben ausblenden zu müssen? Und wie können die digitalen Veränderungen kreativ genutzt werden? Eine Entwicklungspsychologie, also die Darstellung der psychischen Entwicklung des Kindes von Geburt bis zum jungen Erwachsenen, kommt ohne die Einbeziehung des digitalen Netzes, in welchem sich die heutigen Kinder und auch ihre Eltern bewegen, nicht mehr aus. Die Kinder werden, so der erschreckende Eindruck, durch Social Media in naher Zukunft stärker sozialisiert sein als durch ihre eigenen Eltern, wenn die unterregulierte digitale Welt nicht endlich auch die nötige Aufmerksamkeit der politisch Verantwortlichen erfährt.

Wenn es in diesem Buch darum geht, die psychische und mentale Entwicklung des Kindes mit seinen Haupt- und Nebenwegen zu erzählen, gehört das digitale Netz immer mitbedacht, inklusive abschüssiger Pfade. Nur wenn wir beide Netze, das Familiennetz wie das digitale Netz, in der erlebten Familienrealität freundlich gestalten, kann das Familiennetz den Stellenwert entwickeln, den es für eine gesunde Entwicklung des Kindes heute mehr denn je braucht.

In den acht Hauptkapiteln (Das Kleinkind braucht Bindung, Das erste Lebensjahr, Das zweite Lebensjahr, Das dritte Lebensjahr, Das Kindergartenkind, Das Grundschulkind, Die Jugendlichen brauchen Vertrauen, Die jungen Erwachsenen) werden oft unvermeidbare konflikthafte Situationen zwischen Eltern und Kindern beschrieben und mögliche Konfliktlösungen aufgezeigt. Jedes Hauptkapitel schließt mit einem Fragenkatalog ab und soll den Eltern Anregungen geben, geeignete Kommunikationsformen auszuprobieren und im Familienalltag anzuwenden.

Ich möchte eine kleine Begebenheit aus meiner psychoanalytischen Praxis für Kinder, Jugendliche und Paare mit Ihnen, den Leser:innen, teilen.

Ein Vater saß mir vor zwei Jahren gegenüber und sagte mit wütender Verzweiflung: „Warum brennt mein Sohn so gar nicht für die Schule?“

So wie dieser Mann, 45 Jahre alt, Vater dreier Kinder, sitzen oft Eltern vor mir: bedrückt, verzweifelt, manchmal mit quälenden Schuldgefühlen.

Ich sehe vor mir einen verantwortungsbewussten Vater. Noch wenige Wochen zuvor hatte er mir anvertraut, wie wenig ihn sein gut bezahlter Job noch reizt. Seiner Frau ergehe es mit ihrer beruflichen Tätigkeit ähnlich. Zu viel Routine, zu wenig kreative Herausforderung. Doch das sichere Gehalt in unsicheren Zeiten halte sie beide in der gewohnten Arbeit fest.

Sollte ich eine Deutung wagen, obwohl ich beide Eltern noch nicht gut kannte und ihren 15-jährigen Sohn zum damaligen Zeitpunkt erst seit zwei Monaten in Therapie hatte?

„Sie brennen nicht für Ihre berufliche Tätigkeit, Ihre Frau genauso wenig. Warum sollte Ihr Sohn für seine Tätigkeit als Schüler brennen? Sie beide sind ihm doch gar kein Vorbild dort, wo es um das Brennen geht. Wo soll sein Brennen denn herkommen, wenn er ihrer Arbeit überdrüssige Eltern erlebt, morgens schlecht gelaunt, abends erschöpft? Ihre Jüngste hat mir beim Vorstellungsgespräch noch den frischesten Eindruck gemacht, mit ihren vier Jahren.“

Mit vier Jahren sind die Kinder noch wenig geprägt. Und mit 18? „Jedes Kind ist ein Künstler. Das Problem ist nur, ein Künstler zu bleiben, während man erwachsen wird“, so sagte wohl einmal Pablo Picasso. Eine Situation aus meiner Praxis, wie ich sie aus meiner 30-jährigen Tätigkeit als Psychoanalytikerin bisher nicht kannte: Drei Abiturient:innen haben kurz vor dem Abitur das Handtuch geworfen, zwei dieser drei Jugendlichen sind neu und mit einer schweren Depression zu mir gekommen. Notenmäßig hätten es alle drei schaffen können, zwei von ihnen sogar gut.

Es gibt eine Veränderung, die nicht in der Hand der Familien liegt, sondern gesellschaftlich bedingt ist: die Veränderung von der analogen zur digitalen Gesellschaft. Sie ist in hohem Maße an der um sich greifenden elterlichen Überforderung beteiligt. Auch das rückständige, erschreckend unzeitgemäße deutsche Schulsystem arbeitet oft fern der Realität von Kindern und Jugendlichen und hat damit einen erheblichen Anteil an der Überforderung vieler Eltern.

Die Eltern haben keine Schuld, aber sie tragen Verantwortung. Diese Verantwortung will auf den ersten flüchtigen Blick nicht mehr so recht in der jetzigen Elterngeneration Fuß fassen. Mit diesem Buch möchte ich Sie, liebe Eltern, darin unterstützen, Ihre Verantwortung als Erziehungsgestaltende wieder mehr zu übernehmen. Sie leisten so viel, Tag für Tag, unbemerkt, viel zu wenig gewürdigt von der gesellschaftlichen Öffentlichkeit.

Unsere Erziehung wird von vielen Gefühlen geleitet. Das ist oft nicht beabsichtigt und uns auch meist nicht bewusst, insbesondere, wenn es um heftige Gefühle geht. Niemand von uns ist mit dem Tag der Geburt eines Kindes Mutter oder Vater. Eltern wird man ein Leben lang, ein aufregender Lernprozess, dem wir uns aussetzen, falls wir Eltern werden. Wir müssen uns ihm nur stellen, ein Leben lang, auch wenn die Kinder schon ausgezogen sind.

Manchmal denke ich, dass mich nach fast 30-jähriger Praxistätigkeit kaum mehr etwas überraschen sollte. Was für ein Irrtum. Ich werde nach wie vor überrascht, etwa von Eltern, die unbedingt verstehen möchten, warum der Dialog zwischen ihnen und ihren geliebten Kindern so störanfällig geworden ist, warum ihre Kids das Erwachsenwerden nicht mehr als lustvolle Herausforderung begreifen, sondern mit Angstsymptomen beantworten.

Die Themen der Gegenwart sind für viele Menschen beunruhigend. Ob klein oder groß, wir spüren die Zeitenwende, wie sie mit der Künstlichen Intelligenz gerade in unvorstellbarer Geschwindigkeit in unser aller Leben bricht. Keiner hat diese radikale Umwälzung in ihrer Geschwindigkeit kommen sehen. Mittendrin in diesem digitalen Sturm, der bisherige Seh-,

Hör- und Fühlgewohnheiten über Bord fegt, sitzt die Familie, sitzen jugendliche Handy-Junkies, sitzen analog oft nur schwer erreichbare Jugendliche und Kinder, die nicht mehr im gewohnten Sinn, also ohne digitale Angebote, spielen wollen. Viele von ihnen wollen in erster Linie Ablenkung. Wer abgelenkt ist, muss nicht mehr ans Klima denken, nicht mehr an den Krieg in der Ukraine, nicht mehr an die nächste Schulaufgabe oder an den lauten Streit der Eltern. Wo es früher noch eine Aufbruchsstimmung bei vielen jungen Menschen gab, ist jetzt, so will es scheinen, Ablenkung die Haltung der Stunde geworden. Das müssen wir ernst nehmen. Denn mit so viel Ablenkungs(-un-)kultur wird die Selbstständigkeit nix.

Angst ist kein guter Ratgeber in dieser aufgewühlten Zeit, die sich das Wort ‚Veränderung' groß und unüberschaubar auf die Fahnen geschrieben hat. Die digitalisierte Welt ist da, sie kann nicht mehr abgeschafft werden. Wie heißt es im Dürrenmatt-Stück „Die Physiker": „Was einmal gedacht wurde, kann nicht mehr zurückgenommen werden." (Dürrenmatt, 1962, S. 81) Die digitale Welt hat Potenzial, schafft große Umwälzungen technischer und sozialer Art. Sie demokratisiert Wissen. Großartig. Doch sie schafft auch neue Gefahrenräume, die keiner von uns bis jetzt so richtig überblicken oder präzise benennen könnte. Wir sind alle zusammen unterwegs in eine völlig neue Lebenskultur, die einen noch nicht abzuschätzenden Einfluss auf die zwischenmenschlichen Kommunikationsstrukturen haben wird.

Veränderungen kann man standhalten, wie mächtig und unabsehbar sie auch sein mögen. Veränderung ist gut auszuhalten, wenn wir sie wachsam und kritisch mitgestalten und nicht nur passiv ertragen. Meine tägliche psychoanalytische Arbeit mit den Patient:innen hat mir gezeigt, dass wir unter einer Voraussetzung im selbstgebauten Lebensschiff ganz gut unterwegs sind in dieser sich verändernden Welt: Wenn wir soziale Bindung als sicheren Anker erfahren und im Schiffsboden gelagert haben. Notfalls können wir ihn im aufgewühlten Lebensmeer auswerfen oder vor einer Insel mit ihm ankern. Bindung ist Anker und Sicherheit zugleich.

Mit diesem Buch möchte ich Sie unterstützen, an der Stärkung der Bindung zu Ihren Kindern zu arbeiten, eine wichtige Voraussetzung für die Entwicklung von Resilienz, also Widerstandskraft. Wie sagte der leider viel zu früh verstorbene Paartherapeut und Psychoanalytiker Michael Lukas Möller in seinem Buch „Auf dem Weg zu einer Wissenschaft der Liebe":

„Leben ist Gegensterben." (Möller, 2003, S. 94) Ich möchte versuchen, gegen das emotionale Sterben von uns Menschen anzuschreiben. Falls jemand von Ihnen, liebe Leser:innen, das Gefühl hast, dass ich dramatisiere – ich glaube es nicht.

Die zentrifugalen Kräfte der KI vermögen die familiäre Bindungskraft nicht ohne Weiteres aushebeln. Wo Bindung lebt, besteht selbstbewusster Menschenverstand. Den werden wir noch brauchen.

Sämtliche Namen und besonderen Wiedererkennungsmerkmale der Patient:innen sind anonymisiert, ebenso die eingestreuten Fallvignetten mit Ausnahme der Eltern oder jungen Erwachsenen, die mit einer Veröffentlichung ihrer (natürlich gleichwohl anonymisierten) Geschichte einverstanden waren.

Noch ein Wort zu meinem technischen Vorgehen: Ich zitiere in meinen Büchern viele meiner Patient:innen im Wortlaut, auch über längere Passagen. Wie kann das gehen? Ich habe kein Supergedächtnis. Seit ich diesen Beruf ausübe, schreibe ich in jeder Stunde mit (nicht bei den Kindern, da mache ich nach der Stunde Aufzeichnungen). Es stört die Patient:innen nie, im Gegenteil. „Muss ja ziemlich wichtig sein, dass Sie alles, was ich sage, aufschreiben", so eine 16-Jährige. Nur wenn es sehr emotional wird in der Therapiestunde, höre ich auf mit Schreiben und ergänze danach.

Das Kleinkind braucht Bindung

Das Liebespaar

In Paul Austers neuem Roman „Baumgartner“ heißt es: „Ohne Verbindung mit anderen hat der Mensch kein Leben, und wenn man Glück hat, tief mit einem anderen Menschen verbunden zu sein, so tief verbunden, dass der andere einem so wichtig ist wie man selbst, dann wird Leben mehr als möglich, dann wird Leben gut.“ (Auster, 2023, S. 103)

Der Philosoph Martin Buber nennt das Kind in seiner Schrift „Ich und Du“ das „Dritte der Zwei“. „Das Kind ist das Dritte der Zwei: wenn zwei in der Begegnung der Wirklichkeit stehn und ihr Wir anknüpfen, können sie es zeugen.“ (Buber, 2021, S. 18)

Noch vor jedem Werden eines Kindes liegt – im günstigen Fall – die Liebesgeschichte seiner Eltern. Diese soll uns hier hauptsächlich beschäftigen.

Das Ziel meines Buches und der integrierten Fragen an Sie ist es, Ihnen das Zusammensein mit Ihren Kindern leichter und angenehmer zu machen, sodass alle in der Familie mehr Freude aneinander haben können. Und deswegen ist gerade dieser erste Punkt hier wichtig: die Liebesgeschichte der Eltern! Ob diese Eltern hetero- oder gleichgeschlechtlich sind, spielt dabei keine entscheidende Rolle, auch wenn die meisten Eltern immer noch aus Mann und Frau bestehen, ein Umstand, der übrigens auch so bleiben wird, allem medialen Sensationismus zum Trotz.

Diese Deutlichkeit wird hier noch einige Male vonnöten sein. In den sozialen Medien wird durch die Reichweite der schnellen Schlagzeile oft der Eindruck erzeugt, dass queere Lebensformen die neue Normalität verkörpern. Sie tun es nicht, sie sind einfach Teil der Normalität. Dem anderen, medial wahnsinnig schnell hochgekochten Thema, dem nichtbinären Geschlecht, werde ich mich hier nicht widmen. Ich habe kaum Erfahrung damit, was mit dem Alter meiner Patient:innen zu tun haben mag. Nichtbinäre Lebensentwürfe werden durchaus von einigen wenigen Jugendlichen gedanklich entworfen. Doch nach einer längeren Therapie (ein bis drei Jahre) verlieren sie wieder ihre Attraktivität. Es liegt kaum an der älteren Therapeutin. Ich begleite jeden jungen Menschen dorthin, wohin er sich aufgrund seines psychischen Entfaltungspotenzials bewegen möchte. Da darf es keine vorgefertigten Entwicklungsmodelle im Therapeutinnenhirn geben.

Es geht auf den nächsten Seiten um die Komplexität der Eltern-Kind-Beziehung. Die hetero- und gleichgeschlechtlichen Elternpaare sind an Stofffülle reich genug.

Wenn ein Liebespaar sich gefunden hat – ich nenne es gerne das gegenseitige tiefe Erkennen –, wächst oft der Wunsch nach Beziehungsdauer. Das Liebespaar hat die Phase der Verliebtheit hinter sich, die rosarote Brille abgelegt, erste Ahnungen von dieser und jener Schwäche des geliebten Anderen sind bei beiden Liebenden vorstellbar geworden – und trotzdem ist der Wunsch nach einer Fortsetzung des begonnenen Weges erhalten geblieben. Die Aussicht, einen gemeinsamen Paar-Weg unter die Füße zu nehmen, erzeugt bei beiden weniger Angst denn Lust, ja einfach neugierige Freude.

Im träumerischen Lied von Roch Voisine „Plus que nous deux" wird eine Definition von Liebe versucht, die, so finde ich, vollumfänglich zutrifft und zum besseren Verständnis von Liebe beiträgt. Es heißt dort: „Ich liebe dich, weil wir zu zweit mehr sind als jeder für sich allein." Es ist eine gute und praktikable Auslegung von Liebe. Wenn ich mich mehr fühle mit dir als wenn ich alleine bin, hat mein Leben einen Bedeutungszuwachs erfahren.

Dann wird es auch verständlich, dass aus einer solchen Liebesbeziehung vielleicht der Wunsch nach einem Dritten der Zwei wächst.

Es ist der menschliche Wunsch nach Vertiefung und Transformation der eigenen Existenz. Menschliche Hybris? Überhaupt nicht, sondern ein menschlicher und damit normaler Wunsch. Jede Künstlerin, jeder Künstler will etwas schaffen und wird angetrieben von der Vision, das eigene Leben über das eigene Werk zu verlängern.

Das Liebespaar, das einen Kinderwunsch verspürt, ist der Künstlerin, dem Künstler in diesem einen Augenblick verwandt. Man möchte zusammen etwas Bleibendes schaffen. Also warum nicht ein Kind zeugen?

Kinderwunsch

Die heutigen jungen Mütter sehen ihre Erfüllung nicht mehr allein im Muttersein. Gut so. Diese Zeiten sind im 21. Jahrhundert wirklich vorbei. Was in den republikanisch beherrschten Staaten Amerikas gerade praktiziert wird, nämlich das Kippen des Rechtes auf Abtreibung, geht an der Realität der jungen Frauen Amerikas völlig vorbei. Ein Kind ist kein Spielzeug, das man weglegen kann, wenn man seiner überdrüssig geworden ist. Keine junge Frau, kein junger Mann sollte Mutter und Vater werden, wenn beide nicht eine Vorstellung von Verantwortung entwickeln können. Wenn sie dieses Wort noch nicht mentalisieren können, also keine Vorstellung, kein inneres Bild von Verantwortung in sich entwickelt haben, kann die Zeugung auf sich warten lassen. Die Verantwortung steht nicht immer schon am Anfang des Kinderwunsches. Sie nimmt erst so richtig Gestalt an, wenn sich eine Eltern-Kind-Bindung real aufzubauen beginnt.

Am Anfang des Kinderwunsches steht oft nur die lustvolle Bereitschaft und Neugierde auf einen gemeinsamen Weg hin zu einer neuen Heimat. Die alte Heimat, meine Herkunftsfamilie, in welcher ich heranwachsen durfte oder musste, wird physisch aufgegeben und psychisch in den Hintergrund geschoben. Eine neue Heimat wird gegründet, mit all den Chancen, die in einem Neuanfang liegen, mit all den Risiken, die dort anfangen, wo ich vertrautes Gelände verlasse und erwachsen werden will. Die Gründung einer eigenen Familie bedeutet auch gleichzeitig, von der alten Familie Abschied zu nehmen und mit einem neuen Partner, einer neuen Partnerin einen Neuanfang zu wagen. Die mitgebrachten Werte und Erfahrungen sind das Baumaterial für den Aufbau einer neuen Heimat. Manchmal ist das Baumaterial belastbarer, manchmal weniger.

Donald W. Winnicott, der wohl bekannteste und uns moderne Kindertherapeut:innen nach wie vor tief prägende englische Psychoanalytiker und Kinderarzt (1896–1971), seiner Zeit wie einst Sigmund Freud weit voraus, schreibt in „Der Anfang ist unsere Heimat“ (Winnicott, 1990) von dem Wunsch des psychisch genügend autonomen Menschen nach Fortpflanzung.

Der Kinderwunsch fließt ins Erwachsenenleben oft ganz natürlich und ohne Anstrengung ein, wenn der richtige Partner, die richtige Partnerin gefunden ist. Und wenn er nicht fließt, ist ein erfülltes Erwachsenen- und Paarleben genauso möglich.

Schwangerschaftsfantasien

Sie sind zahlreich, geraten bei einigen Paaren geradezu üppig, bei anderen Paaren blühen sie eher im Verborgenen auf. Zu den üppigen Fantasien rechne ich diejenigen, die bereits das werdende Leben in der schwangeren Frau zu einem besonderen Individuum anwachsen lassen, etwa dem „zukünftigen Erben der Anwaltskanzlei“ (ein Vater und Anwalt) oder „einem Mädchen, das einen großen Zauber haben wird“ (eine Mutter, die ihre eigene Mutter nie zu bezaubern wusste). Es sind nur Fantasien, also erlaubt. Fantasien sind zuallererst ein schöpferischer Vorgang, den ich immer willkommen heiße in der psychoanalytischen Begegnung.

Die häufigsten Schwangerschaftsfantasien betreffen das Geschlecht des ungeborenen Kindes. Auch hier würde ich sagen: Keine Angst vor solchen Fantasien, wenn sie denn als solche bemerkt und wahrgenommen werden dürfen und nicht zu ersten Festlegungen oder gar Enttäuschungen dem geborenen Menschenkind gegenüber führen. Hildegard Knef besingt diese Enttäuschung in ihrem Lied „Von nun an ging's bergab“, wo es in der ersten Strophe heißt:

„Ich kam im tiefsten Winter zur Welt,
hab dreimal geniest, mich müde gestellt,
der Vater war wütend, er wollt einen Sohn,
ich schaute mich um, da wusste ich schon:
Von nun ans ging's bergab.“

Was ist denn dabei, wenn die schwangere junge Frau sich zuerst einen Sohn wünscht, weil sie selber mit ihrer Mutterbeziehung noch nicht ganz zu Rande gekommen ist? Was ist denn dabei, wenn ein werdender Vater sich unbedingt eine Tochter wünscht, weil er sich da entspannter fühlt? „Wissen Sie, mein Vater hat es mir nicht einfach gemacht, ich war nie der Sohn, den er sich vorgestellt hat.“ Das Leben antwortet manchmal freundlich und bringt das erhoffte Geschlecht, manchmal allerdings auch nicht. Dann gilt es, sich mit der kleinen Enttäuschung auseinanderzusetzen und vielleicht erstmals zu realisieren, dass die jungen Eltern gerade einem kleinen Wesen das Leben geschenkt haben, das von Anfang an eine Heimat sucht und finden will und nicht da ist, um alte Wunden der Eltern zu heilen. Das wäre dann eine Schwangerschaftsfantasie, die nicht mehr nach vorne offen, sondern bereits Programm ist: eine feste Erwartung, welche einer emotional offenen Reise bereits vorzeitig Grenzzäune setzt und das zu erforschende neue Territorium der Elternschaft verkleinert, noch bevor es wachsen darf.

Schwangerschaft

Schwangerschaft, das zuallererst, ist ein natürlicher Vorgang. Die schwangere Frau erlebt vom Moment der Empfängnis an eine große hormonelle Umstellung. Bei etwa zwei Dritteln der Schwangeren sind Übelkeit und Erbrechen unangenehme, doch normale Begleiterscheinungen dieser hormonellen Veränderungen. Der weibliche Körper baut in den ersten Wochen nach erfolgter Befruchtung um, damit der Eizelle das Einnisten gelingen kann. Auf der körperlichen Ebene vollzieht sich ein kleines physiologisch-chemisches Meisterwerk unsichtbar in wenigen Tagen und Wochen. Natürlich ist ein so feines biochemisches Geschehen störanfällig, deswegen finden die meisten Abgänge auch in den ersten zwei bis drei Monaten statt. Wer und was funkt dazwischen?

Viele dieser Fehlgeburten, man vermutet an die 50 % Spontanabgänge in den ersten zwei Monaten, werden nicht einmal immer wahrgenommen. Wer dieses Thema anspricht, erfährt, dass viele Frauen und späteren Mütter diese Erfahrung der Fehlgeburt machen mussten. Ich habe sie auch gemacht, zwischen meinem ersten und zweiten Kind.

Nun betrete ich hier ein heikles Terrain. Doch es gehört zu diesem Kapitel: Viele Frauen mit Kinderwunsch werden nicht schwanger. Einigen dieser Frauen begegne ich auch in meiner Praxis: Wenigen mit unerfülltem Kinderwunsch, der sie dann zur Adoption eines Kindes (oder mehrerer) führte, einigen mit einem Kinderwunsch, der in der erfolgreichen künstlichen Befruchtung realisiert werden konnte, wieder einigen, die lange nicht schwanger wurden, auch nicht auf künstlichem Wege – und dann trotzdem auf natürliche Weise noch Eltern geworden sind!

Da dieses Buch sich der Mehrheit werdender Eltern und nicht dem Einzelfall widmet, möchte ich nur auf die Eltern eingehen, die nach langen Jahren des Wartens und verzweifelten Hoffens auf künstliche Befruchtung doch noch auf natürlichem Wege Eltern geworden sind. Wie war, wie ist das möglich?

Schwanger werden wollen ist zuerst ein großer Wunsch. Wenn dieser Wunsch über mehrere Jahre keine Erfüllung findet, entsteht ein nicht minder großer Druck. Das junge Paar konzentriert sich dann, so die Erfahrung in meiner psychoanalytischen Arbeit, vorerst auf Kompensationsfelder wie eine weitere Ausbildung, vermehrte Reisen, Vorantreiben der beruflichen Karriere etc. Man lenkt sich ab. Doch der Wunsch nimmt wieder Fahrt auf, lässt sich nicht mehr unterdrücken, vor allem dann nicht mehr erfolgreich, wenn der Frau vom Alter her Grenzen entgegentreten.

„Ich war wie im Tunnel, ich hab nichts mehr gesehen, nur noch schwangere Frauen", so eine 38-Jährige in der Paartherapie. Auch ihr interessanter Beruf sei ihr schal geworden. Medizinisch sei alles im grünen Bereich gewesen, sowohl bei ihr wie auch bei ihrem Mann. „Es war plötzlich die totale Fixierung, ein Kind oder alles ist wertlos." Die Schwangerschaft kam weder auf natürlichem noch künstlichem Wege zustande. Die Beziehung zwischen dem einstigen Liebespaar wurde arg wolkenverhangen. „Ich hab sie kaum mehr ausgehalten", so er. Sie: „Mein Mann hat nichts verstanden, hat sich benommen, wie wenn er monatlich sexuell missbraucht würde!" Sie fängt eine Therapie bei einer psychoanalytisch orientierten Kollegin an. Sechs Jahre später steht sie mit ihrem Mann und einer bezaubernden Fünfjährigen wieder in meiner Praxis. Sie erzählt dann in einem weiteren Einzelgespräch, wie sehr ihr die Einzeltherapie geholfen habe, „meinen Bauch, meinen Unterleib zu finden, meine Fruchtbarkeit, meine Freude an Sexualität doch noch zu entdecken".

Viele der Frauen, welche nicht schwanger werden, sind gut ausgebildet. Oft steht ihnen ihre berufliche Ambition im Wege, verbunden mit Ängsten vor Verlust der beruflichen Position, vor Abhängigkeit und Hingabe. Genauso gut kann es auch sein, dass der Mann, psychosomatisch betrachtet, sein Sperma ‚verweigert'. Vielleicht hatte er selber eine Kindheit mit Gewalterfahrung und wollte vorbeugen. Die Diagnose ist dann ‚zu langsames Sperma'. Die Spermienqualität ist oft unzureichend, die Spermien sind nicht genügend intakt oder zu unbeweglich. Bei Frauen ist der Hormonhaushalt gestört, es will kein Eisprung gelingen (häufigste Ursache), also eine fehlende oder verzögerte Eireifung. Interessanterweise findet man bei einigen Frauen erhöhte Werte an männlichen Hormonen. Übermäßig betriebener Sport, zu viel Stress (privat oder beruflich) wirken sich ebenfalls hemmend auf die Eizellreifung aus. Unser Hormonhaushalt wird, wie wir inzwischen fast alle wissen, ganz entscheidend von unserer psychischen Befindlichkeit gesteuert.

Gerade im Falle von Schwangerschaft zeigt sich in erhellender, aber auch erschreckender Deutlichkeit, dass wir Menschen, ob Mann oder Frau, eine psychosomatische Einheit sind. Denn nur bei 1 % der schwangerlos bleibenden Paare liegt ein genetischer Defekt vor! „Bei einer psychosomatischen Störung handelt es sich um ein Kommunikationsproblem zwischen dem Körper und seinem Ich." (Seemann, 2007, S. 28) Der Kopf kann noch so überlegt eine Schwangerschaft wollen, unser Unbewusstes weiß mehr. Also sollte im Falle einer ausbleibenden Schwangerschaft trotz intensiven Wollens die Weisheit des Unbewussten respektiert werden. Mitunter braucht es ein größeres Verstehen unserer unbewussten Motive, die etwa heißen können: Ich traue mir nicht zu, Mutter oder Vater zu werden / Der Partner, die Partnerin ist nicht der oder die Richtige / Ich habe gelitten als Kind, also wird mein eigenes Kind auch wieder so leiden usw.

Wer in einer unerfüllten Kinderwunschsituation nach innen schaut, und zwar vertrauensvoll, respektvoll sich und seiner eigenen bisherigen Lebensgeschichte gegenüber, hat gute Möglichkeiten, die Ambivalenz, die oft ein erfolgreiches Schwangerwerden verhindert, besser zu akzeptieren, sich selber besser zu verstehen, und so auf natürlichem Wege doch schwanger zu werden. Auch Umwege sind Wege, selbst wenn sie mitunter zuerst in eine psychotherapeutische Praxis führen und dort über den Umweg des Erkennens, der Integration und Auflösung ambivalenter Gefühle gebärfähig machen. Einem jungen Mann in den 30ern ist mehrmals attestiert worden, dass sein Sperma zu träge sei. Nach einer Therapie war es das nicht mehr: Er wurde Vater eines Sohnes. Schwangerschaft hat eben nichts oder wenig mit einem mechanistisch anmutenden Zeugungsvorgang zu tun, wie er immer noch von manchen Befruchtungskliniken favorisiert wird, sondern mit am Zeugungsvorgang beteiligten sehr sensiblen Menschen mit einer lesbaren Geschichte. Doch oft wird diese Geschichte, in der die Antworten liegen, lange Jahre nicht gelesen, nicht verstanden, weder von den Betroffenen selbst noch von ihren ärztlichen Begleiter:innen in den Befruchtungskliniken. Die reproduktionsmedizinischen Abläufe sind inzwischen verfeinert im Bereich von Eileiterdurchgängigkeitsprüfung, Hysteroskopie und Spermiogramm. Doch die nicht apparativ überprüfbaren und weichen Faktoren, wie unbewusste Ambivalenz oder Ängste, sind dem Auge der Reproduktionsmediziner:innen wie auch den Paaren mit Kinderwunsch oft entzogen.

Die Schwangerschaft ist ein natürliches Geschehen. „Die Idee, dass Schwangere medizinische Unterstützung brauchen, ist […] relativ jung: Sie kam erst in den 1960er Jahren auf und führte zur Einführung von regelmäßigen Vorsorgeuntersuchungen und dem Mutterpass. Das hatte einerseits den positiven Effekt, dass die Sterbefälle während Schwangerschaft und Geburt gesenkt wurden. Andererseits wurde dadurch aber auch aus der Schwangeren eine Patientin gemacht." (Schrimpf, 2023, S. 32) Nach der hormonellen Umstellung folgt meistens nach den ersten drei Monaten eine entspannte Zeit für die werdenden Eltern. Aus dem Embryo ist inzwischen der Fötus geworden, fest verankert im Mutterbauch. Der Stoffwechsel zwischen Mutter und Kind ist in Gang gekommen. Die werdende Mutter gerät in einen Zustand der Entspannung und größeren Ausgeglichenheit. Die Plazenta kann die schwangerschaftserhaltenden Hormone jetzt selber bilden. Im fünften Monat sind erstmals Kindsbewegungen zu spüren. Sie helfen der Mutter zu einem ersten, zart und fein spürbaren Kontakt mit dem Baby. Aus dem anfänglich eher abstrakten Wissen um das werdende Leben kann sich nun ein sinnliches Erleben für die Schwangere und den werdenden Vater entwickeln. Denn: Die Mutter erhält durch die Kindsbewegungen jetzt erste Lebenszeichen. Und auch das Kind im Bauch hat die Mutter bereits kennengelernt. „Es hat Ihre Mahlzeiten geteilt. Sein Blut fließt schneller, wenn Sie eine Tasse Tee zum Frühstück trinken oder Sie laufen mussten, um den Bus zu erreichen. In einem gewissen Grade hat es jeweils gewusst, ob Sie ängstlich, aufgeregt oder ärgerlich waren." (Winnicott, 1985, S. 16) Dieses sinnliche Erleben ist eine große Hilfe für ein angemessenes Verhalten der schwangeren Mutter. Was ist angemessen? Kurze Antwort: Alles, was die Mutter freut, ihr Spaß macht, ihr Wohlbefinden verstärkt. Längere Antwort: Alles, was sie nicht überfordert, stresst, ängstigt, sondern sich mit dem werdenden Leben in ihr gut verbinden lässt.

Wir sind keine Mütter mehr, wie sie vor über 40 Jahren von Jean Liedloff in der „Suche nach dem verlorenen Glück" (dt. Erstausgabe 1980) beschrieben werden. Wir sind auch keine indigenen Mütter, wie Liedloff sie so beeindruckend in ihrem damaligen Bestseller sprachlich abgebildet hat. Die moderne europäische Mutter ist digitalisiert, hat einen von Algorithmen strukturierten Alltag und muss sich mit vielen Krisen auseinandersetzen wie zum Beispiel den Sorgen um Klima, Wirtschaft, Wohlstand und mögliche Pandemien.

Und doch gibt es in dieser sich atemberaubend schnell drehenden und verändernden Welt so etwas wie Konstanten, wenn es um Elternschaft und werdendes Leben geht. So willkürlich sich die moderne Welt auch gebärdet, sie kann nicht alle über Jahrhunderte aufgebauten Werte hinwegspülen. Sie darf es ganz einfach nicht, weil wir uns sonst selber auslöschen.

Die Schwangerschaft kann eine Zeit des Innehaltens sein, der persönlichen Wertevermessung. Und dazu gehört: Werdende Eltern dürfen fast alles, wenn es im Einklang mit dem werdenden Leben im Mutterbauch stattfindet. Dazu gehört: Innehalten, nach innen lauschen, sich abstimmen in den äußeren Aktivitäten, eher einen Gang hinunterdrehen als hinaufschalten, also dem großen – ich nenne es das größte – Abenteuer einer Geburt Raum und Zeit schenken.

Geburt

Das Baby ist da. Das Abenteuer hat begonnen. Die Entscheidung für ein Kind ist immer auch die Entscheidung für einen neuen Lernprozess. Ich war noch nie Mutter. Ich war noch nie Vater. Doch jetzt, nach nur neun Monaten, ist es so weit.

Der weibliche Körper ist neun Monate auf die nun anstehende, absolut neue Aufgabe als Mutter vorbereitet worden. Die Mutterrolle ist nicht vorübergehender Natur, wie es Rollen auf der Bühne oder im Film zu eigen ist. Dort schlüpft man mit Drehbeginn in die Rolle hinein und nach Drehende wieder hinaus. Fertig. In die Mutter- und Vaterrolle wachsen wir hinein, und das jahrelang. Und es wird immer eine besondere Rolle sein, für das erste Jahr sogar eine Hauptrolle, bis die Kinder einmal ausziehen. Darunter ist Elternschaft nicht zu machen. Wir spielen dabei nicht um eine Oscarauszeichnung, sondern brauchen die Rolle, um es mit Donald W. Winnicott zu sagen, nur „genügend gut“ auszufüllen.

Der Wunsch nach einer natürlichen Geburt begleitet die meisten werdenden Mütter. Wird er nicht erfüllt, kann es bei einer noch frischgebackenen Mutter zu ersten emotionalen Eintrübungen kommen, völlig überflüssig. Wenn die natürliche Geburt möglich ist, heißen wir sie willkommen. Wenn ein Kaiserschnitt notwendig wird, sollte die junge Mutter die Enttäuschung darüber als Lerngelegenheit sehen, mit dieser ersten Kränkung im Mutter-Kind-Kontakt umzugehen. Denn die meisten Frauen erleben den Kaiserschnitt wie ein persönliches Versagen. Das ist es nicht, sondern ein oft aus medizinischer Sicht notwendiger Schnitt. Natürlich ist es ein wunderbares Gefühl, nach erfolgter Spontangeburt das Baby gleich an die Brust legen zu können, das kleine Wunder auf dem Bauch und in den Armen spüren zu können. Wenn das nicht gleich möglich ist, gibt es nur eine kleine Verzögerung für diesen ersten entspannten Mutter-Baby-Kontakt.

Ich baue mit dieser Sichtweise ganz bewusst dem Gebärmythos vor, weil ich oft noch Jahre später, wenn die Mütter die Geburt ihres Kindes beschreiben, erleben kann, wie die Mütter am schon lange zurückliegenden Kaiserschnitt leiden. Sie sitzen mir gesund gegenüber, ebenso ihr körperlich gesundes Kind, ihre Jugendlichen. Doch in ihren Schilderungen lebt die Kränkung erneut auf, keine natürliche Geburt ‚geschafft' zu haben. Nochmal: Wir sind keine Eingeborenen mehr, wie bei Jean Liedloff fast romantisierend beschrieben. Auch ein Geburtsvorgang wird unterströmt von diversen unbewussten Gefühlen, vielleicht auch von unbewussten Ängsten – und mitunter auch von physiologischen Gegebenheiten wie falscher Kindslage, zu frühem Fruchtwasserverlust etc.

Eine große Unterstützung in Hinblick auf die Geburt ist nicht nur ein Schwangerschaftsvorbereitungskurs für die Eltern, sondern auch Meditation und dadurch der Umgang mit einer entspannten Atmung. Aus eigener Erfahrung empfehle ich die Konzentration auf die Atmung, und die lernt eine Schwangere etwa in der Meditation. Sie kann eine kraftvolle Unterstützung sein, die Umstände, wie sie sind, wahr- und damit anzunehmen, ohne sich von ihnen beherrschen zu lassen. Jeder Gedanke und jedes Gefühl, ob positiv oder negativ, darf in der Meditation auftauchen. Wir können durch Meditation lernen, diese zuzulassen und anzunehmen.

In der ersten Zeit der Elternschaft kommen beileibe nicht nur euphorische Gefühle bei den frischgebackenen Eltern auf. Ängste wie ‚Kann ich das überhaupt, eine gute Mutter, ein guter Vater sein?' oder ‚Kann das sein, dass das alles so anstrengend ist – und möglicherweise bleibt?‘ sind fast an der Tagesordnung im noch ungewohnten Leben zu dritt. Zur Angst, dass es so bleiben könnte: Sie, liebe Leserinnen, und ich, alle, die Mutter geworden sind, wissen, dass es nicht so bleibt. Mit der Entwicklung des Kindes und des Miteinander-vertraut-Werdens verändert sich die Belastung. Trotz aller Anstrengung ist es für das Baby, die Mutter und die Familie eine sehr wichtige Zeit!

Meditation kann helfen, sich auf sich und das aktuelle Geschehen zu fokussieren und nicht von gesellschaftlichen Bildern vom reinen Familienglück unter Druck setzen zu lassen. Als frisch gebackene Mutter hat man zu strahlen. Was sonst? Wohin dann mit den ganz normalen Zweifeln? In die psychische Mülltonne, ins emotionale Verstummen? Nicht nötig. All diesen Zweifeln kann ich mit Aufmerksamkeit, Achtsamkeit und im Dialog mit mir wichtigen Menschen begegnen. Damit meine ich nicht, wie es oft und zunehmend brutal auf Social Media stattfindet, das ‚verbale Auskotzen‘. „Du hast keine Zeit mehr für dich selber, bist nur noch am Po-Putzen, Schlaf ade, Babykotze abwischen, einfach eine Zumutung …“ Ich will diese Art, auf das große Wunder eines mir anvertrauten neuen Lebens zu spucken, gar nicht weiter kommentieren. Es ist digitales, verstörendes Gift. Wir müssen höllisch aufpassen, dass wir dieses digitale Gift nicht unwidersprochen hinnehmen, uns daran gewöhnen und es an uns abtropfen lassen. Ein gleichgültiger Umgang damit, so in der Art „Ist halt so“, reicht nicht. Denn unsere Kinder schauen uns dabei zu. Doch dazu später. Die Babys wissen noch nichts davon.

Ein kleiner Meditationstext, den Sie mit Ihrer Stimme als Audio aufnehmen und in der Meditation abspielen können:

Ich sitze da, spüre meine Sitzknochen, richte meine Wirbelsäule auf. Meine Hände liegen entspannt auf meinen Oberschenkeln, leicht geöffnet, der Daumen und der Zeigefinger berühren sich.

Ich muss nichts tun. Nur aus- und einatmen (der Ausatem sollte etwas länger sein als der Einatem, er ist der große Atem, mit ihm beginnt unser Leben, mit ihm hört es auf, so Karlfried Graf von Dürckheim). Gar nicht so einfach. Die Gedanken sind sofort da.

Ich lasse sie kommen. Mein Atem führt mich wieder zu mir zurück, ich höre mich ein- und ausatmen. Die Gedanken lassen nicht locker. Manchmal sind sie freundlich und angenehm, manchmal bedrängen sie mich. Ich schaue sie an und spüre doch: Es sind nur Gedanken. Ich bin mehr als meine Gedanken. Ich überlasse mich ihnen nicht, ich schaue sie an und lasse sie wieder ziehen. Ich kehre zu meinem Atem zurück. Da, bei meinem Atem, der so leicht fließt, ein und aus, ein und aus, ist mein Zuhause. Da hat auch mein Baby Platz, egal, wie meine Gedanken sich gerade gebärden. Ich höre mich ein- und ausatmen. Ich fühl mich geborgen, und wenn nicht heute möglich, dann wieder morgen.

Ändern Sie den Text nach Ihren Bedürfnissen ab, nur persönlich und akzeptierend soll er sein. So habe ich es von meinem eigenen Online-Meditationslehrer, dem Berliner Paar- und Tangolehrertherapeuten Johannes Feuerbach, vermittelt bekommen.

Das erste Lebensjahr

Bindungsphase

Um es vorwegzunehmen: Dieses kleine Kapitel ist der wichtigste Beitrag in diesem Buch, wenn es um eine genügend gute Elternschaft und den Erwerb eines symbolisch verstandenen Elternführerscheins geht. Wenn Sie sich diesem Kapitel vorurteilsfrei öffnen, ersparen Sie sich und Ihren Kindern einiges an späterem Ungemach.

Bis vor 30 Jahren ist die Bedeutung der frühen Bindung nicht einmal von uns Psychotherapeut:innen erkannt worden. Selbst wir Kindertherapeut:innen haben vor 35 Jahren noch in der Ausbildung gelehrt bekommen, dass das Baby in den ersten Lebenswochen in einer autistischen Phase sei, also keine Beziehung mit dem Du aufzunehmen imstande sei.

Bei einer Geburtstagsfeier vor wenigen Jahren war eine junge Ärztin neben mir mit einer Freundin ins Gespräch vertieft. „Ich hätte meine Tochter schon mit sechs Monaten in die Kita geben sollen, da hätte sie noch nicht gemerkt, dass ich weggehe. Leider habe ich sie erst mit neun Monaten hingebracht."

Mythen, hier überholtes und schlicht falsches Wissen, halten sich offenbar lange und zäh.

Ich will hier den vielen hervorragenden Artikeln und Büchern (siehe Literaturverzeichnis) über die Bedeutung von Bindung nicht einfach ein weiteres hinzufügen. Ich fasse daher die Inhalte der Bindungstheorie kurz zusammen. Das Wissen um die Wichtigkeit einer sicheren Bindung kann helfen, unsere Kinder vor Bindungsstörungen und deren Langzeitfolgen zu schützen, wenn sich Eltern darauf einlassen können und sich ausreichend von der Gesellschaft unterstützt fühlen.

Die Bindungstheorie unterscheidet zwischen vier Typen von Bindungsverhalten:

1. Sicher gebundene Kinder
2. Unsicher-ambivalent gebundene Kinder
3. Unsicher-vermeidendes Bindungsverhalten
4. Desorganisiertes/desorientiertes Bindungsverhalten

Die ersten drei Bindungsmuster, die wir bei Babys erkennen können, beschreiben günstige und weniger günstige Bindungsstile. Der letzte, vierte Bindungstyp beschreibt eine Bindungsstörung. Ursache für das desorganisierte/desorientierte Bindungsverhalten ist häufig der Verlust der primären Bindungsperson oder auch eine physische oder psychische Misshandlung durch diese Bindungsperson, deren Aufgabe es wäre, dem Baby Schutz und Sicherheit zu geben.

Ein Säugling kommt nicht in einer autistischen Schale auf die Welt. Im Gegenteil: Er ist auf die vertraute Stimme und den Herzschlag der Mutter fixiert. Wenn der Vater oder andere Geschwister mit ihm, dem Embryo, regelmäßig im Mutterbauch gesprochen haben, erkennt er auch deren Stimme als vertraute Stimme wieder.

Ein Vater, der sich sehr für das werdende Leben in seiner Frau interessierte und dem Embryo mit seiner tiefen Stimme und der Gitarre im Arm vorgesungen hatte, war nach der Geburt der Einzige in der Familie mit zwei kleinen Mädchen, der den schreienden, an der Drei-Monats-Kolik leidenden Jungen beruhigen konnte. Sobald er mit seiner tiefen Stimme zum Jungen sprach und ihn entspannt dabei im Arm hielt, hörte das Schreien auf.

Jetzt braucht es aber keineswegs einen singenden Vater-Gitarristen, um ein Baby zu beruhigen. Die Mutter dieser Familie war eher angespannt, unsicher und machte sich selbst schwere Vorwürfe, dass sie den Neugeborenen nicht beruhigen konnte. Um sich und das Baby durch ihre emotionalen Unsicherheiten nicht zu belasten, holten sich die Eltern therapeutische Hilfe. Auslöser war der wiederholte Ärger des Vaters, dass die Mutter beim Stillen das Handy in der Hand behielt. „Das hast du bei den zwei Mädels doch auch nie gemacht!“, so der Vater. Die Mutter, eine sehr sympathische junge Frau, klagte über eine Kindheit, in welcher sie nie Trost und Beruhigung erfahren hatte. Die Mutter sei nervös gewesen, der Vater ziemlich entwertend. Wo sollte da ihre Kraft zur Beruhigung herkommen? Ein ganz natürlicher Ablauf also in der Kontaktnahme mit ihrem Baby, kein Anlass für Schuldgefühle. Ihre Fähigkeit zur Beruhigung war ja nie herausgefordert worden, sie hatte sie nie unter Beweis stellen müssen. In ihrer Arbeit als Managerin funktionierte sie gut, mehr noch: Sie war dort gelassen und einfühlsam. So war auch ihr Selbstbild. „Ich hätte nie Mutter eines Jungen werden dürfen! Bei den Mädels hat es doch geklappt." „Da waren Sie auch nicht die Mutter eines Jungen, Sie hatten ja kein positives Vorbild in Ihrer Mutter, die Ihren Bruder laut Ihrer Schilderung nie verstanden hat. Ihre Mutter konnte mit Töchtern, aber nicht mit Söhnen, weil ihr eigener Vater sie, das Mädchen, damals links liegen gelassen und ihr damit sehr wehgetan hat. In seinem Universum zählten nur Söhne, doch kaum Töchter wie Ihre Mutter, wie Sie mir selber gesagt haben vor einigen Stunden. Da ist es doch klar, dass Sie Angst hatten, Mutter eines Sohnes zu werden, weil Ihre Mutter aus eigener Verletztheit nie einen entspannten Kontakt zu Ihrem Bruder vorgelebt hat. In Ihrem Bruder hat sie den potenziellen Nachfolger des entwertenden Vaters heranwachsen sehen, der sie wieder entwerten wird. Sie hat Ihnen nie gezeigt, dass man auch einen Jungen entspannt im Arm halten kann. Und Sie haben ihr zugeschaut und als kleines Mädchen das Gefühl haben müssen: Das ist ja ganz schwierig für eine Mama mit einem Jungen ..."

Diese junge Frau hat schnell verstanden und den latenten Männerhass der Mutter (!) für sich einzuordnen gelernt. Der wichtigste Schritt war jedoch, dass sie sich selber die von der Mutter übernommene Angst, einem Sohn keine gute Mutter sein zu können, verziehen hat.

Der Säugling reagiert vom ersten Lebensmoment an auf die Stimme seiner Mutter, denn es ist die vertrauteste Stimme, die selbstverständliche Stimme. Er erkennt allerdings nicht nur die Stimme wieder. Er hat als Fötus auch die Angst, die Aufregung in der Stimme seiner Mutter wahrgenommen. Auch darauf reagiert er. Eine Mutter hatte sich, nach entsetzlichen Streitereien mit dem Partner, noch in der Schwangerschaft vom Kindesvater getrennt. Jedes Mal, wenn sie ihre Stimme beim Neugeborenen erhob und etwas lauter wurde, es musste gar nicht im Kontakt mit ihm selbst sein, hörte er abrupt mit Schreien auf und wurde ganz still. „So muss er sich gefühlt und verhalten haben, wenn Ihr Mann Sie angeschrien oder geschlagen hat. Ihr noch ungeborener Sohn hat sich in den hintersten Winkel der Gebärmutter zurückgezogen." Es gibt eindrucksvolle intrauterine Bilder, wie sich Embryos bei einem lauten Streit der Eltern zusammenrollen und kleiner machen.

Der Kontakt mit der Mutter und, falls hoffentlich vorhanden, mit dem aktiv beteiligten Vater oder der aktiv beteiligten Partnerin ist für das Neugeborene überlebenswichtig. Das ist keine Frage der persönlichen Bereitschaft der Mutter oder der Eltern, sondern ganz einfach des psychischen Überlebens des Kindes.

Diese so wichtige Bindungsphase betrifft das erste Jahr. Wenn die Bezugspersonen dem Baby in diesem Jahr wirklich zur Verfügung stehen können, wird es keine Frühstörung davontragen. Ich höre förmlich, wie alleinerziehende Mütter gerade aufschreien: „Wie soll das gehen? Ich muss arbeiten, Geld verdienen, um dem Kind und mir das Überleben zu sichern." Das stimmt. Doch das muss der Staat einfach bei alleinerziehenden Müttern hinbekommen, dass diese bei vollem Lohnausgleich ein Jahr in der Elternzeit sein können. Auf die (politischen) Barrikaden, junge Mütter! Bei dem Kind im ersten Lebensjahr sein zu können, ist schon lange keine Privatsache mehr, sondern eine Frage des wirtschaftlichen Überlebens, auch und gerade am Industriestandort Deutschland. Eine gute Unterstützung im ersten Lebensjahr sichert nicht nur das wirtschaftliche Überleben der jungen Mutter, sondern schafft auch die Basis für einen resilienten, psychisch belastbaren Nachwuchs, der seine Zukunft bewältigen kann. Ein ungestörtes Elternjahr zur Betreuung der Babys im ersten Lebensjahr wäre eine wichtige Voraussetzung für eine sichere Bindung. Die Finanzierung würde zwar einerseits Geld kosten, könnte der gesamten Gesellschaft und insbesondere auch den Krankenkassen aber andererseits immense Kosten sparen, weil sich viele psychische und psychosomatische Erkrankungen nicht oder weniger schwer entwickeln würden.

Ich habe in den Jahren meiner Praxistätigkeit viele alleinerziehende Mütter erlebt, welchen der Spagat zwischen der Betreuung ihres Babys im ersten Lebensjahr und der Arbeit große psychische Schmerzen bereitet hat. Es zeigten sich Schuldgefühle noch und noch. Manchmal gab es da eine Oma im Hintergrund, doch oft war der soziale Hintergrund leer. Da war niemand Nahestehender, dem die junge Mutter ihr Baby hätte anvertrauen können.

Ein wenig Statistik: 74,9 % der Mütter in Deutschland arbeiten 2020. Doch wie viele sind es bei den Müttern mit Babys? Es sind, leider liegen mir nur Zahlen aus 2020 vor, 11,5 %. Im zweiten Lebensjahr des Kindes sind es 40,4 % und im dritten Lebensjahr 50,9 %. Die meisten Mütter arbeiten dann in Teilzeit. Im Jahr 2022 arbeiteten 33,4 % der Mütter mit Kindern unter sechs Jahren in Teilzeit, bei Vätern sind es 8 %.

Ich plädiere für ein zu 100 % bezahltes Elterngeld im ersten Lebensjahr dort, wo institutionelle Fremdbetreuung nötig wäre. Einige Mütter – und es sind keineswegs nur die alleinerziehenden unter ihnen – nehmen den Mutterschutz von 14 Wochen (sechs Wochen vor und acht Wochen nach der Geburt, bei Frühgeburt zwölf Wochen nach der Geburt) wahr und gehen dann wieder arbeiten. Es gibt alleinerziehende Mütter, die bereits diese ein bis zwei Monate Überbrückung bis zur Krippenaufnahme als Stress erleben „Ich komme mit einem um 35 % reduzierten Gehalt aus meiner Teilzeitarbeit nicht hin!“, höre ich öfters. Das Kind wird also mit vier Monaten in die Kita gegeben oder – wenn ein zweiter Elternteil zur Verfügung steht – nochmals vom Vater oder der zweiten Mutter ein bis zwei Monate zu Hause betreut. Leider können sich viele Mütter und Väter die vom Staat theoretisch ermöglichte einjährige Elternzeit, um die es hier aus den zuvor geschilderten entwicklungspsychologischen Gründen ausschließlich geht, mit einem Einkommensverlust von 35 % schlicht nicht leisten, vor allem nicht in teuren Großstädten wie München, Hamburg oder Frankfurt.

Ihr Baby ist mit drei, vier Monaten noch in einer sehr fragilen, verletzlichen Bindungsphase und will niemand anderen als die zwei vertrauten Hauptmenschen, Mutter und Vater, Mutter und Mutter, oder, im Falle einer Alleinerziehenden ohne familiäres Auffangnetz, die Mutter, akzeptieren. Hirnorganisch betrachtet ist das Baby noch nicht in der Lage, wechselnde Bezugspersonen, wie es in der Kita üblich ist (allen gegenteiligen Behauptungen zum Trotz!), als sicher vertraute Bindungspersonen zu akzeptieren.

Ich habe mir den Spaß gemacht und als neugierige Zeitgenossin GPT um einen Text gebeten: „Warum sollte man Babys in die Krippe geben?“

Die Antwort, in Sekunden generiert, hier abgedruckt:

1. **Soziale Kontakte:**
   In einer Kita haben Babys die Möglichkeit, mit anderen Kindern in Kontakt zu treten und soziale Fähigkeiten zu entwickeln. Dies kann ihre soziale und emotionale Entwicklung fördern.

2. **Pädagogische Vorteile:**
   In vielen Kitas gibt es speziell ausgebildetes Personal, das Babys in ihrer frühkindlichen Entwicklung unterstützen kann. Dies kann die sprachliche, kognitive und motorische Entwicklung sein.

3. **Berufliche Verpflichtungen:**
   Manche Eltern müssen aus beruflichen Gründen arbeiten und benötigen daher eine Betreuungseinrichtung für ihre Babys. Die Kita bietet eine sichere und strukturierte Umgebung, in der die Betreuung gewährleistet ist.

4. **Routinen und Struktur:**
   Kitas bieten oft feste Tagesabläufe und Routinen, die für Babys beruhigend sein können. Dies kann dazu beitragen, einen stabilen Rhythmus für das Baby zu schaffen.

5. **Entlastung der Eltern:**
   Die Betreuung in der Kita kann Eltern eine dringend benötigte Pause verschaffen und ihnen die Möglichkeit geben, sich auf ihre beruflichen Aufgaben oder andere Verpflichtungen zu konzentrieren.

6. **Entwicklung der Unabhängigkeit:**
   Durch die Interaktion mit anderen Erwachsenen und Kindern in der Kita können Babys allmählich ihre Unabhängigkeit entwickeln und Selbstvertrauen aufbauen.

7. **Vorbereitung auf die Schule:**
   Kitas können eine sanfte Einführung in die schulische Umgebung bieten, was den Übergang in den Kindergarten und in die Grundschule erleichtern kann.

8. **Gesellschaftliche Vielfalt:**
   Kitas sind oft Orte, an denen Babys mit Kindern aus verschiedenen kulturellen und sozialen Hintergründen in Kontakt kommen. Dies fördert das Verständnis für Vielfalt und Toleranz.

Ein solcher ChatGPT-Text für Kitas bedient die Wirtschaft, nicht das Wohlergehen der kleinen Erdenbürger:innen. Er zeigt in erschreckendem Ausmaße, was ChatGPT nicht kann: Seele! Hier zeigt sich nicht die Spur von Einfühlungsvermögen und Wissen um die hirnorganischen Gegebenheiten eines Babys, von den seelischen Bedürfnissen gar nicht zu reden. Der einzige Punkt, dem ich zustimmen könnte, ist Punkt 5. Eltern, denen das komplett abhängige Baby Angst macht und die ihre eigene Abhängigkeit nicht zulassen dürfen – aus welchen ernsten und legitimen Gründen auch immer –, können wirklich entlastet werden durch die täglich wiederkehrende zeitliche Babypause.

Ein Seitenblick ins Tierreich hilft, die Bedürfnisse der „Frühgeburt Mensch" besser zu verstehen. Die Elefanten mit ihrem kompetenten Brutverhalten oder die uns am ähnlichsten gebauten Menschenaffen kämen nie auf die Idee, ihre nicht zu früh geborenen Nachkommen einfach jemand anderem aus der Herde zu überlassen. Die Elefantin bleibt immer in der Nähe ihres Nachwuchses, bis er ein Jahr alt ist, die Schimpansin genauso. Sie trägt ihr Affenbaby ein Jahr lang am Körper, danach nochmals zwei bis drei Jahre auf dem Rücken. Wie gut, dass wir doch keine Tiere sind: Die Spinne Stegodyphus dumicola stellt ihren eigenen Körper dem Nachwuchs als Nahrung zur Verfügung und lässt sich von ihm auffressen. Vielleicht mag es uns Menschenfrauen manchmal bei gierigen Brustkindern für einen kurzen Augenblick so vorkommen, als wenn sie uns auffressen wollten. Sie sind nur hungrig, sowohl nach Nahrung als auch nach Zuwendung.

Nur wir Menschen sind seit einigen Jahren plötzlich der Meinung, unsere noch kein Jahr alten Babys seien in der Kita am richtigen Ort! Unsere in der Kita abgegebenen Babys können sich selbstverständlich nicht wehren. Sie akzeptieren alles – um zu überleben, wenn die vertrauten Eltern nicht da sind.

Eine ältere, sehr engagierte Kita-Leiterin hat mir von ihrer langjährigen Erfahrung mit Kindern unter einem Jahr erzählt. Ich habe ihre Worte auf Band festgehalten. „Meine Mitarbeiterinnen und ich denken oft: Es passt nicht, die Babys so früh von der Mutter zu trennen. Oft schreien die Babys, wenn sie bei uns abgegeben werden, so lange – die Mutter ist bereits wieder weg –, dass sie irgendwann erschöpft einschlafen. Wenn sie wieder wach werden, sind sie oft sehr ruhig. Und die unerfahrenen jungen Mitarbeiterinnen glauben dann: Na, geht doch, das Baby hat sich beruhigt. Ich glaube nach diesen 15 Jahren im Beruf nicht mehr ganz daran. Sie haben ihre Situation einfach akzeptiert. Sie halten sich, irgendwie. Vor allem die ganz ruhigen machen mir manchmal Sorge. Oft reagieren sie gar nicht groß, wenn die Mutter sie abholen kommt am Nachmittag oder gegen Abend. Sie lassen sich einfach mitnehmen, ohne große emotionale Reaktion. Zu Hause schreien sie dann stundenlang, wird mir von den Eltern berichtet. Sie haben die Erfahrung gemacht, viel zu früh jeden Morgen verlassen zu werden vom einzig vertrauten Menschen, und bringen jetzt den Tag irgendwie rum. Es gibt Babys, die lassen sich gut ablenken, doch es gibt unter ihnen auch ganz sensible, die bei jeder Gelegenheit tagsüber das Weinen anfangen. Das sagen wir so den Eltern natürlich nicht. Die sind ja auf uns angewiesen. Wenn wir ihnen sagen würden, wie oft oder schnell ihr Baby weint, hätten sie ja nur Schuldgefühle. Eine ganz neue und seltsame Entwicklung bei den Eltern ist die Selbstverständlichkeit, mit welcher sie die Kinder uns überlassen. Sie scheinen keine Sorgen mehr zu haben. Das Kind ist ja gut betreut, also, wo ist das Problem? Da macht sich eine Gleichgültigkeit breit, die mir nicht gefällt."

Im Zeitraum von 2006 bis 2021 ist laut Statistischem Bundesamt die Kinderbetreuung in Deutschland für Kinder unter drei Jahren von 13,6 % auf 34,4 % angewachsen. Der tatsächliche Betreuungsbedarf wird 2021 auf 46,8 % geschätzt, wenn alle Kleinkinder, deren Eltern Betreuung für sie suchen, Berücksichtigung finden würden. Das ist fast eine Vervierfachung in den letzten 15 Jahren!

Kehren wir zum Kern der Bindungsphase, dem ersten Lebensjahr oder eigentlich den ersten 18 Monaten (die ich mich hier gar nicht mehr aufzuführen getraue), zurück. Das erste Lebensjahr ist nicht nur für die Eltern, ihr Baby und mögliche Geschwister ein Ausnahmejahr. Es ist es tatsächlich auch auf der Ebene der kognitiven und psychischen Ausstattung des Babys.

Das erste Lebensjahr ist für eine gesunde Entwicklung des Babys entscheidend, ja es ist geradezu von existenzieller Bedeutung. Ein Lebewesen, das außerhalb des Mutterbauches erste positive Bindungserfahrungen hat machen können, nimmt die späteren Hürden, die das Leben für jeden von uns aufstellt, besser ausgerüstet in Angriff.

Hinter diesem blassen Wörtchen ‚besser' liegt der moderne Ausdruck Resilienz. Eingebettet in eine verlässliche, genügend gute Mutterbeziehung wird ein solches Kind im Verlauf seines Lebens mit Stress, mit Krankheit und Enttäuschung besser klarkommen. Eine im ersten Lebensjahr körperlich und psychisch anwesende Mutter (oder nach dem dritten, vierten Lebensmonat auch ein Vater oder eine andere nahe Bezugsperson) kann das Baby beruhigen, trösten, es halten und aushalten.

Ich gewinne immer öfters den Eindruck, dass sich viele junge Mütter ihrer großen Bedeutung für die gesunde Frühentwicklung ihres Babys nicht mehr bewusst sind. Ist da ein Instinkt verloren gegangen? Sind die heutigen Lebensumstände dermaßen stressig, dass ein Verantwortungsgefühl gar nicht mehr so richtig aufkommen will für ein Neugeborenes? Was läuft gerade schief in unserer – nicht nur deutschen – Welt?

Ist die allerorten zu beobachtende geringere Bindungsbereitschaft eine erste toxische Folge der Digitalisierung? Die Welt der Algorithmen prüft uns nicht auf unsere Bindungskompetenz, wie wir eben gesehen haben. Emotionale Bindung findet in der digitalen Welt nicht statt, dafür aber viele Formen der Manipulation. METAVERSE verwandelt uns gerade in seelische Zombies. Metaverse funktioniert nur auf der Basis von Entseelung des Menschen. Ein menschliches Wesen, genannt die Mutter, das lieber in zehn Jahren, wenn es nach Zuckerberg gehen würde, im Metaversum spazieren geht und dort vielleicht sogar ein Baby andächtig streichelt, statt ganz sinnlich zum anderen Mitmenschen hinzuspüren (hier ein komplett abhängiges Baby aus Fleisch und Blut mit eigenen Bedürfnissen), ist für das, was wir alle als Bindungsfähigkeit bezeichnen, verloren.

Noch gibt es Bindungsfähigkeit. Noch gibt es das Baby, das seine Mutter braucht wie die Luft zum Atmen. Doch viele junge Frauen schrecken vor Hingabe zurück. Hat es auch damit zu tun, dass wir Frauen so lange um einen gleichberechtigten Platz in dieser Welt haben kämpfen müssen? Jetzt sind wir, zumindest im reichen Westen, endlich auf Augenhöhe mit dem männlichen Geschlecht. Und wie sagte eine junge, ehrgeizige Patientin zu mir: „Wir Frauen sind gut!"

Ja, wir Frauen sind gut. Inzwischen überall: in der Wirtschaft, in der Politik, in den Wissenschaften. Aber können wir noch ‚Mutter'? Oder trauen wir uns die historisch ziemlich junge Verbindung Mutter/erfolgreiche Berufsfrau nicht richtig zu? Es rumort in vielen jungen Frauenherzen. Mir will scheinen, dass sich das leise Rumoren mit dem Satz „Nie wieder Abhängigkeit, nie wieder Diskriminierung" am besten umreißen lässt.

Ich möchte allen jungen Frauen zurufen: Lasst euch als Mütter nicht abschaffen! Ihr könnt Mutterschaft und Beruf verbinden. Vertretet euch selbstbewusst in der Partnerschaft mit euren Bedürfnissen als junge Mutter, verhandelt eure Interessen mit dem Partner und auf gesellschaftlicher Ebene. Ihr helft damit euren Kindern, nicht ein verlorenes, narzisstisches Irgendwas zu werden. Wer sein Kind schon im ersten Lebensjahr regelmäßig fremdbetreuen lässt, darf sich nicht wundern, wenn die Bindungsfähigkeit seines Kindes nicht besonders groß wird. Die digitalisierte Welt wird es allerdings freuen. Denn diese Kinder, einmal Erwachsene, werden ihre Hauptbefriedigung nicht mehr aus der Bindungswelt holen, sondern einfach und banal aus der künstlichen Welt. Es wird eine sozial kalte Welt werden, in der ihre fast ausschließlich männlichen Regenten – Alibaba (China, Jack Ma), Alphabet (USA, Larry Page, Sergey Brin), Amazon (USA, Jeff Bezos), Baidu (China, Robin Li), Nvidia (China, Jen-Hsun Huang), OpenAI, Tencent (China, Ma Huateng), TicToc (China, Zhang Yiming), xAI (USA, Elon Musk), Meta Platforms (USA, Mark Zuckerberg) und Co. – noch reicher werden. Während wir in zunehmend größere bis süchtige Abhängigkeit dieser KI-Giganten geraten, wird ihr Vermögen anwachsen. Die Welt wird sich in ein von ihnen und ihren Marktregeln ausschließlich bespieltes Theaterstück verwandeln und wir werden bloße Zuschauer:innen in ihrem größenwahnsinnigen Stück sein. Da kann dann der Schweizer Schriftsteller Giuseppe Gracia zu Recht behaupten: „Der Posthumanismus [das Menschenzeitalter mit seinen humanen Werten wird durch die Herrschaft der Technologie abgelöst, Anmerkung NSK] schafft den Menschen ab.“ (Gracia, 2022) Gracia weiter: „In der posthumanistischen Erzählung ist die Epoche des Humanismus und der natürlichen Evolution zu Ende gekommen, und die Zeit der Techno-Evolution ist angebrochen: eine neue, digital gesteuerte Ära der Perfektionierung und Verschmelzung von Mensch und Maschine, natürlicher und künstlicher Intelligenz, Bewusstsein und globalem Datenstrom.“ (Gracia, 2023) Noch sind wir alle keine bloßen Zuschauer:innen. So zumindest die Hoffnung, auch im Namen unserer Frisch- und Nachgeborenen.

Leben zu dritt oder zu zweit

Die traditionelle Kernfamilie ist nicht mehr das einzige Familienmodell. Nur 13 Jahre ist es her, dass mein Buch „Damit Kindern kein Flügel bricht" erschienen ist. Es dünkt mich eine Ewigkeit. Alleinerziehende kamen darin noch kaum vor, ebenso wenig homosexuelle und lesbische Eltern.

Das Leben zu dritt mit Mutter, Vater und Kind ist immer noch die quantitativ wichtigste Familienform. Lassen wir uns von den Medien nichts einreden. Das gilt übrigens für die Sexualität genauso. Auch hier könnte man den Eindruck gewinnen, als Heterosexuelle einer Minderheit anzugehören, weil vorzugsweise die queere Identität in der Presse Raum bekommt. Es stimmt quantitativ nicht ganz. Allerdings ist der qualitative Aspekt, die queeren Lebensentwürfe im Namen von tolerantem Zusammenleben medial zu stärken, unbestreitbar nötig.

Das Leben zu dritt verändert die Paarbeziehung. Sie wird nicht besser oder schlechter, sie wird einfach eine andere, neue, die nicht vorhersehbar ist. Die Welt zu zweit ist von der Welt zu dritt abgelöst worden. So wie man Ehe nicht proben kann, kann man Familie nicht proben. Man lässt sich darauf ein – oder entscheidet sich dagegen. Beides ist legitim. Kein Lebensentwurf verdient mehr Wertschätzung als der andere. Das gilt auch für uns Frauen. Wann haben sich Männer in ihrem Selbstwert über Kinder definiert? Dafür hatten sie die Frau an ihrer Seite, um das Bild des in jeder Hinsicht potenten Mannes zu vollenden. Inzwischen wollen sich die jungen Frauen „vom Halseisen der Traditionen" (Groult, 1998, S. 12) befreien. Ihr gutes Recht.

Doch wer sich entschieden hat für eine feste Partnerschaft und Familie, muss sich einlassen auf diese Lebensform. So ein bisschen Paar, so ein bisschen Mutter und Vater, so ein bisschen Familie geht nicht. Es wäre die Quelle von nicht enden wollenden Frustrationen in den Folgejahren. Auch das gerade in der Presse aufgegriffene Co-Parenting ist ein verzweifeltes Unterfangen, ohne Partnerliebe doch zu einem Kind zu kommen. Wir leben in einer Zeit, in welcher Hedonismus (‚Was mir guttut, ist okay und das einzige Kriterium') schamlos als gesunde Selbstverwirklichung gepriesen wird. Wird beim Co-Parenting – nicht zu verwechseln mit Co-Caring (!) – nur eine Sekunde an das gezeugte Kind gedacht? Was macht es mit einem

Kind, welches die biologischen Eltern zwar um sich hat, doch keine Zärtlichkeit zwischen den Eltern mitbekommt? Sagen Sie jetzt nicht, liebe Leserinnen (die Männer lassen die Bücher über Kindererziehung ja meistens noch von ihren Frauen lesen), dass das doch auch in vielen Familien genau der Fall ist. Wir sollten ganz gut aufpassen, dass wir im Sinne einer liberal-aufgeklärten Haltung nicht alles laufen lassen, alles abnicken, was an Trends so durch die Medien schwemmt. Es könnte sein, dass wir vor lauter Haltungslosigkeit menschlich unkenntlich werden. Wenn alles geht, lassen wir doch alles laufen. Wenn es keine Liebe mehr braucht, machen wir es doch ohne Liebe. Beliebigkeit als gut getarnte Toleranz ist doch eigentlich emotionale Wüste im zwischenmenschlichen Miteinander.

Die Frauen sind und wollen im Jahr 2023 berufstätig sein. Keine berufstätige Mutter muss sich mehr erklären oder rechtfertigen dafür. Es ist Normalität. Normalität braucht kein Erklärungsmodell.

Die Normalität wird nur dort kompliziert, wo es um das erste Lebensjahr des Kindes geht. Sie lässt sich mit Baby nicht weiterführen. ‚Du arbeitest, ich arbeite, wir sind ein Paar', so war es vor der Geburt eines Kindes. Wer jetzt diesen großen Einschnitt ignoriert, nimmt eine Als-ob-Haltung ein und verleugnet die Realität. Und die Realität zeigt zwei Erwachsene (oder eine:n Erwachsene:n), die (oder die:der) plötzlich für ein Kind verantwortlich sind (ist), genauer noch: für ein komplett von ihnen (ihr:ihm) abhängiges Baby. Dieser Umstand ändert, zumindest für das erste Lebensjahr, alles.

In „Mütter, Väter, Täter" schreibt Siri Hustvedt: „Die verständliche Angst von uns Menschen, dass jede und jeder von uns von einem anderen Menschen geboren wird und die ersten Jahre des Lebens in vollständiger Abhängigkeit von anderen verbracht hat. Die ersten Jahre unseres Lebens können wir Menschen nicht ohne Hilfe von anderen überstehen – und zwar in den meisten Fällen die Hilfe der Mütter, die uns ernähren und sich um uns kümmern. Wir sind schließlich keine Echsen, die vollständig lebensfähig aus einem Ei klettern. So funktioniert das menschliche Leben nicht." (Hustvedt, 2023, S. 61)

Nachher, wenn das erste Lebensjahr vorbei ist (resp. die ersten 18 Monate, wie wir Kindertherapeut:innen es so gerne sehen würden), eine Kita ausgesucht ist, Mutter oder Vater oder beide in Teilzeit arbeiten oder wenn das Kleinkind drei Jahre alt ist und in den Kindergarten gehen kann, kehrt immer mehr gewohnte Realität zurück. Mit Beginn der Kindergartenzeit sehen wir auf der Lebensbühne eine:n oder zwei Erwachsene:n und von ihnen abhängige Kinder stehen. Doch diese Kinder sind in ihrer hirnorganischen Entwicklung vorangeschritten. Neue Kontakte zu anderen Kindern und Betreuungspersonen werden jetzt nicht nur verkraftet, sondern geradezu gesucht. Die Welt des Kindes ist eine größere geworden, sie verlangt nach neuen Impulsen, Reizen, Lernmöglichkeiten. Die Elternwelt ist dann immer noch die maßgebliche, doch sie deckt die Bedürfnisse des Kindes nicht mehr ab.

Wenn Eltern veränderungswillig sind und das Kind im ersten Lebensjahr nicht nur als Bremse und üblen Schlafräuber sehen; wenn sie bereit sind, das Aufwachsen ihres Kindes als Ereignis im wahrsten Sinne des Wortes zu begreifen; wenn sie ihr Kind als das Dritte der Zwei verstehen, das ihnen selbst ein unerwartetes und ungeahntes persönliches Wachstum bescheren kann, alleine durch sein Dasein und die neuen Herausforderungen, dann kann das Leben zu dritt eine Quelle von Inspiration erfahren werden. Eltern entdecken Seiten in sich, von deren Existenz sie vorher nichts geahnt haben. Ein überraschter Vater: „Im Bett lief ja im ersten Lebensjahr unseres Sohnes gar nichts mehr, er hing gefühlt nur noch am Busen meiner Frau. Ich fühlte mich zurückgesetzt. Habe lange nichts gesagt, dann doch … Meine Frau hat geweint, mich in die Arme genommen, es war im fünften oder sechsten Monat. Danach sind wir erst ein richtiges Eltern-Paar geworden. Jetzt war ich wieder da, hab sie unterstützt, hab meinen Sohn genauso toll gefunden. Sie war froh darüber. Und ich hab in meiner eigenen Entwicklung ganz schön profitiert."

Vom Paar zum Eltern-Paar. Sex ist schön, doch im ersten Lebensjahr des Babys oft kaum vorhanden, weil die Veränderung durch das Hinzukommen des Babys so viele neue Erfahrungen und Herausforderungen mit sich bringt. Ich selber war meinem ersten Mann sehr dankbar und bin es noch, wie er nach den ersten Monaten die Frau in mir zurückgeholt hat. Ich empfand Angst, richtig Angst, dass ich nur noch „muttere" und die Frau in mir verliere und vielleicht nie wiederfinde.

Wenn ein oder beide Elternteile zu wenig Geborgenheitserfahrung aus der eigenen Kindheit in diesen neuen Lebensabschnitt mit Kind mitbringen, bleiben die Ansprüche an die:den Partner:in hoch. Männer- und Frauenfantasien, selten ausgesprochen, oft gedacht: „Du warst vor der Geburt viel zärtlicher zu mir / Du denkst ja nur noch an unser Kind / Du warst vorher nie so gereizt / Du könntest ja auch mal wieder Zeit mit mir verbringen, immer geht es um unseren Sohn / Du vernachlässigst mich, glaubst, ich will immer nur mit unserem Baby abhängen / Früher hast du mal was Nettes zu mir gesagt, jetzt sind wir nur noch im Organisationsmodus / Interessiere ich dich überhaupt noch als Frau!"

Klar, Sex ist geiler als Windeln wechseln. Eine ungestörte Party mit Freund:innen ist spaßiger als das nervige Weinen des Kindes in der Nacht.

„Ich schätze, dass meine Frau und ich im ersten Lebensjahr unserer Tochter mehr Körperkontakt mit ihr als miteinander hatten", so erinnert ein Vater die frühste Zeit seiner Erstgeborenen. Danach kamen noch drei Kinder. Auch hier hat ein ehrliches Gespräch zwischen den Eltern weitergeholfen. Erstmalige Eltern geraten ganz schnell in einen Funktionsmodus von Durchhalten, Überstehen, Zähne zusammenbeißen etc. Dabei wäre es für beide viel entspannender, wenn sie sich in dieser umwerfenden Erfahrung der Elternschaft einander mehr anvertrauen würden, auch mit ihren geheimsten Empfindungen, Fantasien. „Ich bin oft dagesessen, wenn meine Frau unseren Sohn gestillt hat, und da kam wie so eine Druckwelle im Magen hoch: Oh, ist dein Leben jetzt ernst geworden, jetzt kannst ja nicht mehr abhauen, einfach gehen, wenn es dir zu blöd wird …" So ehrliche Jungeltern sind ein Geschenk. Sie glauben, Ungeheuerliches oder zumindest Beschämendes preiszugeben – und doch ist es ein ganz natürliches Empfinden.

„Es ist lächerlich zu behaupten, dass ambivalente Gefühle nicht zur Eltern-Kind-Beziehung gehören – dass Liebe und Hass nicht demselben kleinen Menschen gelten können. Vätern gegenüber wird Nachsicht geübt, wenn sie eifersüchtig auf die Kleinen sind oder den Tagen vor der Vaterschaft nachtrauern […]. Eine solche Nachsicht wird den Müttern selten gewährt." (Hustvedt, 2023, S. 48)

Dazu die Zwischenbemerkung einer Therapeutin: Gedanken, laut in die Beziehung getragen, erschrecken mich kaum noch, nur Handlungen. Gewaltsame Handlungen verstören, weil die tatsächlichen Gedanken nie laut werden durften. Übersprungshandlungen sind das, die nur passieren, weil sie im Gefängnis emotionaler und sprachlicher Isolation eingesperrt waren und nicht mehr kontrolliert werden konnten von den Eltern.

Gerade in der jungen Elternschaft gilt: Wer mit dem anderen spricht, bleibt im Kontakt mit sich und damit mit den noch so bedrohlich oder bizarr anmutenden Gefühlen. Was einmal ausgesprochen werden darf, hat seine zerstörerische Wucht verloren. Ein gemeinsames Kind bedeutet noch lange nicht miteinander harmonierende Eltern. Auch beim Zustandekommen des Dritten der Zwei bleiben die zwei Eltern verschiedene Menschen. Die Liebe hat sie ein Kind erschaffen lassen, doch sie sind zwei verschiedene Menschen geblieben. Mutter wie Vater sind unterschiedlich Geprägte, von Kindsbeinen an.

Eine der größten Schwierigkeiten in der Elternschaft ist die stillschweigende Erwartung, dass die junge Paarliebe, die übrigens immer die Gemeinsamkeiten betont, so weitergehen müsste in der Elternschaft. Wir lieben uns, wir verstehen uns. Also kein Problem für uns, Eltern zu werden.

Wir geraten als Eltern unter mächtigere Einflüsse, als sie in der Liebesbeziehung vorhanden sind. Wir fallen manchmal schon in der Schwangerschaft, in der Regel aber spätestens mit der Geburt unseres ersten Kindes in den emotionalen Einflusskreis unserer Herkunftsfamilie zurück. Beim Verlieben spielt es eine ziemlich untergeordnete Rolle, wie die Beziehung der geliebten Frau, des geliebten Mannes zu den Eltern war oder noch ist. Die Verliebtheitsphase ist weit davon entfernt, von den verinnerlichten Elternbildern geprägt zu werden. Doch damit ist Schluss, wenn ein Kind da ist. Die verinnerlichten Elternbilder treten hervor; manchmal gleich, manchmal erst so richtig nach einigen Jahren. Sie werden zu unsichtbaren Leitbildern in der Erziehung. Wir haben ja keine anderen Leitplanken in dem Augenblick, wo wir Eltern werden. Wenn die Beziehung zu den eigenen Eltern genügend positiv war, hilft sie in dieser Terra incognita, die wir eben gerade betreten, als junge Eltern ohne jede eigene Erfahrung. Wir greifen zurück auf die hilfreichen eigenen Erfahrungen, wie wir sie mit unseren Eltern gemacht haben. Doch niemand von uns hat nur gute Erfahrungen im Gepäck. Enttäuschungen, Verletzungen liegen ebenfalls unter den Gepäckstücken versteckt. Wenn die Erfahrungen mit den eigenen Eltern oder mit der Mutter oder mit dem Vater allein überwiegend negativer oder enttäuschender Art waren, mischen sie sich in den jungen Familienalltag sehr schnell mit hinein. Unmerklich, doch leider zuverlässig.

Man könnte als Psychoanalytikerin für Kinder und Jugendliche Seiten mit Berichten von überraschten Eltern füllen, wenn das erste Mal im therapeutischen Kontext die Schuppen von ihren Augen fallen und sie realisieren, dass sie „wie meine Mutter, wie mein Vater" auf ihr kleines Kind reagieren. „Mein Sohn hat ständig geschrien, da bin ich immer wieder ausgerastet, dabei bin ich doch ein eher selbstbeherrschter Typ!" Oder eine junge Frau: „Wenn Anna geweint hat, hab ich mit purer Ohnmacht reagiert ... hab das nicht verstanden, wo meine Hilflosigkeit herrührt. Ich bin doch sonst eher taff." Nach der ersten, oft kompletten Ahnungslosigkeit tauchen dann Erinnerungsfetzen aus der eigenen Kindheit auf: Ein unbeherrschter Vater, der das Weinen oder Schreien seines Sohnes als Störung seiner Abendruhe empfunden hat. Eine Mutter, die depressiv war und auf das Weinen ihrer Tochter regelmäßig mit Erstarrung reagiert hat.

Sind wir also den eigenen Kindheitserfahrungen, dem – wie Kim de l'Horizon es in seinem 2022 mit dem Deutschen Buchpreis ausgezeichneten „Blutbuch" nennt – „Wattenmeer der Vergangenheit" (de l'Horizon, 2022, S. 12) nackt und wehrlos ausgesetzt? Mitnichten. Nur wahrnehmen müssen wir sie, emotional erinnern müssen wir sie. Dann finden sich neue, bessere Begegnungsweisen dem eigenen Kind gegenüber. Wenn ich als junge Mutter oder als junger Vater keinerlei bewusste Erinnerungsspuren den eigenen erlittenen Verletzungen gegenüber mehr habe, bin ich ausgeliefert und fange mit der Wiederholung an. Das geschieht unbewusst und gänzlich unbeabsichtigt.

Stillen

Hier wird keinem Stillmythos das Wort geredet. Eine genügend gute Mutter-Kind-Beziehung entscheidet sich nicht an der Stilldauer.

Es macht allerdings nachdenklich, dass sich junge Frauen offenbar mit dem Stillen immer schwerer tun und diese Phase, die für die spätere Bindungsfähigkeit des Kindes eine ganz wichtige sein könnte, gerne möglichst schnell hinter sich bringen möchten. Das Handy liegt jetzt oft in Reichweite. „Das Stillen dauert oft so lange mit meiner Tochter. Da muss ich mich ja etwas ablenken. Manchmal nuckelt sie eine halbe Stunde rum. Es wird dann einfach langweilig."

Daniela Rüttimann schreibt in ihrem sympathischen Still-Blog (Instagram): „Stillen beginnt im Kopf und nicht an der Brust."

Genauso ist es. Eine ehemalige Patientin und jetzige Hebamme, Frau S., machte die Beobachtung, dass „fast jede Frau stillen kann". Doch fehle es oft bei den Erstgebärenden am nötigen Selbstvertrauen. „Sie können sich zu Beginn einfach nicht vorstellen, dass ihre Brust genug Milch enthält, um das Neugeborene am Leben zu halten. Wenn ihre Milch nicht sofort in Strömen fließt, kommt schnell Verzagtheit auf." Dann sei es ganz entscheidend, wie das nächste Umfeld darauf reagiert. Ein auf die für ihn ungewohnte Mutter-Kind-Symbiose eifersüchtig reagierender Partner würde dann flott zu Abstillen und Wechsel zur Flasche raten. Auch Freundinnen, die selbst Stillprobleme hatten, seien nicht die besten Beraterinnen. Da würden dann schon Bemerkungen fallen wie: „Mein Sohn hat es auch überlebt, quäl dich doch nicht."

Die Natur hat uns Frauen gut ausgestattet. Die Körbchengröße spielt dabei gar keine Rolle.

Wenn der Stillvorgang mit der Zeit gelingt, wird bei Mutter wie Neugeborenem der hormonelle Botenstoff Oxytocin ausgeschüttet, also das von uns allen so geschätzte Wohlfühlhormon. Es wird auch bezeichnenderweise Kuschelhormon genannt. Das noch schwach ausgebildete Immunsystem des Kindes profitiert vom intakten Immunsystem der stillenden Mutter. Diese Vorgänge sind hinlänglich bekannt.

Kehren wir nochmals zum bemerkenswerten Satz von Rüttimann zurück. Er ist wichtig: Das Stillen beginnt im Kopf und nicht an der Brust. Stillen verlangt auch etwas Selbstbewusstsein, doch das kann ja mitwachsen. Es braucht vor allem Hingabebereitschaft. Ich habe oft die Erfahrung gemacht, dass alleine das Bild, dass dieses hilflose Neugeborene gar nicht überleben würde ohne die Hingabebereitschaft der Mutter (nicht nur im Prozess des Stillens), schon entscheidend dabei helfen kann, dass die Mutter sich hirnorganisch überhaupt erfolgreich einlassen kann auf den Stillprozess.

Bei der Hingabebereitschaft scheint es irgendwie zu hapern. Nie mehr weibliche Abhängigkeit, so lautet das unbewusste Credo vieler junger Frauen. Wenn sich junge Frauen entschieden haben zur Mutterschaft, müssen sie diese Abhängigkeit zulassen – ob mit der eigenen Brust oder mit der Flasche. Abhängigkeit ist nicht mehr „das Los der Frauen, Macht ist, wo die Bärte sind", wie noch Molière glaubte.

Abhängigkeit ist eine Conditio sine qua non. Wenn wir Frauen glauben, Stillen als natürliche Form von Abhängigkeit meiden zu müssen, um einen über Jahrhunderte von Generationen erlebten männlichen Lebensentwurf von Autarkie zu kopieren, geben wir unser Weibsein ab, nicht nur beim Stillen, doch dort möglicherweise mit Auswirkungen.

Schlafort

Das Baby war ungeboren gerade noch im warmen Mutterleib umsorgt, geschützt, gewärmt. Das Verlassen des Mutterleibes ist ein physiologischer Schock für das Neugeborene. Plötzlich besteht keine gleichbleibende Temperatur mehr, dafür eine Weite nach allen Seiten, ausgestrecktes Suchen nach einer vertrauten Begrenzung, wie sie neun Monate lang vorhanden war. Von einem Moment zum nächsten fallen die gewohnten Begrenzungen weg. Selbst wir Erwachsenen wissen, wie schön Begrenzungen sein können, wenn wir uns gerade zu verlieren drohen. Manchmal nerven sie zwar auch, diese Begrenzungen, etwa wenn sie im falschen Moment kommen, klar. Doch wie wir später bei den Kindern und Jugendlichen – vor allem bei den Jugendlichen – sehen werden, können sie auch den gerade notwendigen Halt verschaffen. Die Welt ist danach wieder ein sichererer Ort, wenn Begrenzung stattfindet.

„Ich war noch klein, wie hab ich mir Begrenzung gewünscht, doch da war keiner so richtig da. Halt nirgendwo." (de l'Horizon, 2022, S. 12)

Das Baby ist nicht mehr in seinem sicheren Ort. Es wollte zwar hinaus, ans Tageslicht dieser Welt, weil die Gebärmutter ihm zu klein und eng geworden war, doch jetzt ist sie im Vergleich zum vertrauten Gebärmutterraum gleich ganz schön riesig.

Kurzum: Das Baby braucht in den ersten Wochen, sogar Monaten, die körperliche Nähe zur Mutter in der Nacht. Geboren und ab ins Kinderbettchen im Zimmer nebenan ist für das Neugeborene eine Überforderung. „Was, wenn ich mein Baby erdrücke im Elternbett?" ist eine natürliche Angst. Das Baby ist so klein, so zart.

Ich habe in meiner Praxis nicht ein einziges Mal erlebt, dass eine Mutter oder ein Vater aus Unachtsamkeit das Baby erdrückt hätte im Elternbett. Plötzlicher Kindstod, ja. Doch der hat nie im Elternbett stattgefunden. Die begrenzende, Sicherheit gebende Wiege oder das kleine, kuschelig-warm ausgestattete Bettchen neben dem Elternbett sind von Anfang an ein guter Ort, denn das Neugeborene hört die Mutter atmen.

Wiege oder Kinderbettchen sind also in den ersten Lebensmonaten durchaus eine physiologische wie emotionale Unterstützung für das Baby, und genauso für seine Eltern. Studien zeigen zudem, dass auch der Vater tiefere Gefühle für das Neugeborene entwickelt, wenn es in der Wiege/dem Kinderbettchen im Elternschlafzimmer liegt. „Zuerst hat es mich genervt, dass unser Sohn jetzt auch noch im Schlafzimmer da war, er war ja schon den ganzen Tag da, immer ging es um ihn, doch dann hat es mich irgendwie gecatcht, Wahnsinn, dein Sohn, der da gerade atmet, vor sich hin schnuffelt." Interessant: Untersuchungen aus einer kanadischen Studie zeigen, dass der Cortisolspiegel beim Vater nicht nur in der Schwangerschaft, sondern auch in der Zeit nach der Geburt sinkt (siehe Storey et al., 2000).

Ein Baby, das in den ersten Monaten eine sichere Bindung zur Mutter oder, falls vorhanden, zu den Eltern hat aufbauen können, kann danach ab sechs bis zwölf Monaten ohne Probleme im eigenen Bettchen schlafen. Das Bettchen muss auch nicht mehr im Zimmer der Eltern stehen.

Vor einigen Jahren ist Co-Bedding (Familienbett) in Mode gekommen, weit über das erste Lebensjahr hinaus, eine ziemlich fragwürdige Erscheinung. Interessanterweise machen sich nicht nur in Amerika, wo das Co-Bedding herkommt, vor allem die Mütter stark dafür, sondern auch hier in Europa. Die Väter nehmen es hin, oft zähneknirschend und dem Ehefrieden passiv ergeben. Auf dieses Thema kommen wir hier noch zurück.

Die gute Bindungserfahrung ist das Wichtigste im ersten Lebensjahr.

Doch da sind noch andere Lernschritte für Eltern und Kind zu gehen neben dem „good enough parenting" (Winnicott, 2022). Dazu gehört in erster Linie die Beruhigung des Babys.

Das Baby hat noch keine Möglichkeit zur Selbstberuhigung ausgebildet. Beruhigung kommt im günstigen Fall von den Eltern. Ein Riesenfortschritt ist inzwischen das Rooming-in bei einem nötigen Krankenhausaufenthalt des Babys. Wenn die beruhigende Stimme der Mutter, ihr vertrauter Körper in der Nähe ist, verkraftet das Baby diesen Aufenthalt gut.

Wenn ein Baby schreit, hat es Hunger, die Windel voll, Langeweile oder das Bedürfnis nach körperlicher Intimität. Schreien ist seine ganz normale Ausdruckssprache in Ermangelung einer noch nicht vorhandenen Sprachfähigkeit, wenn es sich nicht wohlfühlt. Es kann sein Unwohlsein nicht artikulieren, nicht differenzieren, nur hinausschreien oder -weinen. Das macht uns sprach- und auch gefühlsdifferenzierten Erwachsenen Angst, verursacht ein dumpfes, schleichendes Unbehagen, das bis zu einer inneren Erstarrung führen kann. Eine junge Mutter: „Ich bin zum Eisklumpen erstarrt, je länger meine Tochter geweint hat, wollte sie nur noch hinlegen und weglaufen.“ In diesem Moment des schreienden Babys zeigt sich, ob ein:e Erwachsene:r, die:der gerade das Weinen hört, in ihrer:seiner frühsten und frühen Kindheit auf Trost und Beruhigung gestoßen ist oder auf taube Ohren. Eine erwachsene Person, die als Baby keine Beruhigung erfahren hat oder sich ihrer trostlosen frühsten Kinderjahre nicht erinnert, kann nicht trösten, sondern gerät in einen Adrenalin- oder Cortisol-Strudel. Sie reagiert dann auf das natürlich weinende Kind mit Aggression oder Stress. Sie ist somit nur schwer zu einer passenden, adäquaten Reaktion in der Lage, wie es Trost, entspanntes Nachforschen, Beruhigen durch liebevollen Köperkontakt sein würde. Das schreiende Kind wird zur Bedrohung für ihr psychisches Gleichgewicht. Ein im vergangenen Sommer erlebtes Beispiel zur Veranschaulichung: Ein etwa vier Jahre altes Mädchen beginnt plötzlich auf einer Restaurantterrasse zu weinen. „Mir tut der Fuß so weh.“ Um das kleine Mädchen herum sitzen sechs Erwachsene, darunter offensichtlich Mutter und Vater. Keiner schaut den Fuß des Mädchens an. „Ist nicht so schlimm,“ sagt die Mutter. „Jetzt hör mal auf, das wird schon wieder“, so der weiter entfernt sitzende Vater. Keiner geht zum Mädchen hin. Das Mädchen legt eine Schippe drauf und schreit: „Ich will aber nicht ins Krankenhaus!“ Dieser Satz fällt in den nächsten 20 Minuten gefühlt ohne Unterbrechung. Die anderen Restaurantgäste schauen irritiert, ebenso das Servierpersonal. Meine Tochter spricht leise aus, was ich selber gedacht habe: „Warum sagt keiner der anwesenden Erwachsenen endlich mal zum Mädchen, dass es nicht ins Krankenhaus muss?“ „Ich verstehe es auch nicht, das kleine Mädchen hat irgendeine schlimme Geschichte mit Krankenhaus … oder man hat ihm früher mal damit gedroht, weiß auch nicht, vielleicht ist es von einer Biene gestochen worden beim Rumrennen auf der Wiese.“ Meine Tochter, die spürbar mitleidet: „Ich könnte hingehen und sagen, dass ich Ärztin bin und mir den Fuß mal anschauen, na ja, besser doch nicht, bin ja keine Kinderärztin“, meint sie dann lakonisch. Das Weinen dieses kleinen Mädchens war ziemlich herzzerreißend.

Es ist hilfreich, die Realität, das Hier und Jetzt ins Auge zu fassen. Eine Erkenntnis, ein Satz hilft: „Es ist mein Kind, das schreit, nicht ich bin es, das Kind, das vor vielen Jahren nicht beruhigt worden ist. Ich bin jetzt eine Andere, ein Anderer. Ich kann mein Kind beruhigen. Ich halte sein Weinen aus.“

Ein Vater hat mir, erst nach vielen Stunden, von großer eigener Hilflosigkeit dem weinenden Sohn gegenüber erzählt, die nicht selten in der Vergangenheit in Gewalt mündete – für ihn selber furchtbar beschämend, weil es mit einem Teil seines (beruflichen) Selbstbildes als geduldiger und belastbarer Hausarzt so gar nicht übereinstimmen wollte: „Ich hatte überhaupt keine Erinnerung mehr daran, dass meinem Vater regelmäßig die Nerven durchgegangen sind, wenn wir Kinder geweint haben." Der Großvater bestätigt auf Nachfragen seines Sohnes, dass er „weinende Kinder damals nicht ausgehalten" habe. Seine Sorge, sie könnten Schwächlinge werden, habe ihn ausrasten lassen. In seiner Familie hatten noch nationalsozialistische Erziehungsmethoden geherrscht der Art ‚Kinder müssen abgehärtet werden, damit sie stark werden'. Inzwischen ist dieser 1938 geborene Mann ein sehr entspannter Großvater für seine drei Enkel. „Die Gegenwart hat mich vergessen lassen, dass er mir selbst in der Vergangenheit kein sonderlich beruhigender Vater war", so der Vater des vierjährigen Jungen.

Indem sich dieser Vater wieder erinnern durfte, also im „Wattemeer der Vergangenheit" festen Boden unter die Füße bekommen hatte und sein eigenes Leid wahrnehmen durfte, konnte er seinem Sohn ein besserer Vater werden.

Wann ein Kind im ersten Lebensjahr sich erstmals dreht, krabbelt etc., lesen Sie bitte in den gängigen Broschüren – und lassen Sie sich nicht beeindrucken, wenn Ihr Kind nicht krabbeln will.

Was leistet ein Babyhirn?

Vieles, erstaunlich vieles.

Donald W. Winnicott sagt: „There is no such thing as a baby. There is a baby and someone." (zitiert aus: Müller, 2019) Etwas wie ein Baby gibt es laut Winnicott also nicht. Was meint er mit seiner Aussage? Das Baby existiert wortwörtlich nur über die Beziehung zu seinen Bezugspersonen. Wenn ein Baby ohne vertraute Bezugsperson, also seine Mutter, seinen Vater, die Großeltern auskommen muss, stirbt es. Ohne eine echte Bezugsperson entwickelt das Baby ein Hospitalismus-Syndrom, das zu einer Säuglingsdepression oder im schlimmsten Fall des Nichterkennens zum Tod des Babys führen kann.

Ich selber kam aufgrund einer schweren Hüftdysplasie im neunten Lebensmonat in die Klinik. Laut meiner Familienangehörigen war ich bis zum

Zeitpunkt des Klinikaufenthalts ein fröhliches und zufriedenes Baby. Drei Wochen später durfte ich wieder nach Hause. Die Ärzte waren damals auf dem Wissensstand, dass die Eltern das Kind nicht besuchen sollten, da ein Besuch nur für Unruhe auf beiden Seiten sorgen würde. Als ich also drei Wochen später nach Hause kam, hatte ich eine schwere Säuglingsdepression – und meine Mutter große Schuldgefühle, weil sie autoritätsgläubig war und mich nicht besucht hatte. Diese traumatische Erfahrung hat für viele Jahre, ja Jahrzehnte, mein Leben orchestriert: Ich tue alles, Anstrengung eingeschlossen, damit ich nicht verlassen werde. Ich wurde dann folgerichtig angepasst und pflegeleicht, eine Freude für meine nächste Umwelt, ein braves, gutes Kind. Das so häufige klassische „Drama des begabten Kindes" (Alice Miller, 1983) ist mir sehr vertraut. Diese Anstrengung wirkt übrigens bis in meine tägliche Arbeit hinein: Ich möchte so gut sein, dass die Patient:innen gar nicht mehr wegwollen. Doch, keine Sorge, ich weiß ja darum. Bei mir darf kein:e Patient:in klebenbleiben. Zudem spüren die Jugendlichen selber sehr gut, wann der Zeitpunkt für ein Therapieende gekommen ist.

Der Säugling ist von Beginn an ein interaktives Wesen. Er gestaltet von Anfang an den Kontakt zur Mutter mit. Er lächelt, sie lächelt zurück. Er „lädt zum Spiel ein, ein Spiel mit Rhythmus und Melodie, ein Sich Einstimmen auf den anderen und dem Setzen von Kontrapunkten. Muster werden wiederholt, gegenseitig erkannt, aufgenommen und in andere Modalitäten übersetzt. Wie bei zwei improvisierenden Musikern entsteht das Entzücken darüber, dass und wie der andere ein eigenes Muster aufnimmt, verändert und wieder zurückgibt." (Staats, 2021b, S. 60)

Dieses beglückende, gemeinsame Musizieren ist die Grundlage für ein Existenzgefühl des Säuglings. ‚Ich bin, weil **du** bist', könnte man es formulieren. Daniel Stern, ein führender Säuglingsbeobachter, prägte dafür den Begriff des Vitalitätsaffektes. Wir haben fast alle schon die Beobachtung gemacht, wie ein Baby, das wir im Arm halten, ganz durchdrungen wird vom gemeinsamen Interagieren, vom Musizieren zu zweit. Der kleine Körper wird von einer Woge erregender Freude erfasst, wenn die Mutter das Lächeln des Babys mit warmen Worten und entsprechender Intonation zurückgibt. „Ja, bist du süß, bist du goldig …" Das Baby verweist auf etwas, die Mutter geht mit ihrem Blick den Augen des Babys nach, staunt mit. „Oh, ein großer Hund, du hast recht!" Und wieder ist das Aufregende und Beseligende für das Baby weniger die Tatsache eines großen Hundes als vielmehr die emotionale Bestätigung durch die Mutter.

Ein 18 Monate altes Kleinkind richtet sein ganzes Interesse auf den großen Hund, es meint tatsächlich den Hund. Ein sechs Monate altes Baby hingegen erregt und belebt die Bestätigung durch die Mutter. Denn es ist seine Daseinsbestätigung. Das auf den Hund verweisende Baby hat das wunderbare Gefühl, etwas bei der Mutter bewirken zu können. Dieser Unterschied kann nicht genug betont werden. Der Hund ist nicht die Hauptsache. Das begehrte Objekt ist die Mutter, ist ihre Aufmerksamkeit. Das Baby bewegt die Mutter zum Hinschauen, die Mutter tut es – und bewegt und fördert damit die neuronalen Strukturen im Babyhirn. Diese Bereitschaft der Mutter, sich auf ihr Baby stimmlich und emotional einzuschwingen, befeuert seine hirnorganische Entwicklung.

In meiner Praxis habe ich nicht selten den Eindruck, dass viele Mütter um eben die Bedeutung dieser einzigartigen Zwiesprache gar nicht mehr wissen. Dabei ist sie fundamental für alle weiteren Lernschritte. Im gemeinsamen Intonieren, Erkennen, Spielen und Finden mit der Mutter entwickelt das Baby sein Daseinsgefühl. Krause spricht in diesem Zusammenhang von „Freudezirkeln", die sich bis zu 3000-mal in den ersten sechs Lebensmonaten einstellen. „Sie verstärken das ‚Begehren' des anderen und fördern so das Lernen zunehmend komplexer werdender Interaktionsmuster." (Staats, 2021b, S. 61) Die Geste des Zeigens öffnet die Pforten zum Lernen. Im ständigen „Da, da, da …" des Babys geht es also längst nicht um das gezeigte Objekt, sondern um die dyadische Beziehung zwischen Mutter und Kind. Eine Vergewisserung des Daseins findet statt. Das Baby bekommt durch das Verhalten der Mutter die Information, dass es lesbar ist, dass seine Handlungen Bedeutung und Wirkung zeigen und nicht verloren gehen, dass es selber, so klein, so hilflos, nicht verloren geht. Aus dieser sich aufbauenden Sicherheit heraus entwickelt sich das Säuglingshirn. Hirnzellen, die in dieser kritischen Periode nicht genügend positive Reize und Stimulierung aus der Mutter-Kind-Dyade aufnehmen können, sterben schon in dieser frühen Zeit ab.

Das erste Lebensjahr steht also ganz im Fokus einer Selbstversicherung, die durch die geteilte Aufmerksamkeit und Nähe zur vertrauten Bindungsperson erst entstehen kann. Vereinfacht gesagt: Nie ist Beziehung so wichtig. Der erst dadurch entstehende Bindungsaufbau schafft im kleinkindlichen Hirn die Voraussetzungen, zu wachsen und zu lernen.

Krippe und Kindertagesstätte

Die Gretchenfrage: Wie halte ich es mit der Krippe?

Am liebsten gar nicht im ersten Lebensjahr, wäre hier die angemessene (doch nicht gern gehörte) Antwort. Doch viele Eltern oder Alleinerziehende sind auf das volle Einkommen angewiesen. Das Dilemma – und es ist für viele Mütter ein gewaltiges – lässt sich nur politisch lösen. Ich bin zuversichtlich: Die Gebärbereitschaft vieler junger Frauen in Deutschland lässt nach (Geburtenrate 1991: 830.019 Geburten, niedrigste Geburtenrate 2011 mit 662.685 Geburten, 2022 wieder leichter Anstieg mit 738.819 Geburten, möglicherweise im Rahmen der Coronapandemie zu verstehen, im Jahr 2023 wieder Rückgang auf 690.000 Geburten). Diese abnehmenden Geburtenzahlen verheißen für den Wirtschaftsstandort Deutschland nichts Gutes. Das Dilemma lässt sich also nur auf politischem Wege auflösen.

Elternschaft ist heute keine reine Privatsache mehr, sondern eine gesellschaftspolitische Notwendigkeit. Das ist keineswegs ein Plädoyer für eine subventionierte Gesellschaft, doch im Falle junger Familien eine Investition in eine Zukunft, von welcher alle, auch die familienlosen Paare, profitieren werden.

Nach dem ersten Lebensjahr hat das Baby eine Bindungsfähigkeit aufgebaut. Wenn es ausreichend gute, verlässliche Beziehungserfahrungen hat machen können, geht es mit einem gewissen Maß an Grundvertrauen und Stressresistenz in die Kita.

Es ist immer noch ein früher Zeitpunkt. Doch von eineinhalb oder gar drei Jahren alternativ gehandhabter Elternzeit (Mutter/Vater) trauen sich die Kindertherapeut:innen ja kaum noch zu sprechen.

Es ist erstaunlich, wie schnell sich wirtschaftliche Interessen in gesellschaftlich gültige neue Sichtweisen einkleiden lassen. Wo es bis in die 70er-Jahre des letzten Jahrhunderts noch geheißen hat, die Kinder sollten unbedingt bis Ende des dritten Lebensjahres von der Mutter zu Hause betreut werden, gilt jetzt, wo Frauen nicht mehr hinter den Herd verbannt sind und das Bruttosozialprodukt kräftig steigern helfen, eine neue Sprachregelung: Die Kitas sind für die Entwicklung des Kindes besonders förderlich, so die Kita-Werbetexte.

Mir fällt dazu das Märchen „Des Kaisers neue Kleider“ ein. Wir erinnern uns an das Kind, das das soziale Gebaren, die sozialen Spielregeln der Täuschung und Selbsttäuschung nicht kennt und unbefangen in die Menge ruft: „Aber er hat ja nichts an!“ So kommt mir gerade das unkritische, weil mehrheitsfähige Sehen vieler Eltern und Institutionen vor im Umgang mit dem Pro und Contra bezüglich einer sehr frühen Kitabetreuung. Die Kita ist gut, so die aktuelle Sprachregelung. Wenn ich den Eltern dann sage, dass ihr Kleinkind nicht so begeistert ist von der Kita, weil wieder eine Lieblingsbetreuerin dort verschwunden ist (Schwangerschaft, Krankheit, Versetzung), sind die Eltern oft überrascht. „Aber unser Kind geht doch so gerne hin.“ Manchmal legt sich eine typische Erwachsenenblindheit über die nackte Wirklichkeit, weil es einfach bequemer und leichter zu ertragen ist.

Viele Kitabetreuer:innen sagen den Eltern nicht die Wahrheit. Die Wahrheit würde vielleicht heißen: Ihr Kind schreit sehr viel. Ihr Kind ist unruhig. Ihr Kind ist eher apathisch. Sagen tun sie: Ihr Kind weint ab und zu, doch dann beruhigen wir es. Ihr Kind ist noch nicht ganz angekommen, doch es geht immer besser. Ihr Kind ist sehr still, die vielen Reize überfordern es scheinbar noch etwas. Sagen tun sie: Ihr Kind ist ganz problemlos (auch im Kindergarten und den Schulen werden diese eher depressiv strukturierten Kinder gerne als die Problemlosen gesehen, leider). Dabei stören sie nur den Tagesablauf nicht. Die Leiterin einer Kindertagesstätte hat meinen Eindruck bestätigt mit den Worten: „Der Betreuungsschlüssel ist nach wie vor nicht angemessen. In den Medien wird er besser geschrieben, als er tatsächlich ist.“ Sie beklagt ständig wechselndes Personal. „Na ja, das sind oft junge Frauen, Praktikantinnen, junge Mädels im Freiwilligen Sozialen Jahr. Manchmal ganz engagiert, manchmal völlig ungeeignet. Doch wir brauchen sie. Und die älteren, erfahrenen Erzieher:innen sind oft ausgebrannt, mit den Nerven am Ende.“ Und eine andere Leiterin sagt: „Die Kita ist ein Erfolgsmodell, immer stärker nachgefragt. Früher haben nur Frauen aus sozial niedrigeren Schichten ihre Kinder so früh in die Kita gebracht. Heute beobachten wir, dass gerade unter den gut ausgebildeten Müttern eine große Nachfrage besteht.“ Dann fügt sie fast etwas verschämt hinzu: „Manchmal passiert es selbst mir, dass ich denke: Warum glaubt ihr Mütter eigentlich, dass es Wichtigeres zu tun gibt, als euch um eure kleinen Kinder zu kümmern? Dann erschrecke ich und denke: Die vertrauen dir doch ihr Wichtigstes an.“ Kurzer persönlicher Kommentar: Dieser Frau hätte ich mein Kind anvertraut.

Zweijährige hingegen sind bereits interessiert an anderen Kindern. Sie können diesem Interesse, dieser Neugierde an anderen Kindern auch umso besser nachgeben, je sicherer gebunden sie aus ihrer Herkunftsfamilie heraus sind.

Einjährige können sich in ihren Kontaktbedürfnissen noch nicht selbst regulieren. Diese so wichtige Aufgabe, die verhindern hilft, dass es zu einer Reizüberflutung kommt, muss noch ein:e Erwachsene:r für sie übernehmen. Eine einzige Regulationsfähigkeit haben sie: das Einschlafen.

Zweijährige können sich genauso wegschlafen, doch sie können bereits mehr: Sie können weglaufen, den anderen hauen, sogar beißen, wegtreten, wenn es ihnen zu viel wird mit dem Kontakt und sie mit ihrem geringen sozialen Instrumentarium nicht mehr recht weiterwissen. Sie können sich abwenden, „Nein" und „Geh weg!" sagen, ihr Lieblingsspielzeug verteidigen und damit allein weiterspielen. Die Möglichkeiten der Selbstregulierung wachsen also stetig. Groß sind sie indessen noch nicht. Die noch nicht Einjährigen haben keine festen Ich-Grenzen, sondern sind den Außeneinflüssen ausgesetzt. Wenn in der Kita ein Kind zu weinen anfängt, steckt es andere damit automatisch an. Eine Erzieherin hat mir eindrucksvoll beschrieben, wie die Stimmung in einer Gruppe von acht Kleinkindern plötzlich kippen kann, wenn ein Kind zu weinen anfängt. „Plötzlich weinen auch die anderen, der Lärmpegel steigt an, und du selbst stehst da mit einer zweiten Erzieherin und versuchst, alle zu beruhigen, dich eingeschlossen und denkst: Das hat jetzt gerade noch gefehlt, dieses Chaos. In einer Viertelstunde kommen die Eltern und holen ihre Kinder ab!"

Das zweite Lebensjahr

Das sprechende Kind

Jedes Kind beginnt zu sprechen, wenn es Ansprache erfährt. Ob die ersten Wörter früher oder später fallen, ist unwichtig.

Der lustvolle Spracherwerb bringt eine erste Abgrenzung vom Babystatus. Eltern, die mit ihrem Baby viel sprechen – ohne in Babysprache zu verfallen –, regen seinen geistigen Hunger an. Und dieser Hunger ist groß. Das Baby beginnt gegen Ende des ersten Lebensjahres erste Wortbildungen vorzunehmen, die es von den wichtigsten Bezugspersonen gehört hat. Das erste Sprechen des Babys ist also ein interaktiver Vorgang. Es reagiert auf das Du. Seine hirnorganischen Möglichkeiten haben sich erweitert. Es probt, reagiert – doch nicht in den leeren Raum hinein, sondern hin zur Mutter, zum Vater, zum Geschwister.

Wo der Interaktionsraum leer ist, weil die Eltern wenig kommunikativ sind, das Baby ‚nebenbei' laufen lassen und ihm wenig emotionale Mimik in der sprachlichen Zuwendung geben, gibt es keinen gemeinsamen Sprachraum, der, das dürfen wir nie unterschätzen, immer auch einen Erlebnisraum darstellt.

Kürzlich fragte mich ein Vater, ob in Zukunft nicht auch humanoide Roboter den Babys zur Seite gestellt werden könnten, falls die Eltern zu wenig Zeit hätten. Eine spannende Frage. Er fügte noch hinzu: „Denken Sie an Säuglingsheime, etwa in China, die machen doch alles, was technisch geht." Seine Miene ist besorgt, meine auch.

Wahrscheinlich gibt es ja solche Experimente schon. Nur finden sie keine Öffentlichkeit, weil ihnen mediale Empörung gewiss wäre.

Babyhirne saugen alles auf. In Ermangelung einer ihnen Sicherheit gebenden Bezugsperson würden sie sehr wahrscheinlich durch das wiederholte Abspielen einer warmen Roboterstimme sprechen lernen. Wärme, Intonation, Artikulation ist ja alles programmierbar. Auch ein humanoider Roboter kann flauschig und körperlich warm gemacht werden. Er kann das Baby im Arm halten, auf dem Schoß, mit mütterlicher Stimme sprechen. Nur etwas kann er nicht: ihm eine echte und unvergleichliche Beziehung anbieten. Das Baby wird die ihm vertraute Stimme aus der pränatalen Phase nicht wiederfinden. Es wird die einmalige und unverwechselbare Mutter- und Vater-Kind-Kommunikation, die ihren ganz bestimmten Rhythmus und ihre ganz eigene Melodie aufweisen, nicht erfahren. Avatare werden kommen, auch in die Kinderstube. Ein paar Stimmproben der Mutter oder des anderen Elternteils und ein Foto genügen, um dem Baby über einen Bildschirm eine fast gelungene Imitation der Erziehungsperson zu suggerieren. Mama ist dann fast da. Es ist aber nur eine Algorithmen-Leistung (Hinweis: ZDF-Sendung „Wie kreativ ist die künstliche Intelligenz" vom 8. September 2023, „Aspekte"). Das einjährige Kleinkind könnte aufgrund seiner rasant wachsenden Lernmöglichkeiten sprachliche Reize aufnehmen, empfangen, verarbeiten und in Lautsprache wiedergeben, im zweiten Lebensjahr nun in Worten, noch später in Sätzen.

Vermuten wir das Ergebnis: Es würde ein korrektes, monotones und unbeseeltes Sprechen werden. Dieses so programmierte Kind wäre später nicht nur seiner individuellen Ausdrucksweise beraubt, sondern auch einer eigenen Sprache. Beziehungen formen das noch fragile Selbst des Kindes bis in den tiefsten Wesenskern hinein und damit eng verknüpft seine sprachliche Ausdrucksfähigkeit.

Kehren wir nochmals zu zwei Auffälligkeiten im kindlichen Spracherwerb zurück. Es gibt Kinder, die sehr früh sprechen lernen, und welche, die sehr spät mit dem Sprechen beginnen.

Die Beobachtung in der kinderanalytischen Praxis zeigt, dass es sich bei der ersten Gruppe oft um Babys handelt, die einen natürlichen bis forcierten Autonomiedrang zeigen. Ein forcierter Autonomiedrang kann dann entstehen, wenn ein Baby sich in der Muttersymbiose nicht geborgen und gehalten fühlt. Die Sprache ist seine großartige und neue Möglichkeit, erstmals zu artikulieren, was es braucht. In einem wenig empathischen Umfeld kann es also von Vorteil sein, nicht zuzuwarten, bis der andere (Mutter, Vater oder andere Betreuungspersonen) mich findet, sich in mich einfühlt, sondern ich forciere die Möglichkeit, es dem Du sagen zu können. Die Babys wiederum, die lange das Sprechen verweigern, haben das Sprechen oft noch nicht nötig, weil ihnen, etwas vereinfacht gesagt, jeder Wunsch von den Augen abgelesen wird. Wir Therapeut:innen sprechen dann von einer über das erste Lebensjahr hinaus verlängerten Mutter-Kind-Symbiose, die zwar Geborgenheit vermittelt, doch eben auch wenig Anreize zur Autonomie setzt. ‚Ich verstehe meinen Liebling immer' könnte für eine symbiotische Beziehung stehen; ‚Ich weiß überhaupt nicht, warum mein Baby schon wieder weint' könnte Auslöser für eine forcierte Autonomieentwicklung sein.

Ständige Einfühlung, um es knapp zu sagen, ist überhaupt nicht nötig. Fehlende Einfühlung braucht hingegen eine Korrektur dahingehend, dass die Mutter das eigene, nicht verstandene Kleinkind in sich wiederfindet, es betrauern kann in der Gegenwart und das einstige Kind in sich trösten lernt.

Erste Schritte

Sie finden oft gleichzeitig mit dem Spracherwerb statt, manchmal auch früher. Körperliche und seelische Entwicklung gehen auch hier Hand in Hand. Schon das körperliche Aufrichten mit sieben oder acht Monaten, sich an einem Papa- oder Stuhlbein mit zehn oder elf Monaten etwa hochziehen, ist eine für das Baby äußerst stimulierende Erfahrung, erst recht die selbstständige Vorwärtsbewegung auf den eigenen, noch wackligen Beinchen. Euphorisierte kleine Wesen nutzen, einmal ins Gehen gekommen, die neue Erfahrung des Weglaufens. Doch sie wollen ja nicht wirklich weg, sondern gerne wieder eingefangen werden. „Ist Mama noch da, ist Papa in Sichtweite?" Die Rückversicherung der Heimatbasis ist so wichtig bei den kleinen Ausbrecher:innen. Das Ausprobieren ihrer erstmaligen motorischen Möglichkeiten dürfen wir uns ohne Weiteres als einen ersten Kleinkindrausch vorstellen. Nur zu lange darf er nicht dauern, denn sonst ist plötzlich die als bedrohlich erlebte Ernüchterung da und mit ihr die Angst, verloren zu gehen.

Auch hier gibt es die etwas vorzeitigen Wegrenner:innen und umgekehrt die Ein- oder sogar Zweijährigen, die überhaupt keine Anstalten zu ersten eigenen Schritten machen.

Die Wegrenner:innen sind explorativ und nutzen ihre neu erworbene Fähigkeit lustvoll aus, allerdings immer in der Annahme, dass sie begleitet sind von Mutter und Vater, dass diese sofort da sind, falls ihnen die Lust auf Exploration gerade abhandenkommt. Unter ihnen gibt es einige, die weniger weglaufen aus motorischer Lust und Neugierde, sondern um auszutesten, ob sie sich auf die Großen verlassen können, ein Bindungstest sozusagen. Die Sitzenbleiber:innen fühlen sich einfach am wohlsten in der Nähe der Mutter oder sie befürchten, dass die oder der andere ihnen verloren gehen könnte. Wir finden die zweite Variante bei unsicher gebundenen Kleinkindern.

Sauberkeitserziehung

Das Sauberwerden gehört in die anale Phase, die etwa gegen Ende des zweiten Lebensjahres einsetzt. Jetzt treten Erwartungen, ja Forderungen der Eltern erstmals artikuliert in den Vordergrund einer noch Jahre andauernden Eltern-Kind-Beziehung. Entwicklungspsychologisch betrachtet stehen jetzt Konflikte um Loslassen und Hergeben im Blickfeld von Eltern und zweijährigem Kind. Es geht um das eigene „Machen", um das nicht mehr durch Windeln verdeckte, sondern sichtbare Produzieren des „eigenen Geschäfts" und den allmählichen Erwerb der Kontrolle über die eigenen Ausscheidungen. Das zweijährige Kleinkind kann seinen Kot hergeben, es kann ihn aber genauso gut zurückhalten.

Es sind erste und lustvolle Erfahrungen von Autonomie. „Mama will … ich nicht!" Wenn die Sauberkeitskontrolle zu rigide angewendet wird („du bleibst jetzt so lange auf dem Töpfchen sitzen, bis du Aa gemacht hast"), gehen kleine Kinder gerne erstmals in den passiven Widerstand, der sich später als zwanghafter Charakterzug mit Obstipation manifestieren kann, oder sie beginnen um ihre Autonomie zu kämpfen und geraten in trotzige Wut.

Hier spürt das Kind erstmals, ob ihm Autonomie zugestanden wird, ob es einen eigenen Willen kundtun darf. „Die willkürliche Steuerung des Stuhlgangs geht mit Stolz, Trotz, bei einem Misslingen auch mit Scham, Wut und Zweifel einher. Verstopfung, das Einhalten bestimmter Rituale und Wutanfälle kommen in dieser Entwicklungsphase vermehrt vor." (Staats, 2021a, S. 88)

Es geht um viel mehr als nur um das Beherrschen des analen Schließmuskels. Es geht um Selbstbestimmung oder Unterwerfung, um Verstecken oder Zeigen des Selbstgemachten. Im letzten Vers von Wolfgang von Goethes wunderbar vor Wut schäumendem Gedicht „Prometheus" schleudert er dem Göttervater Zeus die Worte hin:

„Hier sitz ich, forme Menschen
Nach meinem Bilde,
Ein Geschlecht, das mir gleich sei,
Zu leiden, weinen
Genießen und zu freuen sich,
Und Dein nicht zu achten,
Wie ich!"

Der Germanist und Literaturpsychologe Carl Pietzcker hat darin überzeugend einen Klovorgang gedeutet, weil Goethe gerne lange Klositzungen abgehalten hat: das Klo als Stätte der Produktion und natürlichen Kreativität. Es soll ja auch gewöhnliche Sterbliche geben, die von sich behaupten, auf dem Klo die besten Ideen zu produzieren. Ich gehöre übrigens auch zu dieser Sorte.

Freud hat von der „analen Trias" gesprochen: Ordentlichkeit, Sparsamkeit, Eigensinn. Er sieht darin Charaktereigenschaften, die im analen Alter entstehen. Je nachdem wie locker und souverän der Umgang der Eltern mit dem Stuhlgang des kleinen Kindes abgelaufen ist, entwickelt das Kind einen natürlichen Umgang mit dieser Trias. Wenn zu viel Kontrolle ausgeübt wird – und dies möglicherweise noch in Verbindung mit einem elterlichen Ekelgefühl –, entwickeln sich häufig erste Vorläufer von Pedanterie, Geiz und Starrsinn. Ekelgefühle der Eltern sind auf innerpsychischer Ebene sehr problematische Emotionen, die Lust und Stolz am eigenen Produzieren zerstören.

Ich kann mich noch gut an einen siebenjährigen Jungen erinnern, der wegen Einkotens in die Therapie kam. Er produzierte lauter schöne Werke in der Therapie. Doch in fast jeder Stunde begann es irgendwann, meist kurz vor Stundenende, zu stinken. Jonas war aber derart mit dem Malen eines schönen Bildes oder mit einem anderen „Kunstwerk", wie er es nannte, beschäftigt, dass er keine Zeit fand, aufs Klo zu gehen. „Ich muss nicht aufs Klo, ich muss mit dem Bild fertig werden." Ich sah seine Anstrengung beim „was Schönes machen". Sie war so groß und so ausschließlich, dass es mich, obwohl es im Behandlungszimmer stank, tief anrührte. Er sagte mehrmals: „Ich stinke nicht, das stimmt nicht, ich mach so was nicht, ich bin doch kein schlechter Junge." „Du bist kein schlechter Junge, bei mir stinkt es doch auch, wenn ich kacken muss. Ich mag mein Kacken. Das gehört zu mir. Zu jedem von uns. Immer nur schön sein, Schönes machen … igitt, wie langweilig." Zwei Wochen später ging Jonas das erste Mal aufs Klo. Zu Hause war die Stimmung vorübergehend nicht mehr die beste. Seine Mutter: „Er wird so aufsässig, stänkernd." „Das müssen Sie ihm jetzt eine Weile schon zugestehen, nachdem er jahrelang nur ein schöner, gestankfreier Junge sein durfte."

Ein Geschwister kommt dazu

Es gibt keinen Grund für das Erstgeborene, sich auf ein Geschwister zu freuen, wenn es selbst nur ein oder eineinhalb Jahre älter ist. Bei einem größeren und großen Altersunterschied wird die Geschwisterthematik hingegen von den Erstgeborenen oft entspannter angegangen und ist von einer neugierigen Gestimmtheit begleitet.

Bei Kindern bis zu zwei Jahren registrieren diese vorerst nur einen empfindlichen Verlust an mütterlicher Aufmerksamkeit, kein Grund also, das Neugeborene mit begeisterten Augen anzuschauen. In dieser Erwartung spiegelt sich eher die Haltung der Eltern wider, nicht die des soeben vom Thron gestürzten Geschwisters. Wenn eine Mutter mit inbrünstiger Überzeugung erzählt, wie sehr sich das ältere Geschwister auf den Neuankömmling gefreut hat, hat es sich in vielen Fällen an die Begeisterung der Eltern angepasst. Ist das zweite Kind einmal da, merkt jedes ältere, aber eben immer noch kleine Geschwister emotional die Bedeutung: Die Mutter ist auf das Neugeborene konzentriert, gibt, wenn sie stillt, ein intimes Bild zu zweit ab. Diese Intimität entfaltet sich unter den Augen des älteren Kindes – und es ist erstmals ausgeschlossen davon. Die Eltern erwarten von ihrer oder ihrem etwa Zwei-oder Dreijährigen plötzlich, dass sie:er die ‚Große' oder der ‚Große' sein möge, ein elterlicher Wunsch, den das ältere Kind im günstigen Fall häufig mit einem gnädigen Wachstumsschub beantwortet, vor allem dann, wenn es schon Kindergartenkind ist. Wenn es sich um ein Kitakind handelt, kann auch die Empfindung vorherrschen, abgeschoben zu werden.

Hilfreich wäre jetzt, wenn der andere Elternteil die durchaus ambivalenten Gefühle der:des Erstgeborenen mit größerer Zuwendung beantworten könnte. Wenn der Papa oder die nicht biologische Mama dann sagt: „Komm, jetzt lassen wir mal die beiden und machen etwas Spannendes zusammen, nur du und ich!", hält sich die Frustration des älteren Geschwisters durchaus in Grenzen. ‚Der Papa, meine zweite Mama interessiert sich für mich, wow … soll die Mama doch mit dem Kleinen rummachen … ich bin ja schon groß und kein Mama-Kind mehr.' Eine Vierjährige, die gerade eine kleine Schwester bekommen hat, erzählte mir mit begeisterter Stimme, dass sie jetzt „so viel wie noch nie mit Louise (die Frau der Mutter)" mache. „Jetzt mag ich sie richtig, vorher war sie viel weg."

Bei Alleinerziehenden, bei denen noch in oder nach der zweiten Schwangerschaft eine elterliche Trennung stattgefunden hat, kann das temporäre Hinzuziehen eines Großelternteils für viel Entspannung sorgen, wenn es um Aufmerksamkeit für das ältere Kind geht.

Viele Mütter agieren plötzlich verunsichert im Kontakt mit dem älteren Kind. Schuldgefühle beginnen mitunter die vorher ziemlich entspannte Beziehung zum älteren Kind einzutrüben. Einige Mütter verfolgt ein schlechtes Gewissen, manche sprechen sogar vom diffusen Gefühl von Verrat, dass sie ihrer:ihrem Älteren jetzt ein kleines Geschwister vorgesetzt haben, das ältere Kind somit Zeuge einer neuen Symbiose wird.

Solche Empfindungen sind anfänglich ganz normal. Sie werden nur dann überwertig und kompliziert im Beziehungsgeflecht der größer gewordenen Familie, wenn keiner der Eltern über das verfügt, was wir Psychoanalytiker:innen Triangulierungsfähigkeit nennen. Deswegen ist das Konzept des Co-Parenting oder des Wunsches einer Frau, ein Kind ohne festen Partner mit fremdem Sperma zu zeugen, durchaus problematisch.

Was ist gemeint mit Triangulierungsfähigkeit? Es ist die psychische Fähigkeit, mit mehr als einem Menschen gleichzeitig eine tiefe Beziehung aufbauen und halten zu können. Die Triangulierungsfähigkeit wird übrigens im späteren Verlauf der kindlichen Entwicklung noch eine sehr große Rolle spielen, nämlich bei den Jugendlichen.

Leider gelingt nicht allen Eltern die Triangulierung im Zusammensein mit ihrem Kleinkind. Bei jungen Eltern aus der Generation Z beobachten wir Therapeut:innen eine reifere Triangulierungskompetenz, was wohl mit der größeren Gleichberechtigung der Geschlechter und einer Reduktion von starren Rollenbildern zu tun hat. Die Generationen davor zeigen da viel mehr Unsicherheit. Ähnliches zeigen interessanterweise auch wieder die Jugendlichen von heute, auch wenn sie als Eltern noch nicht in Erscheinung treten.

Die Mutter kann ihren Mann und das Kind gleich tief, wenn auch auf unterschiedliche Weise, lieben, ebenso der Vater seine Frau und das gemeinsame Kind. Eltern, die triangulieren können, müssen sich nicht entscheiden, wem sie in der Dreier- (oder Vierer- und Fünfer-)Konstellation ihre psychische Kraft zuwenden. Sie reicht für alle.

Wenn in der Therapie Sätze fallen wie „Meine Frau zieht unseren Sohn mir vor“ oder „Mein Mann liebt unsere Tochter mehr als mich“, wird ziemlich schnell deutlich, dass hier ein Triangulierungsproblem vorliegt. Im Pasolini-Film „Edipo Re – Bett der Gewalt“ beugt sich die männliche Hauptfigur, der Vater, über den Kinderwagen und schaut den noch nicht einjährigen Sohn hasserfüllt an. Seine Gedanken kreisen: „… ich wusste, der nimmt mir den Platz weg“.

Bei vielen Müttern, die deutlich länger als ein Jahr stillen, liegt oft ein Triangulierungsproblem vor. Sie können die Symbiose, also die intime und den Dritten (Vater, anderes Geschwister) ausschließende Zweierbeziehung mit dem Kleinkind nicht verlassen. Doch Triangulierungsprobleme treten selten offen zutage. Sie sind, zumindest in den Anfängen einer jungen Familie, subtiler. Wenn eine Mutter bei Zweitgeborenen von Schuldgefühlen dem älteren Kind gegenüber überwältigt wird, mit schwer artikulierbaren Gefühlen von Verrat dem Erstgeborenen gegenüber zu kämpfen hat, wird ein Triangulierungskonflikt sichtbar. Ebenso sehen wir dies beim Vater, wenn er mit einem ihm oft nicht bewussten Neid auf die stillende Partnerin oder das gestillte Kind reagiert. Ganz deutlich wird es dann, wenn mehrere Kinder vorhanden sind und die Eltern, weiterhin unbewusst, die Kinder ‚aufzuteilen‘ beginnen. Diese Aufteilung fällt nicht sofort auf. Sie entwickelt sich häufig über Jahre. „Ich versteh mich halt besser mit dem Sohn / Ich versteh mich viel leichter mit der Tochter“ sind solche vagen Hinweise auf mangelnde elterliche Triangulierungsfähigkeit. „Ich verstehe mich mit der Tochter fast wortlos, da muss nicht immer so viel gestritten und diskutiert werden wie mit meinem Mann oder unserem Sohn! Dann kommt heimlich der Wunsch, mit meiner Tochter einfach zu gehen.“

Wortloses Verstehen gehört in die Symbiose. Wenn es gut geht, versteht die Mutter ihr Baby ohne Worte. Sie spürt, was ihr kleines Kind braucht. Sie ist seiner noch wortlosen Empfindungswelt durch Einfühlung ganz nahe, nicht jedes Mal, doch ausreichend oft. Genauso genießen Verliebte die Symbiose ihrer frisch aufkeimenden Liebe. Das wortlose Verstehen entwickelt sich dadurch, dass keiner der zwei Verliebten sich unterscheiden will. Nur das Gemeinsame wird zugelassen und ausgelebt, nur Verbindendes ausprobiert. Unterschiedlichkeit könnte die Verliebtheit nur gefährden. Es ist die hohe Zeit des Verliebtseins, wo ein Dritter nur stört. Es ist eine Art von Verschmelzung, wie wir sie nur aus innigen Mutter-Säuglings-Momenten kennen oder, wenn es um Erwachsene geht, im Hochgenuss sexueller Verschmelzung. Ein wunderbares Beispiel für Verschmelzung wird uns im Gedicht „Mondnacht" von Joseph von Eichendorff zuteil:

„Es war, als hätt der Himmel
Die Erde still geküsst,
Dass sie im Blütenschimmer
Von ihm nun träumen müßt.

Die Luft ging durch die Felder,
Die Ähren wogten sacht,
Es rauschten leis die Wälder
So sternklar war die Nacht.

Und meine Seele spannte
Weit ihre Flügel aus,
Flog durch die stillen Lande,
Als flöge sie nach Haus."

Der Himmel verschmilzt mit der Erde, der Mann mit der Frau. Für einen köstlichen Augenblick zerfließen die naturgesetzten Grenzen. Das Männliche (Himmel) nimmt das Weibliche (Erde) in sich auf und umgekehrt. Es gibt sie nicht mehr, die Grenzen. Alles wird eins, fast wie in der Symbiose.

Ich habe mir angewöhnt, in therapeutischen Stresssituationen dieses oder andere beruhigende Gedichte zu zitieren, meine persönliche Spielfreude. Manchmal muss man sich als Therapeutin etwas Unerwartetes einfallen lassen, wenn die üblichen Kommunikationskanäle gerade blockiert sind. Und es ist erstaunlich: Sofort werden die Gemüter besänftigt. ‚Ah, dieses schöne Gedicht / Wie wohltuend / Der hat's noch begriffen'. Danach geht die Auseinandersetzung weiter, doch irgendwie anders, gelassener. Alle hören einander wieder zu.

Die Differenzierung folgt ja sowieso bei den Verliebten wie der Sommer auf den Frühling. „Was, du magst diese Musik nicht, findest sie sogar blöd? Hätte ich nie gedacht bei dir." Es ist eine ernüchternde Gesetzmäßigkeit, dass die zwei Verliebten doch nicht gleich sind, nicht im ständigen Einklang liegen und lieben, eine Erkenntnis übrigens, welche die erste rauschhafte Verliebtheit keineswegs immer übersteht. Die Verliebtheitsphase klingt dann ab, und die Liebesbeziehung fängt an – oder auch nicht. Manchmal wird auch nur die:der Nächste gesucht, mit welcher, mit welchem sich dieses magische Gefühl des Einsseins wiederbeleben lässt.

Jeder von uns, ob alt oder jung, kennt diese Sehnsucht nach dem magischen Zustand des Einsseins. Wenn das erste Kind ein Schreikind war, bleibt in der Mutter oft ein ungestilltes Verlangen nach der nicht geglückten Symbiose zurück. Ein Schreikind lässt dieses Gefühl von Verschmelzung nicht zu, auch wenn der Grund des Schreiens oft nicht im Säugling, sondern der angespannten jungen Mutter oder der äußeren belastenden, aktuellen Lebenssituation liegt. Dieses nicht erfahrene archetypische Erleben wird dann auf das zweite Kind ‚verschoben'. Sollte dieses auch ein Schreikind werden (was jedoch selten passiert), rückt das dritte Kind in den Fokus des Begehrens nach Verschmelzung. Viele Mütter berichten von einem Kind, bei welchem dieses beglückende Gefühl der tiefen Zweisamkeit möglich geworden ist. Oft ist es unbeabsichtigt die Geburtsstunde des ‚Lieblingskindes'. Eine 36-jährige Mutter: „Es hat mich so verunsichert, dass Tim immer geschrien hat, weit über das erste halbe Lebensjahr hinaus, dass ich selbst überrascht war, wie einfach, wie beglückend es dann mit seiner Schwester als Säugling wurde. Erst mit ihr bin ich selbstbewusst geworden als Mutter. Da wusste ich: Ich kann meine Tochter beruhigen. Wenn ich nicht diese positive Erfahrung mit ihr gemacht hätte, wäre mir ein drittes Kind zu viel gewesen. Ein bisschen unsicher war ich schon, als es nochmals ein Junge wurde. Doch auch mit ihm wurde es eine dann unerwartet gute gemeinsame Zeit in seinem ersten Lebensjahr." Ihre Frau, die sie in einer zweiten Ehe dann geheiratet hatte, konnte sie dabei gut unterstützen.

Diese Mutter spricht das Geschlecht des Säuglings an. Und tatsächlich spielt es oft eine Rolle, ob das erste Kind ein Junge oder ein Mädchen ist.

Ebenso wirkmächtig ist das zweite Kind als Korrektiv, wenn die Erfahrung mit der:dem Erstgeborenen nicht nur beglückend war, weil die Mutter in ihrer Rolle eher verunsichert als bestätigt worden ist. In diesem Fall hat das zweite Kind die große Chance, das ‚bessere' Kind zu werden, ein heißes und oft noch tabuisiertes Thema unter Eltern!

Wenn Geschwister da sind, kommt es ungewollt zu ersten, frühen Etikettierungen. Das erste Kind gilt dann als „eigensinnig", „schwierig" oder „bockig" von Anfang an, wie es dann so schön heißt in den anamnestischen Gesprächen mit der Mutter, und das zweite Kind ist dann „der Sonnenschein", „viel schneller in seinen Lernschritten", „unkompliziert", „sozial". Das dritte Kind (und jedes weitere) wird interessanterweise nicht mehr so schnell etikettiert, als wenn der Etikettenvorrat aufgebraucht worden wäre. Das dritte Kind – und jedes weitere – wird sowieso anders sozialisiert. Es muss sich in der Geschwisterreihe behaupten.

Hier wird etwas sichtbar, was den Wert einer Aufregung haben könnte, doch einfach ein Hinweis auf unser aller menschliche Unvollkommenheit ist: Wir sind bedürftige Wesen, keine:r vermag sich selber alles zu sein und zu geben. Auch eine junge Mutter braucht, was wir alle brauchen: bestätigende Bindung, sei es im Rahmen einer Liebesbeziehung, in der Familie oder in anderen wichtigen Beziehungen.

Eltern sind erschütterbar in ihrem Selbstvertrauen. In meinen langen Praxisjahren bin ich ganz selten Müttern und Vätern begegnet, die so selbstbewusst waren, dass sie auf den schreienden Säugling, die im Übermaß trotzende Zweijährige, den Dreijährigen, der einkotet, mit unverminderter Gelassenheit haben reagieren können. Für einen solchen Zustand wäre eine Haltung der Neugierde notwendig, wie sie oft am Arbeitsplatz gelingt. Doch als Eltern sind wir persönlich Verstrickte. Also reagieren wir emotional, und eben nicht neugierig-distanziert. Ein Vater illustriert es mit den Worten: „Es ist mein Sohn, der einen anderen die Treppe runtergestoßen hat! Ich hab Führungserfahrung, doch das sind ja nicht meine Kinder in der Firma; mein Sohn war es ... da sind die Gäule mit mir durchgegangen!" Eltern sind Beziehungswesen per definitionem. Jeder Elternteil, jede Mutter, jeder Vater hat narzisstische Anteile. Das eigene Selbstwerterleben ist immer involviert, wenn Menschen miteinander zu tun haben, und das ganz besonders in der eigenen Familie. Es gibt dort Kinder, die das eigene Selbstwertgefühl eher polstern, und Kinder, die es eher durchlöchern.

Diesbezüglich besteht die einzige Aufgabe der Eltern darin, genau das zu bemerken: Welches meiner Kinder beflügelt mich eher, macht mir schneller gute Gefühle, welches meiner Kinder lähmt mich mitunter – und was kann ich dagegen tun? Was hat es mit mir und meiner eigenen Geschichte zu tun? Es gibt kein beflügelndes und kein lähmendes Kind.

Die Elternaugen machen es dazu. Wenn Eltern die wunderbare Haltung der Introspektion, also der Innenschau, einnehmen, lassen sich zu jedem Zeitpunkt neue und günstigere Wege zum Kind finden.

Gesundheit Kleinkind

Kleinkinder, die von Schmutz ferngehalten werden, haben ein anfälligeres Immunsystem. Kleinkinder, die mit einem Haustier aufwachsen, sind weniger empfindlich. Kleinkinder sind keine gut gekleideten Puppen und auch nicht das allzeit bereite Demonstrationsobjekt von Mamas Haarkünsten. Ein kleines Mädchen bleibt mir da besonders in Erinnerung. Es kam mit kunstvoll geflochtenen Haaren zur Spieltherapie. Einmal waren da bezaubernde Schnecken über seinen kleinen Ohren zu bestaunen, das andere Mal eine Glitzerkugel auf dem Köpfchen, in die langen Haare waren Blüten eingeflochten, Röschen-Zöpfe etc.

Einmal kam Mia zehn Minuten zu früh, die Mutter müsse noch einkaufen. Ich bat sie, sich vor der Tür noch kurz hinzusetzen (nachdem ich bei mir durchaus Ärger wahrgenommen hatte, dass die Mutter ihre kleine Tochter einfach vor der Tür absetzte), und ging in das Behandlungszimmer für Jugendliche zurück, um die unterbrochene Stunde zu beenden. Als ich das Therapiezimmer für Kinder betrat, fiel mir auf, dass die vorher verschlossene Tür leicht angelehnt war. Im Zimmer saß die kleine Mia, auch heute wie aus dem Modekatalog gekleidet, und schnitt gerade der zweiten Barbiepuppe die Haare ab. „He, warum machst du das? Ich will auch nicht, dass du ungefragt das Zimmer betrittst." „Ich mag keine Puppen mit langen Haaren (sie begann zu schluchzen), und wenn ich gewartet hätte, hättest du es mir sicher verboten …" Lea respektierte meine Grenzen nicht, so wie ihre Mutter Leas Haar-Grenzen nicht respektierte, sondern ihre kleine Tochter als Dekorationsobjekt missbrauchte. Lea war zudem alle paar Wochen ‚krank', weil die Mutter sie bei jeder Grippewelle vorsorglich aus dem Kindergarten nahm. „Bevor meine Tochter krank werden muss, nehme ich sie lieber raus. Das hat sie nicht verdient, von den anderen Kindern ständig angesteckt zu werden."

Gestillte Babys sind durch das Immunsystem der Mutter geschützt. Nach dem Abstillen bauen sie weiter ihr eigenes Immunsystem auf. In der Kita folgt dann zu Beginn oft eine Infektion oder Erkältung nach der anderen. Doch das Abwehrsystem reagiert immer besser, die Infektionen werden seltener. Verschiedene unvollkommene Abwehrsysteme treten in Interaktion miteinander, das individuelle Immunsystem muss also richtig Arbeit aufnehmen. Das soll es auch.

Die Kinderärztinnen und -ärzte beklagen seit Corona vermehrt übervorsichtige Eltern, die mit ihren kleinen Kindern „wegen jeder Erkältung" (Kinderarzt im Münchner Süden) in der Praxis auftauchen. Erkältungen oder Infekte gehören gewissermaßen zum Kleinkind. „Ein guter Tee, etwas Zuwendung und Geduld könnten schon ausreichen. Doch viele Mütter sind beruflich so eng getaktet, dass sie ein Infekt ihres kleinen Kindes schnell aus der Bahn wirft", so ein anderer Münchener Kinderarzt, eine Beobachtung, die ich übrigens teile. Allerdings sehe ich auch mit Freude, dass fortschrittliche und frauenunterstützende Arbeitgeber:innen den Müttern und Vätern mehr Raum geben, ihre kranken Kinder im Homeoffice adäquat betreuen zu können. Das war noch bis vor Kurzem zu wenig der Fall.

Eltern, noch sind es meistens die Mütter, helfen nicht nur ihrem kranken Kind, sondern auch sich selber, wenn sie nicht sogleich den Arzt konsultieren, sondern bei harmlosen Kleinkindkrankheiten ihren eigenen Handlungsspielraum wiederentdecken und auf alt bewährte Hausmittel zurückgreifen. ‚Ich kann meinem Kind helfen' ist für das mütterliche Selbstvertrauen oft ergiebiger als der gestresst organisierte Termin beim Kinderarzt. „Die Mütter sind dann oft enttäuscht, wenn ich ihnen nichts verschreibe für ihr verschnupftes Kind, sondern dem Kind nur etwas Ruhe verordne", so ein Kinderarzt.

Eine junge Mutter habe ihn angeblafft mit den Worten: „Dann hätte ich mir ja den Besuch hier ersparen können!" „Ja, das stimmt. Bei Schnupfen ist die Mama-Fürsorge die beste Medizin, also etwas Zeit nehmen, kuscheln, einen Honigtee kochen usw." Die nachhaltig immunisierende Wirkung von Bewegung im Freien und Unternehmungen in der Natur brauche ich hier nicht auszuführen.

Spielen I

Wie sehen die Spiele der Kleinkinder bis zum Schulbeginn aus? Wenn man in Spielzeugkatalogen blättert, lautet die Antwort: oft digital. Und das ist eine Katastrophe!

Wenn wir aus den Kleinsten heute beziehungsunfähige Menschen machen wollen, sollten wir nach diesen Katalogen verfahren. Wenn die heutigen Eltern jedoch Besseres mit ihren Kleinkindern vorhaben, dann rate ich zu einem Minimum an digitalem Spielzeug.

Jede Generation hat ihre Kultspiele. Ein digitales Spiel rechne ich bei Zweijährigen nicht dazu. Spielen ist in diesem Alter vor allem eines: das Ausprobieren der eigenen Sinne, also Sehen, Hören, Riechen, Tasten und Schmecken. Vieles davon muss nicht einmal gekauft werden und lässt sich in Sekundenschnelle herstellen: zum Beispiel Töpfchen mit einem stark duftenden, verhüllten Inhalt hinstellen und das Kind raten lassen. Das war eine Gaudi für meinen Sohn, damals, vor vielen Jahren, als er sofort auf drei Parfumtropfen reagieren konnte und mit einem Siegerlächeln rausprustete: „Das bist du!“ Ein paar Sekunden später: „Käse!“ Dann, etwas frustriert: „Da riecht gar nichts.“ Es war ein Geldstück unter dem Tuch verborgen. Als weitere Anregung hier ein paar Hör-Spiele: dem Kind die Augen verbinden und alles, was so rumliegt im Haushalt, also Gabel, Pfanne, Gläser einsetzen. „Was hörst du?“ Während ich in Ruhe kochte, ließ ich meinen Sohn riechende Gegenstände suchen. Er war sehr lange beschäftigt! Unter der Küchenrolle verborgen lag ein Schuh, ein Hundeknochen … an die anderen Geruchsüberraschungen erinnere ich mich nicht mehr. Das Spiel, das uns beiden so viel Spaß gemacht hatte, ging irgendwann wieder vergessen. Etwa zwei Jahre später, seine jüngere Schwester war etwa zweieinhalb, war es ganz ruhig im Wohnzimmer, ungewöhnlich und selten genug. Als ich ins Zimmer kam, saß sie mit verbundenen Augen geduldig da und erschnüffelte mit großer Konzentration Gegenstände, die ihr Bruder ihr zusammengesucht hatte.

Eine kleine, doch eher private Idylle? Ja und nein. Es soll auch eine Aufforderung an die Eltern sein, ihre kleinen Kinder nicht vor einen Laptop oder ein Handy zu setzen, um sie zu beschäftigen. Natürlich passiert da auch etwas auf dem Bildschirm. Doch es ist für die Stimulierung des kleinen

Hirns zu wenig (und an Reizen zugleich zu viel). Und es ist nicht selbstwirksam, nicht sinnlich genug.

Trotzphase – erste Ablösung

Am Ende des zweiten Lebensjahres beginnt, was wir das Trotzalter nennen, ein wichtiger Entwicklungsschritt auf dem langen Weg zu einer autonomen und beziehungsfähigen Persönlichkeit!

Bis vor einigen Jahren waren die Eltern noch stolz, wenn sie in der Anamnese zu ihrem Kind sagen konnten, dass der Junge oder das Mädchen keine Trotzphase erlebt hat. Heute spüren die meisten Eltern, dass die Trotzphase irgendwie dazugehört.

Sie gehört zu einer normalen Entwicklung. Die Trotzphase bleibt nur dort aus, wo die Eltern dem Kind seinen Willen in jeder Situation lassen. Die Trotzphase signalisiert den Eltern, dass ihr Kind kein Baby mehr ist, sondern sich erste Spuren eines eigenen Willens zeigen und die Manifestation eines eigenen Ich beginnt. Es bildet sich ein Ich, das sich vom Ich der Mutter und des Vater unterscheidet. Das Ich ist nicht mehr verschmolzen mit dem starken Elternobjekt, sondern entdeckt, dass es davonlaufen und Nein sagen kann, eine für das Kind großartige Entdeckung. Für die Eltern beginnt eine weniger euphorische Zeit. Sie müssen diese Ich-Manifestation des kleinen Kindes aushalten lernen.

Mitunter rennt das motorisch erwachte Kleinkind jetzt in eine andere als von den Eltern vorgesehene Richtung. Es kann jetzt in einer Wiese im hohen Gras sitzen und einen Käfer bestaunen – und nichts fehlt ihm, auch die Mutter nicht. Nur zu lange darf dieser köstliche Augenblick nicht dauern, bis die Mutter wieder auftauchen muss. Jawohl, muss, denn das kleine Ich ist noch sehr erschütterbar in seinen Trennungsschritten wie auch in seiner Kapazität, allein und in sich selber geborgen zu sein.

Mein Sohn war mit etwa drei Jahren in ein hohes, erntereifes Maisfeld gelaufen. Der Mais stand meterhoch. Man konnte sich zwischen den einzelnen Maisstauden gut hindurchschlängeln. Was als lustiges Versteckspiel begann zwischen Mutter und Sohn, endete nach etwa zehn Minuten in der Tiefe des Maisfeldes mit einem vorwurfsvollen Blick und der Frage: „Wo bleibst du denn, Mama, das hat aber lange gedauert, bis du mich gefunden hast!" „Ich hab doch nach dir gerufen und du hast nicht geantwortet!" „Im Kindergarten ruft auch keiner, das macht man nicht beim Versteckenspielen." „Was hast du denn gemacht, dass ich dich nicht so schnell finden konnte?" „Ich bin einfach losgelaufen, ganz weit hinein, und dann hab ich auf dich gewartet. Es hat ganz schön lange gedauert!"

Diese kleine private Ablösungsgeschichte hat sich mir wohl auch deswegen eingeprägt, weil ich plötzlich zu verstehen meinte, worum es in der ersten Ablösung geht: Das zwei- bis dreijährige Kind wartet, dass die Eltern (oder andere Bezugspersonen) es wiederfinden. Es ist noch nicht die Aufgabe und Fähigkeit eines Kleinkindes, einmal fortgerannt, die Eltern wiederzufinden. Die Sorge, die Eltern verloren zu haben, beendet die Lust auf abenteuerliche Selbsterprobung ziemlich rasch. Plötzlich taucht die Angst auf, plötzlich ist der ganze rauschhafte Kick – ich kann der Mama davonlaufen, wow, bin ich schon stark und groß – weg und die Realität ist zurück: Schon drei Jahre alt und doch ganz verloren, wenn die Mama im weiten Maisfeld nicht sofort auftaucht.

Ich habe vor langen Jahren von der Mutter einer fast Dreijährigen viel gelernt, vielleicht gerade deswegen, weil sie so unverstellt war und sich keine Mühe gegeben hatte, als bessere Mutter vor mir zu stehen, als sie sich wirklich fühlte. Sie sagte: „Wie Lea gesprochen hat, und Sie wissen, sie hat schnell sprechen gelernt, hab ich gedacht, jetzt kann sie ja sagen, was sie braucht. Und wie sie weggerannt ist, habe ich gedacht, jetzt kann sie ja laufen, dann kann sie auch wieder zu mir zurücklaufen." Logisch gedacht, doch die Wirklichkeit eines zweijährigen Kindes ist eine andere. Das Sprechen und die Bewegung sind hirnorganisch jetzt möglich, doch es sind Ich-Fähigkeiten, die zwar vorhanden, doch noch nicht autonom verwaltet werden können von diesem noch so ungeübten Erdenkind. Ich komme wieder auf die Elefanten, auf die Schimpansen zurück. Ein zweijähriger kleiner Elefant kann schon kilometerweit mit der Herde mithalten, doch die Elefantenmutter lässt ihren Zweijährigen nicht aus dem Blick. Keiner hat es ihr beigebracht, trotzdem spürt sie intuitiv, dass der kleine Elefant nicht wehrhaft ist. Ebenso lässt die Schimpansenmutter ihr Kind nicht aus den Augen, auch wenn es gerade lustvoll seine Umwelt entdecken will. Sie lässt es geschehen, bleibt im Hintergrund in aufmerksamer Verbindung mit ihrem Kleinen. Wunderbare Aufnahmen von Jane Goodall, der Schimpansen-Forscherin, dokumentieren ein elterliches Betreuungsverhalten, wie es beeindruckender nicht sein könnte.

Grenzsetzung I

Im zweiten Lebensjahr hört nicht nur das Kind sich erstmals nein sagen, ein großer und triumphaler Augenblick, sondern es hört auch das Nein der Eltern und muss es ertragen lernen. Eine ziemlich aufregende Erfahrung.

Das dyadische Paradies existiert nur noch in glückseligen Momenten, in denen sich meistens die Mama, doch auch immer häufiger der Vater, ganz auf das kleine Kind einstellt. Aus der Zweieinheit wird nun die Dreieinheit. Oder in Fachworten: Aus der Dyade wird die Triade. Früher, es scheint so unendlich lange her, dabei sind es erst etwa 30 Jahre, bestand in der Psychotherapie noch die fast heilige Vorstellung von der Mutter-Kind-Dyade. Dass es da noch einen wichtigen Dritten, den Vater (oder heute auch die zweite Mutter), gab, schien in der psychoanalytischen und kindertherapeutischen Forschung zum Kind keine psychische Relevanz zu haben.

Die entwicklungspsychologische Forschung hat dazugelernt. Kinder sind von Beginn ihres Lebens an fähig, zu mehr als einer Person eine Beziehung aufzunehmen. Entscheidend ist die regelmäßige und emotional einfühlende Anwesenheit einer zweiten Person, also in der Regel des Vaters oder, wenn auch seltener, der Frau der Mutter, der Großeltern, der Babysitterin, der vertrauten Nachbarin.

Das anale Kind will sich behaupten, will seinen kleinen Machtraum lustvoll ausweiten. Und dazu gehört eben ein leise geflüstertes oder laut hinaus geschrienes Nein. Die motorischen Möglichkeiten sind, jetzt, wo es laufen kann, gegeben. Es kann weglaufen. Ein von der Mutter oder dem Vater hinterhergerufenes „Nein, du wartest, du kommst sofort zurück" kann helfen oder auch nicht. Das zwei- bis dreijährige Kind kann zwar weglaufen, doch die Gefahren, die da draußen lauern, nicht abschätzen. Die Eltern müssen schon nachlaufen, ihm den Schutz, den es sich aus fehlender Lebenserfahrung heraus noch nicht selber geben kann, zukommen lassen. Danach kann die erste Grenzsetzung folgen. „Hier sind viele Autos, du musst an meiner Hand bleiben, auf der Wiese da vorne kannst du rumspringen, hier nicht." Vielleicht wütet und trotzt das Kind dann ein wenig, hat es doch gerade so einen frischen Lauf und festen Entschluss gehabt, seinem Bewegungsdrang nachzugeben. Das macht nichts. Leben ist halt ein ständiger Veränderungsfluss, sowohl auf Kinder- wie auf Elternseite.

Es gibt Eltern, die sich mit diesen ersten Grenzsetzungen schwertun, die viel reden, drohen, fordern oder alles laufen lassen. Eine große Hilfe ist auch hier die Einfühlung, die Frage: Kann mein Kind die Situation erfassen – oder bin ich dafür zuständig? Was täte mir gut, wenn ich so klein wäre und einfach gerade so einen schwer bezähmbaren Willen nach Selbstbehauptung hätte? Was hätte mir damals geholfen? Eltern, die sich einfühlen, doch nicht narzisstisch verschmelzen mit dem kleinen Wirbelwind („Wie toll mein Kind schon rennen kann!"), der gerade so schnell davonläuft, geben ihm Sicherheit.

Vom wilden Spielen und Rennen draußen in die eigenen vier Wände: Auch da gibt es beim bald dreijährigen Kind notwendige Grenzsetzungen.

Nehmen wir die Grenzsetzung, die Eltern am schwersten fällt: die Schlafenszeit und die damit verbundene Trennung. Ein:e Dreijährige:r kann alleine schlafen, wenn sie oder er genügend gute Bindungserfahrung in den ersten drei Jahren hat machen dürfen. Ein sich über Stunden erstreckendes Einschlafritual verweist auf ein gemeinsames Trennungsproblem und mangelnde Grenzsetzung der Eltern.

Dyadische Mütter schaffen die Trennung schwer. Oft höre ich dann: „Mein Sohn/meine Tochter lässt sich nur von mir ins Bett bringen, mein Mann ist da machtlos." Ebenso schwer scheint es für alleinerziehende Mütter zu sein. „Sie lässt mich nicht rausgehen."

Liebe Mütter, Sie dürfen und sollen rausgehen, Sie tun Ihrem Kind nichts an, und schon gar nichts Böses. Dreijährige versuchen auch in dieser regressiven Situation ihren Willen zu behaupten, die Situation für sich zu entscheiden. EIN schönes entspanntes Einschlafritual genügt. Kinder, auch dreijährige, lieben feste Abläufe, Sicherheit spendende Gewohnheiten. Wenn der Ablauf „Kuscheln, eine Geschichte, Kuss, Gute Nacht" heißt, gewöhnt sich das Kind daran.

Wenn sich „ins Bett gehen, wieder aufstehen, eine Geschichte bekommen, kuscheln, gute Nacht, wieder rufen, wieder aufstehen" als Ablauf eingeschlichen hat, gewöhnt sich das Kind eben daran. Die Eltern gestalten mit der ihnen möglichen Empathie und ihrem Selbstvertrauen das Einschlafritual der Kinder, nicht umgekehrt.

Es scheint ganz so zu sein, dass in diesem sensiblen Moment des Schlafengehens auch sichtbar wird, ob die Eltern zur Triangulierung fähig sind. Es zeigt sich nicht nur das noch in der Symbiose (= Dyade mit der Mutter) gefangene Kind.

Grenzsetzungen der Eltern scheitern oft an der Triangulierungsunfähigkeit des kleinen Kindes, die, wenn wir genau hinschauen, vor allem eine Triangulierungsschwäche der Eltern oder eines Elternteils widerspiegelt.

Triangulierung bedeutet, dass ich mehr als einen wichtigen Menschen mit emotionaler Bedeutung besetzen kann. Nicht nur die Mama zählt, auch der Papa ist mir wichtig. Wenn die Mama mich nicht ins Bett bringen kann, kann es ja der Papa tun. Triangulierung meint auch die Fähigkeit zur Trennung. Ich kann mich von der Mama trennen beim Schlafen, sie ist morgen noch da.

Die Leserin, der Leser ahnt es schon: Wenn die Mama oder der Papa sich genau diese Vertretung durch den anderen, und zwar erfolgreich, nicht vorstellen kann, wird das zwei- bis dreijährige Kind diese mangelnde Vorstellungskraft der Eltern für sich auszunutzen wissen – und zwar blitzschnell.

Der Wille des kleinen Kindes ist ernst zu nehmen. Doch er soll kein Stellvertreter sein, keinen Ersatz darstellen für die mangelnde Strukturierungsleistung auf der Elternseite. Natürlich darf ein Kind sagen, es wolle lieber von der Mama ins Bett gebracht werden. Und wenn es für die Mutter passt, ist alles in Ordnung. Doch wenn die Mutter selber den Ausschluss des Vaters aus mangelnder eigener Triangulierungsfähigkeit braucht und unterstützt, ist das Einschlaftheater vorprogrammiert. Wenn die Mutter die Bevorzugung des Kindes braucht, zum Beispiel aus mangelndem Selbstwertgefühl oder aus Schuldgefühl, weil sie vielleicht den ganzen Tag arbeiten war, dann kommt eine nicht sehr günstige ‚Wiedergutmachungszeit' zur Kindertür herein. Und wenn Kinder etwas nicht mögen, dann sind es Eltern mit einem schlechten Gewissen. Kinder – und, wie wir sehen werden, noch viel stärker die Jugendlichen – dürfen erwarten, dass Eltern wissen, was sie tun. Wenn die Eltern zu Knete in den Händen von Kindern werden, steigt der Pegel an Verunsicherung im Familiengefüge mächtig an.

Das ‚Einschlaftheater' (so die Beschreibung vieler Eltern) sagt also viel über die triadische Kompetenz der Eltern aus. Wenn ein Paar durch die Veränderung zur Familie Paar bleiben kann, die:der Partner:in wertgeschätzt wird und nicht das Kind die:den Partner:in in der emotionalen Bedeutung abzulösen beginnt, kann das Elternpaar dem Kind oder den Kindern vorleben, dass es nicht nur einen wichtigen Menschen gibt. Mehrere Personen in der Familie haben Bedeutung und Kompetenzen. Die Familienwelt lässt sich nicht auf dyadische Beziehungen (Ich und du gegen den Rest der Welt) dezimieren. Auch für einen alleinerziehenden Elternteil gilt: Wenn er in sich Geborgenheit finden kann in der Einschlafzeit des Kindes, braucht er nicht das Kleinkind zum Erleben von Geborgensein. Die Frage wäre also: Kann ich als Mutter oder Vater mich trennen?

Hier gehört ein kleiner Exkurs hin, der sich dem so bedeutungsvollen hirnorganischen Prozess der Mentalisierung widmet. Wenn dieser Vorgang der Mentalisierung im Kleinkindalter ins Laufen kommt, ersparen sich Eltern und Kinder viele spätere psychodynamische Baustellen.

Symbolisierungsfähigkeit und Mentalisierung

Symbolisierungsfähigkeit und in der Folge Mentalisierungsfähigkeit können sich dann entwickeln, wenn das Kleinkind auf die leibliche Anwesenheit der Mutter verzichten kann, weil es ein inneres Bild der Mutter aufzubauen lernt. Der erste Hinweis auf diesen so herausragend wichtigen psychischen Schritt der Mentalisierung ist das Übergangsobjekt in Form eines Kuscheltieres, das ‚gnadenlos' überall dabei sein muss. Ich wähle bewusst das Adjektiv gnadenlos, weil viele Eltern die Erfahrung machen, dass sie ihr Kind kaum beruhigen können, wenn bei einem Ausflug, einer Übernachtung, einer Betätigung außerhalb der vertrauten Umgebung das geliebte Kuscheltier, das auch einfach ein Stück Tuch sein kann, vergessen worden ist. Warum ist dieses Übergangsobjekt so wichtig?

„Der Teddy ist schon alt gewesen, seine Haut aus Leinen ist fadenscheinig geworden, sie hat angefangen, sich aufzulösen. Ich bin sehr vorsichtig mit ihm umgegangen, aber habe ihn halt überall mithingenommen: in die Schule, auf den Sonntagsspaziergang, auf die Toilette, überall. Plötzlich ist er aufgerissen, und sein Inneres ist rausgequollen. Er ist mit Bohnen aufgefüllt gewesen. Die Bohnen sind in den Dreck gekullert. Die Großmeer [gemeint Großmutter, NSK] hat gesagt: ‚Mach kein Gescheiß.' Ich hab sie gebeten, Teddy zu flicken. Großmutter ist gut im Flicken [...] es wäre ihr ein Einfaches gewesen, Teddy zu flicken. ‚Den kann man nicht flicken. Du warst nicht vorsichtig. Du warst so grob.' Ich hab Teddy nie wieder gesehen." (de l'Horizon, 2022, S. 95 f.)

Es ist die erste mentale Leistung des kleinen Kindes, ohne die Mutter oder den Vater auskommen zu können. Manchmal habe ich noch Siebenjährige, die unbedingt ihr Übergangsobjekt zu Beginn der Therapie dabeihaben müssen. Das kann ein altes Stück Mamapullover sein, eine Stoffente, ein kleines, völlig verwaschenes und nur noch schlaff gepolstertes Baumwollhündchen, eine weiche Ledertasche. „Die hat die Mama mir geschenkt, als ich ganz klein war und meinen Schmusikater verloren habe, seitdem hab ich sie dabei, wenn ich aufgeregt bin und bei Fremden", so eine Sechsjährige.

Viele von uns Kindertherapeut:innen beobachten mit gewisser Sorge, dass diese Übergangsobjekte seit Kurzem nicht mehr der Normalfall bei den heutigen Kleinkindern sind. Stattdessen besteht auch die Vierjährige oder der Fünfjährige auf der körperlichen Präsenz der Mutter. Sie darf beim Schlafengehen nicht weichen, muss ausharren, bis das Kind eingeschlafen ist – was bekanntermaßen Stunden dauern kann. In einigen Kindern führt die Trennung von der Mutter zu panikartigen Szenen, mitunter auch noch beim Grundschulkind.

Dieses Bestehen auf der physischen Präsenz der Mutter oder, selten, des Vaters, ist ein erster Hinweis auf fehlende Mentalisierung. Es gibt sie nicht, die **Vorstellung** von der Mutter. Es gibt nur die physische Mutter. Ich bin mit ihr zusammen, also geborgen, oder bin mit ihr nicht zusammen, also ungeborgen. ‚Lost' sozusagen.

Mentalisieren ist die Fähigkeit, auf direkte Objektbefriedigung verzichten zu können. Dadurch beginnt sich ein innerer Vorstellungsraum zu öffnen, in dem in der Fantasie die schmerzhaft fehlende, geliebte Person ersetzt werden kann. Das Übergangsobjekt ist ein erster kreativer Versuch zur notwendigen physischen Ablösung. Das Übergangsobjekt ist nur ein Spielzeug, doch es hat die Kraft, die physische Anwesenheit von Mama und Papa für einige Augenblicke überflüssig zu machen, und sei es im fragilen Moment der Trennung, also etwa beim Einschlafen.

Es gibt noch andere Möglichkeiten. Ich denke an eine Mutter, die beruflich viel unterwegs war. Der Vater sah ihrer Abwesenheit regelmäßig mit Sorge entgegen, bis sie eine CD besprochen hatte mit dem Lieblingsmärchen der Tochter. Zusammen hörten sich Vater und fünfjährige Tochter die CD an mit dem Ergebnis, dass Lily das Einschlafen lernte. Ein anderer Vater nahm sich selber beim Gitarrenspiel auf. Der achtjährige Sohn durfte nun zur Gitarrenmusik seines Vaters einschlafen. Ein drei Jahre währender Kampf fand damit ein Ende.

Was gar nicht geht: die Kinder vor den Computer zu setzen. Allein.

„Wenn du mir versprichst, dass du danach schön einschläfst und nicht mehr aufstehst, darfst du noch die Spielkonsole haben." Eltern, die so vorgehen, schenken das Wichtigste her, was sie dem Kind anzubieten haben: eine Beziehung.

Hier ein paar Fragen zur Reflexion in Form eines kleinen ‚Elternführerscheins':

1. Bin ich bereit für ein Kind oder brauche ich ein Kind?
2. Wie fühle ich mich als werdende Mutter und werdender Vater bei der Vorstellung, einschneidende Veränderungen an meinem jetzigen Leben zulassen zu müssen?
3. Was macht die Vorstellung mit mir, eine gegenseitige Abhängigkeit auszuprobieren, wie sie seit meiner Kindheit nie mehr war?
4. Kann ich mir überhaupt vorstellen, dass dieses kleine Wesen da nicht nur Verzicht auf Gewohntes abverlangt, sondern auch ganz viel Entwicklung in mir anstößt, Seiten in mir befruchtet und belebt, die brachgelegen haben?

Das dritte Lebensjahr: Das ‚ödipale' Kind – Junge, Mädchen oder ein Irgendetwas?

Psychoanalytiker:innen sprechen im dritten Lebensjahr vom ‚ödipalen' Kind. Wir kennen fast alle den Begriff vom Ödipuskomplex. Aktuelle Diskussionen zeigen gerade eine ziemlich große Orientierungslosigkeit dort, wo es um die Geschlechterfrage in der Erziehung geht. Die einen halten an tradierten Rollen fest (Rosa für die Mädchen, Blau für die Jungen, Puppen für die Mädchen, Werkzeug für die Jungen – so findet es sich weiterhin nicht nur in den Spielzeugabteilungen der Kaufhäuser), andere würden am liebsten alle Geschlechterunterschiede ignorieren oder als „Erziehungsmanipulation" definieren. Sind Jungen, die sich als Jungen fühlen, tatsächlich nur das Produkt einer solchen manipulierenden Erziehung?

Wenn ich meine kleinen Therapiekinder mit drei und vier Jahren anschaue, bekomme ich einen ganz anderen Eindruck. Wie sagt Wilhelm Busch:

„So wird oft die schönste Stunde
In der Liebe Seelenbunde
Durch Herbeikunft eines Dritten
Mitten durch- und abgeschnitten."

Die moderne Psychoanalyse weiß inzwischen, dass triadische Beziehungen (also Dreierbeziehungen) fast von Anfang an vorhanden sind, wir sprechen von früher Triangulierung – auch wenn die Mutter-Kind-Beziehung naturgemäß dominant ist. Mit drei Jahren etwa beobachten wir den Wechsel aus der dyadischen in die triadische Beziehung. Der, die Dritte (also Vater, beim lesbischen Paar zweite Mutter, beim homosexuellen Paar zweiter Vater) gewinnt jetzt an großer Bedeutung. Jetzt erreicht sie also die Vorstellungskraft des kleinen Kindes, die Triangulierung oder der berühmte Ödipuskomplex.

Ob es uns modernen Menschen passt oder nicht: Der Ödipuskomplex ist bei meinen kleinen Kindern so gut zu beobachten, dass ich manchmal fast ein wenig schmunzeln muss.

Ein fast vierjähriger Junge wurde manchmal von der Mutter, manchmal vom Vater gebracht. Stand er mit der Mutter vor der Tür, umarmte er sie herzlich, Küsschen, nochmals Küsschen, dann lief er strahlend auf mich zu. Stand hingegen der Vater mit ihm da, sagte er nur tschüss und kam – so in der Art ‚jetzt ist halt wieder Therapie' – gesetzten Schrittes mit. Sein Strahlen kehrte erst hinter verschlossenen Türen wieder.

Oder eine Dreijährige: Wenn sie sich vom Papa verabschiedet hatte, kehrte sie meistens um, um ihn nochmals zu umarmen. Wenn sie ihm ein zweites leidenschaftliches Küsschen schenkte, beobachtete sie mich aus den Augenwinkeln aufmerksam. Ich strahlte. Im Therapiezimmer sagte sie mehr als einmal: „Gell, du magst meinen Papa auch?" „Ja, sehr, einen ganz netten Papa hast du, Elfi." Dann stellte sie im Brustton der Überzeugung regelmäßig fest: „Aber du magst ihn nicht so wie ich, gell?" „Nein, gewiss nicht, man merkt ja, wie lieb du den Papa hast." Sie: „Warum mag ihn dann die Mama nicht?"

Vielleicht eine kurze Anmerkung: Warum denken wir Erwachsenen, egal, ob Eltern oder Therapeutin, nur immer, die kleinen Kinder würden nichts checken?

Die reale Beziehung der Eltern zueinander gestaltete sich kompliziert. Die Mutter hatte kein Interesse, keine Zuneigung mehr für ihren Mann. Ihr alleiniges Interesse galt der kleinen Tochter. Wurde Elfi von ihrer Mutter gebracht, tat sie jedes Mal so, als wenn sie überhaupt nicht gerne zu mir kommen würde. Sie konnte sich überhaupt nicht lösen, weinte sogar einige Male. Die Mutter musste sie richtiggehend in den Gang reinschubsen. Ich spürte bei mir regelmäßig Ärger – auf die Mutter. Im Therapiezimmer war der Spuk vorbei. Im getrennt geführten Elterngespräch sagte mir die Mutter dann, dass Elfi gar nicht gerne komme. Es sei schon zu Hause ein richtiger Kampf. Mutter: „Ich find es nicht gut, dass ich sie so zur Therapie zwingen muss." Der Vater hatte ein anderes Narrativ: „Elfi freut sich auf jede Stunde!" Was ist nun die Wahrheit? Beides. Die Therapie endete übrigens mit einem durch die Mutter herbeigeführten Abbruch. Ihre Begründung: „Ich trau Ihnen nicht mehr, Sie hetzen Elfi gegen mich auf."

Dieses kleine Mädchen wollte, konnte es nicht riskieren, ihrer Mutter zu zeigen, dass sie in ihrer Entwicklung weitergehen wollte, weiter als es die enge Mutter-Kind-Beziehung ihr möglich machte und die Mutter es vorgesehen hatte. Ebenso ging es einem Jungen, der die Beziehung zum Vater nicht aufs Spiel setzen wollte, indem er ihm zeigte, dass er die Therapeutin so richtig mag – wie die Mama halt.

Wenn das Kind wichtiger wird als die Beziehung zum anderen Elternteil, geschieht etwas garantiert nicht: die für die kindliche Entwicklung so nötige Triangulierung. Sie geht über in den Ödipuskomplex, dessen Existenz ich nicht in Zweifel ziehe, trotz vieler Gegenstimmen.

Er bedeutet nichts anderes, als dass der:die Dritte jetzt emotional und libidinös ins Zentrum des kindlichen Interesses rückt.

‚Ich bin ja gar nicht so abhängig von der Mama'

‚Ich bin ja gar nicht so abhängig von meiner Mama', so könnte man die unerhörte Entdeckung und das damit verbundene triumphale Gefühl des kleinen Kindes umschreiben. Ich weiß noch so gut, wie meine kleine Tochter plötzlich eines Abends sagte: „Heute liest mir der Papa vor." Ich war so überrascht, es war immer meine Aufgabe, unser beider wunderschönes Ritual gewesen. „Möchtest du das wirklich?", hab ich noch leicht brüskiert hinterherschieben müssen. Wie wenn sie nicht bei Sinnen wäre. Sie war bei Sinnen. Und wie. Und der Papa? Der hat sofort ja gesagt. Klar doch. Als sie dann etwa sechs oder sieben Jahre alt war, war ich wieder dran mit einer selbsterfundenen, gesungenen Fortsetzungsgeschichte zu einer kleinen, mutigen Reiterin, Rosy, die in ihrer Reittasche ein Kätzchen dabei hatte, mit dem sie viele Abenteuer bestand. Der Sohn, zwei Jahre älter, wollte eine personifizierte Fortsetzungsgeschichte mit „C., dem Matrosen", der dann ein halbes Jahr später Kapitän wurde.

Die gute Beziehung zu einer dritten Person – ein Entwicklungsschub

Diese Narrative, die ödipalen, fangen also im frühen Kindergartenalter an – und sie wiederholen sich ewig weiter, manchmal gerade wieder in der Pubertät. Die 16-jährige Tochter, die ich selber war, sagt überraschend: „Ich möchte jetzt einmal nur mit Papa Ski fahren gehen, Mama." „Warum denn das? Wir waren doch immer zu dritt im Skiurlaub (dann eine kurze Denkpause bei meiner Mutter), na ja, ich fahre ja eh nicht Ski."

Viele Mütter wollen ihr Kind im dyadischen Paradies festhalten, manchmal völlig unbewusst. Ich kenne nicht ein Kind, das, wenn man es denn lassen würde, nicht wachsen und weiterkommen möchte in seiner psychisch-geistigen Entwicklung. Dazu gehört die Triade, in deren Zentrum der Ödipuskomplex steht, das Verlieben in den Dritten – und damit der Machtverlust der Mutter. Es ist nur eine Entwicklungsphase. Beim latenten Kind (Grundschulkind) ist das vorbei, kippt sogar ins Gegenteil: Da gehört es fast dazu, das andere Geschlecht ziemlich doof zu finden.

Ich erkenne sofort, ob ein Kind triangulieren darf. Und ich sage den Eltern geduldig, wie wichtig ihre Unterstützung in dieser Phase ist. Zeigen Sie Ihrem Sohn, Ihrer Tochter, dass es völlig okay, ja sogar schön ist, dass sie den Papa (oder die zweite Mutter) im Moment so interessant findet, auch wenn Sie gerade einen kleinen Bedeutungsverlust erfahren. Das geht vorüber. Gerade in der Pubertät erfahren Mütter oft wieder einen Bedeutungszuwachs. „Man kann halt mit dem Papa so Mädchensachen nicht gut besprechen." (Julia, 14 Jahre alt)

Hermann Staats sieht in dem Schritt aus der Dyade in die Triade hinein einen großen Gewinn für das Kind und seine Entwicklung (Staats, 2021a, S. 96). Eine Mutter, selber ohne Vater aufgewachsen (sie lernte ihn erst mit 42 Jahren kennen), sagte: „Ich wäre gar nicht auf die Idee gekommen, dass mein Mann für Basti wichtig sein könnte. Ich musste es ja auch ohne Vater schaffen." Der Sohn hatte eine sehr verklebte Mutterbeziehung. Er liebte sie abgöttisch und hasste sie gleichzeitig. Und sein Vater bekam keinen Fuß rein in diese überhitzte Mutter-Sohn-Beziehung. Er musste im Schlafzimmer weichen, weil der Sohn ohne Mutter nicht ein- und durchschlafen konnte. Die Angst des Sohnes vor dem ‚Rächervater' war beträchtlich: „Papa mag es gar nicht, dass ich im Bett mit der Mama schlafe." „Da versteh ich aber deinen Papa gut! Da gehört doch er hin." „Aber die Mama sagt: ‚Der Papa kann schlafen, du nicht.'" „Und was sagst du, was möchtest du?" „Ich möchte am liebsten mit Mama und Papa im Bett schlafen, damit mich der Papa mehr mag." „Weiß das die Mama?" „Nein, mag ich nicht sagen."

Hören wir nochmals Hermann Staats zu: „Durch die Kompetenz des Triangulierens bilden sich reichhaltige innere Bilder als ‚Repräsentanzen' von

Beziehungen und Interaktionen aus, auf die in späteren Zeitpunkten des Lebens zurückgegriffen werden kann." (ebenda) Doch, so möchte ich betonen, gelingt dies eben nur, wenn die Eltern selber triangulierungsfähig sind.

Auch Alleinerziehende können diese inneren Repräsentanzen beim Kind fördern, wenn sie sich dieser Bedeutung bewusst sind. Sie müssen nur etwas achtsamer damit umgehen, indem sie die Beziehungen ihrer Kinder zu anderen wichtigen Menschen bewusst fördern und in den Erziehungs- und Betreuungsprozess einbeziehen. Triangulierung ist vor allem ein inneres Geschehen. Bei Erwachsenen besonders. Nur in der phallischen Phase, also beim drei- bis vierjährigen Kind, wird sie so gut sichtbar, wie eben besprochen.

Auch bei den Eltern ist übrigens sofort erkennbar, ob Triangulierungsfähigkeit vorhanden ist. Ein Vater zog als erste Geste regelmäßig seinen Stuhl so weit nach vorne, dass er seine Frau auf dem Stuhl kaum mehr wahrnehmen konnte. Eine lesbische Mutter wollte immer getrennt von ihrer Frau kommen, obwohl beide eine gute Beziehung zueinander hatten. „Dann kann ich mich ganz auf Sie konzentrieren, es lenkt mich nur ab, wenn Anna (ihre Frau) daneben sitzt."

Und wieder zwei Fragen an Sie zur Reflexion der Familiensituation:

1. Kann ich (die Mutter, der Vater) Triangulierung?
2. Wünsche ich mir eine exklusive Beziehung zu meinem Kind und versuche unbewusst, den:die „Dritte:n" außen vor zu halten?

Das Kindergartenkind

Kindergarten

Viele der deutschen Kindergärten haben sehr motivierte Erzieher:innen in ihren Reihen, die mit großer Begeisterung und wirklich viel Fingerspitzengefühl ihre bedeutsame Arbeit zum Wohl des Kindes verrichten. Doch es gibt auch Kindergärten, die aus meiner Sicht den Bedürfnissen von noch kleinen Kindern nicht gerecht werden. Es sind diejenigen, die bereits auf ihrer Website dafür Werbung machen, dass die Kinder in ihrer Einrichtung schulreif gemacht werden, Kinder zweisprachig erzogen werden, die Kinder von sieben bis 17 Uhr betreut werden, „je nach Ihren (= elterlichen) Bedürfnissen".

Um es kurz zu machen: Kein dreijähriges Kind will von sieben oder acht bis 17 Uhr fremdbetreut werden.

In manchen Werbebroschüren wird von einem hervorragenden Betreuungsschlüssel gesprochen, der es dem Kind ermöglicht, „sich bei uns wie zu Hause zu fühlen". Das ist Hochglanzkitsch. In vielen Kindergärten (von den Kitas gar nicht zu reden) stimmt der Betreuungsschlüssel überhaupt nicht, und das nicht erst seit der Coronapandemie.

Die Kritik gilt hier nicht den Eltern, noch weniger den Erzieher:innen. Ich wünsche mir für unsere Kinder wertschätzend bezahlte, gut ausgebildete Erzieherinnen und Erzieher und mit realistisch gutem Personalschlüssel ausgestattete Kindergärten und Kitas, eine unerlässliche Voraussetzung für Zufriedenheit in der Arbeit! Die derzeitige Fluktuation ist zu hoch in den Betreuungseinrichtungen für kleine Kinder.

Das Kindergartenkind ist ein in eine größere Welt hineinspazierendes Kind. Die meisten Eltern freuen sich darüber. Praktisch gesehen bedeutet das Kindergartenkind eine größere zeitliche Freiheit für die Eltern. Es ist nicht mehr so abhängig von elterlicher Betreuung und Zuwendung. Zumindest sieht es auf den ersten Blick danach aus. Doch es gibt nicht nur freudige Eltern. Einige machen sich Sorgen, wie ihr Kind diesen Sprung in die familienfremde Welt wohl meistern werde. Eltern, deren Kinder eine Frühbetreuung besuchten (in Bayern werden diese Kita genannt, in anderen Bundesländern z. B. Krabbelstube oder Frühbetreuung, hier zeigen sich große Unterschiede in den Bundesländern), haben diese Erfahrung schon hinter sich. Doch auch unter diesen ist eine gewisse, sie umtreibende Unruhe, falls ihr Kind nicht gerne in der Kita bzw. Frühbetreuung war, häufig mit Infekten zu Hause bleiben musste, weinerlich war. Wird das Kind im Kindergarten (oder je nach Bundesland Kinderladen, Kita etc.) klarkommen, wird es Freundinnen und Freunde finden, wird es sich durchsetzen können? Normale Sorgen, normale Fragen.

Ich mache immer wieder die Erfahrung, dass es vor allem die Frage nach der Freundin, dem Freund ist, welche die Eltern umtreibt. „Mein Sohn hat gern allein gespielt, schwierig wurde es nur, wenn ein anderes Kind zu Besuch war und mit seinen Spielsachen spielen wollte“ oder „Meine Tochter ist eher schüchtern; wenn sie nicht in die Betreuung wollte, haben wir die Oma kommen lassen, doch die hat schon gesagt, dass sie noch ein eigenes Leben hat und froh ist, wenn unsere Tochter ab Herbst im Kindergarten ist“ oder „Unser Sohn hat solche Wutausbrüche, hat die Kinder in der Kita geschubst und gebissen … wenn er das im Kindergarten macht, wollen die ihn ja nicht haben!“. In vielen Eltern spukt da erstmals ein Gespenst namens Vorschule in den Gefühlen herum. Der Kindergarten ist keine Vorschule, also der Vorhof zur Schule. In einigen Einrichtungen wird vielleicht im letzten Jahr sehr viel Wert auf die Schulvorbereitung gelegt. Doch mindestens zwei Jahre lang ist der Kindergarten ein aufregendes soziales Spielfeld und ein sozialer Übungsplatz. Auf diesem Übungsplatz geht es nicht um das Erlernen von Schultechniken. Die sind noch lange genug dran! Es geht um das wichtige Ausprobieren von Beziehungsfähigkeit, nicht mehr und nicht weniger. Ich zitiere hier aus meinem allerersten Buch „Damit Kindern kein Flügel bricht“ (warum soll ich nochmals schreiben, was geschrieben wurde und immer noch gültig ist):

„Meine eigenen Kinder hatten das Glück, in ihrem Kindergarten auf eine Frau zu stoßen, die nichts von Vorschule hält. Ihr ‚Programm‘ bestand aus drei Punkten: die kleinen Kinder in ihren individuellen, kreativen Fähigkeiten zu entdecken, sie gemeinschaftsfähig zu machen und – ihnen Lebensfreude zu vermitteln. Es ist ihr gelungen, nicht nur bei meinen eigenen Kindern, sondern bei allen, die ihren wunderbaren Kindergarten besuchen durften. Obwohl diese Kinder kein Rechnen und Schreiben – man betont dann immer den ‚spielerischen Charakter' dieses Trainings – geübt haben, hatten sie keine Probleme, in der Grundschule neben den durch Vorschule trainierten Kindern zu bestehen. Und: Diese Kinder hatten noch die Unbefangenheit und Unschuld zur Seite, als sie eingeschult wurden. Sie wussten noch nicht, dass es ‚in Mathe schwierig werden könnte'. ‚Sie sollten Ihren Sohn mal auf Dyskalkulie testen lassen' oder ‚Ihre Tochter sieht mir ganz danach aus, dass sie Legasthenikerin ist.' So berichteten mir Eltern aus Gesprächen mit VorschulerzieherInnen." (Schmid König, 2010, S. 75)

Die Frau, um die es hier geht, ist Chris Gittner, inzwischen 84. Ihren Kindergarten im Münchner Süden (Großhadern) hat sie vor vier Jahren in die kompetenten Hände eines von ihr ausgebildeten jungen Mannes gelegt. Ich habe den Kindergarten letztes Jahr wieder besucht – es war ein Stück Heimweh, was mich hingeführt hatte. Ich war unverändert begeistert von den nach wie vor klaren Kommunikationsstrukturen, fein austarierten und von den Erzieher:innen einfühlsam praktizierten Beziehungsregeln und dem großen Entfaltungsraum für die kleinen Mädchen und Jungen.

Fast über 30 Jahre sind vergangen, seitdem ich meine eigenen Kinder diesem Kindergarten anvertraute. Doch die inhaltlichen Schwerpunkte sind die gleichen geblieben.

Die heutigen Kinder sind andere als damals, doch sie beschäftigen, man mag es kaum glauben, unverändert dieselben Fragen:

1. Was mache ich, wenn mich einer ärgert?
2. Ich möchte auch eine Hauptrolle im Theaterspiel, sag aber nein.
3. Meine Freundin spielt seit zwei Wochen lieber mit einem anderen Mädchen. Jetzt mag ich nicht mehr in den Kindergarten, aber Mama sagt, ich muss.
4. Der Oli macht mir Angst, der haut die anderen Kinder, vielleicht sollte ich ganz nett zu ihm sein, ihm meine Süßigkeit geben, wenn er sie will …
5. Der Yumi weint so schnell. Mein bester Freund lacht ihn aus. Soll ich ihn auch auslachen?

6. Die Marie kriegt immer, was sie will. Meine Freundin sagt, die ist doof, doch ich finde sie toll, das kann ich meiner Freundin aber nicht sagen. Sonst mag sie mich nicht mehr.
7. Bei Andi zu Hause ist es so lustig. Und sie will auch mal zu mir nach Hause kommen. Aber bei mir ist es nicht lustig. Der Papa schreit so komisch rum, wenn er komisch ist.
8. Wenn die Bela am Morgen kommt, freuen sich alle und rennen zu ihr. Wenn ich komme, sagen die anderen gar nichts.
9. Mein Freund hat gesagt, der Neue, der Paul, ist viel cooler als du. Der Papa hat nur gesagt, du bist auch cool, merk dir das. Dann musste er arbeiten gehen.
10. Mein Freund wird ständig zum Geburtstag eingeladen. Ich nicht. Meine Mutter hat gesagt: Du musst halt mehr mit den anderen reden, wenn du nicht den Mund aufmachst, ist es doch kein Wunder … Nein (auf mein Nachfragen hin) mehr hat sie nicht gesagt.
11. Ich versteh die anderen Kinder nicht (Carlos spricht Spanisch, noch nicht lange in D.). Die haben ganz schnell keine Lust mehr, mit mir zu spielen. Ich hab so viel Bauchschmerzen. Meine Eltern haben gesagt, das geht weg, dein Bauchweh, das ist normal, du bist ganz neu. Es vergeht aber nicht.

Kam hier ein einziges Mal Vorschule vor? Ein hilfreiches Buch dazu ist „Der Garten hat Geburtstag“ von der oben erwähnten Chris Gittner (2022). Es ist eine anrührende, von tiefem Verständnis getragene Sammlung ihrer Beobachtungen zur Kinderseele, über 40 Jahre betrachtet. Das Fazit dazu müsste lauten: Kind bleibt Kind.

Die Kindergartenkinder sprechen zumindest der Therapeutin gegenüber aus, was sie denken. Die Therapeutin hat keine Erwartungen an sie, wie sie sich fühlen sollten, oft im Gegensatz zu den Eltern, die so sehr hoffen, dass ihr Kind sich gut fühlen möge im Kindergarten. Unter diesem Erwartungsdruck können sich nicht einmal kleine Kinder den Eltern gegenüber offenbaren, wie es ihnen wirklich geht. Sie tun es durchaus, ein erstes, vielleicht auch ein zweites und drittes Mal, wie die Elterngespräche dann aufzeigen. Doch es fehlt bei den Eltern an Gehör. Ein Vater eines Fünfjährigen hat es ziemlich kernig so ausgedrückt: „Er hat doch einen ganz tollen Kindergarten. Meine Frau und ich haben richtig gekämpft, dass er da reinkommt. Was sind seine Probleme im Vergleich zu meinen aktuellen Schwierigkeiten? Ich kämpfe gerade ums wirtschaftliche Überleben der Familie. Da hört man vielleicht nicht immer mit der nötigen Ernsthaftigkeit zu, wenn der Junior gerade verschnupft ist."

Der Vater hat recht. Von seinem geschickten Agieren im Beruf hängt gerade mehr ab als vom aktuellen Unwohlsein seines Sohnes. Doch ein Kapitän, also die Generation darüber, bleibt ein Kapitän im Familienschiff. Warum die Probleme gegeneinander aufwiegen? Warum nicht sich etwas einfühlen? Eltern können von der Therapeutin in ihrer existenziellen Krise durchaus verstanden, doch nicht aus ihrer Verantwortung entlassen werden.

Das Kindergartenkind hat einen einzigen Fokus: willkommen geheißen zu sein in einer nicht mehr familiär vertrauten Umwelt. Der Kindergarten ist „Neuland", wie die Münchner Malerin Christina Bock eines ihrer Bilder nennt: Es zeigt eine Art von Buchrahmen und darin eine leere, weiße Seite. Auf dieser weißen Seite kann man eine in feinen Strichen angedeutete Mädchenfigur erkennen, wie sie der:dem Betrachter:in ihren Rücken zuwendet und sich in die weiße, konturlose Welt hineinbewegt, Schritt für Schritt.

Was das emotionale Geschehen in einer Kinderseele vereinfacht und gleichzeitig verkompliziert, ist der Umstand, dass Vorschulkinder noch keine gut ausgebildeten Abwehrmechanismen haben. Ihr Kummer ist unverstellt, auch wenn er manchmal nicht verbal, sondern eher somatisch kommuniziert wird. Bauchweh, grippaler Infekt, nicht in den Kindergarten wollen von einem Tag auf den anderen, keine Freundinnen und Freunde mehr einladen wollen ist ihre direkte Art, auf inneres Unglücklichsein hinzuweisen. Es braucht keinen großen Aufwand vonseiten der Eltern, außer **Bemerken**. Kinder lassen sich in diesem Alter noch gut beruhigen, wenn ihnen geglaubt wird, die Eltern ihren kleinen Kummer nicht bagatellisieren mit einem schnell hingeworfenen „Hau ihm halt aufs Maul, wenn er dich nervt / Ignorier ihn (ein nichtssagendes Fremdwort, auch wenn die Kinder schnell lernen, was gemeint sein könnte) / Tu, wie wenn er nicht da wäre / Mach ihn mal fertig, dann hört er auf".

Ich beobachte seit Längerem auch in den Familien eine Veränderung der Kommunikationsform: Sie wird zum Teil verbal gewalttätiger, greift auf Lügen, Beschuldigungen und gegenseitige Verletzungen zurück. ‚Du bist schuld, ich habe nichts getan' ist eine unzulässige Vereinfachung von Beziehungskonflikten; sind Eltern hieran beteiligt, werden ihre Kinder dies von ihnen vermutlich übernehmen, anwenden und auch weitergeben.

Hier ein Hinweis auf die Netflix-Serie „Karatekid“ und vor allem auf die Folgeserie „Kobra Kai“ 30 Jahre später mit den gleichen Darsteller:innen Es ist eine Fundgrube an Kinder- und Jugendlichenängsten und deren wunderbar in Szene gesetzten Lösungen („Karatekid“, 1984, und „Cobra Kai“, 2018). Mit einem solchen Kommunikations- und Erziehungsstil wächst in einer Familie die emotionale Verwahrlosung ungebremst mit.

Erste Freundschaften

Das Kind hat seinen Platz gefunden in dieser größeren Welt des Kindergartens, wenn es einen ersten Freund, eine erste Freundin gefunden hat. Freundschaft bedeutet die erste Ablösung und emotionale Einlassung auf andere als die Eltern-, Großeltern- und Geschwistermenschen. Die erste Beziehung im Kindergarten kann übrigens im Fremden wieder das Vertraute sein: ein vorübergehendes Zurückkehren in eine dyadische Welt des „Ich und Du“. Diese erste Freundschaft ist störanfällig, falls die beste Freundin, der beste Freund die Freundschaft zu einem anderen Kind ausprobiert.

Viele Gespräche mit Kindergartenleiter:innen haben gezeigt, dass es vereinzelt feinfühliges Zutun vonseiten der Leitung braucht, damit die passenden Kinder zusammenfinden. Die Eltern sind nicht vor Ort. Sie kennen zumindest am Anfang die anderen Kinder nicht. Und manchmal sind nicht nur die Kinder scheu und introvertiert, sondern auch deren Eltern. Auch hier gilt: Es ist für das Kind kein Trost, wenn die Mutter oder der Vater erzählt, dass sie genauso schüchtern waren und keine Freundinnen und Freunde im Kindergarten gefunden haben. Jedes Kind möchte empfangen werden, und das nicht allein von der aufmerksamen Erzieherin oder dem Erzieher. Jedes Kind möchte erwartet werden. Die einen beobachten lange, die anderen werfen forsch und selbstbewusst ihre Angel aus. Die Forschen sind nicht die besseren, ‚geeigneteren‘ Kindergartenkinder. Sie haben es nur etwas leichter, zumindest am Anfang. Die Forschen verströmen sich, die Stillen beobachten und warten ab, wie es auch im Leben von uns Erwachsenen so ist.

Das Kind bleibt aber ein Kind. Das heißt: Es braucht einen Anker, einen Wohlfühlmenschen in dieser größeren Welt. Es kann sich nicht, anders als seine vielleicht ähnlich zurückhaltendenden Eltern, auf die Arbeit fokussieren, weil es keine hat. Es hat nur das Spiel. Im sozialen Spiel herrscht ständig Begegnung. Chris Gittner hat mir vor vielen Jahren erklärt, dass sie besonders auf die Kinder geachtet hat, die den Stuhlkreis bevorzugt haben. „Da kommt jedes Kind dran, da ist jedes Kind durch uns Erwachsene geschützt, da wird keines ausgelassen oder vergessen. Was ganz anderes ist das freie Spielen draußen. Da entgeht auch uns zuerst einmal einiges. Wer wird stehengelassen? Wer verbündet sich gerade gegen einen Dritten? Schüchterne Kinder scheuen oft das freie Spiel draußen."

Der Stuhlkreis oder das Malen und Gestalten sind ‚sichere' Beschäftigungen. Die Leitung oder die Mitarbeiter:innen können natürliche Spannungen sofort regulieren, unterstützend oder beschwichtigend eingreifen, ein Kind gezielt ansprechen, ein anderes beruhigen. Im freien Spiel regiert eher Wildnis, vor allem in einer Altersgruppe, wo noch kaum soziale Verhandlungsstrategien zur Verfügung stehen, doch ganz viele frische und direkte Emotionen hervorbrechen können.

Erste Enttäuschungen – erste soziale Herausforderungen

Bei einer guten Eingewöhnung im Kindergarten spielt nicht nur das Kindergartenteam eine große Rolle, sondern auch die Elternhaltung. Eine von mir sehr geschätzte junge Kindergärtnerin sagte: „Oft sind gar nicht die Kinder das Problem, sondern die so schnell verunsicherten Eltern." Es gäbe Eltern, die schon kurz nach der Eingewöhnungszeit erfahren möchten, wie ihr Kind sich denn so mache und dabei eine sehr große Erwartungshaltung zeigten und alles genau wissen wollten.

Interesse an der Kindergartenentwicklung des eigenen Kindes ist normal und eine gute Sache, zu viel elterliche Sorge aber weniger. Denn sie überträgt sich blitzschnell auf das Kind. Wenn ein Kind beim Abholen allein in einer Ecke sitzt, ist das noch kein Anlass zur Sorge. Wenn es nicht den ganzen Kindergartentag klitzeklein zu Hause nacherzählt, sondern einfach nur schlafen gehen will oder mundfaul nur ‚schön' rausbekommt beim elterlichen Nachfragen, hilft den Eltern mehr die Einfühlung als die Sorge. „Ganz schön viele neue Eindrücke für meine kleine Tochter, die erst einmal verdaut werden müssen."

Das Kind soll jedoch den Eindruck bekommen, dass es erzählen könnte, wenn es denn möchte. Viele Kinder sind im ersten Kindergartenjahr beim Abholen quengelig, weigern sich, mit dem abholenden Elternteil mitzugehen, schauen die Mutter kaum an, deren Blick dann prompt auf eine andere Mutter fällt, deren Kind ihr strahlend in die Arme fällt.

Gerade, wenn ein Kind tagsüber eine Enttäuschung erlebt hat, weil ein anderes Kind nicht nett zu ihm war, kommt eine alterstypische Reaktion. Die abholende Mutter bekommt die Enttäuschung ab. Sie wird ‚kalt' ignoriert, weil sie heiß ersehnt worden ist. Und das vielleicht schon am Vormittag, dann wieder, ganz plötzlich, nachmittags um 15 Uhr. Auch um 16 Uhr, nach einer erneuten Enttäuschung beim freien Spiel im Garten, ist sie wieder aufgetreten, die riesige Sehnsucht nach der vertrauten Beziehungsperson. Doch sie ist ja nicht da. Das Kind muss mit der gerade fehlenden Heimatbasis klarkommen. Das kann schon sauer machen! Doch es bedeutet noch lange nicht, dass hier etwas falsch läuft, im Gegenteil. Das Kind ist in der außerfamiliären Wirklichkeit angekommen.

Die angemessene Elternhaltung, die hier ihren Anfang nimmt und bis zum Auszug des Kindes von größter Bedeutung bleibt, ist Zuhören Hinschauen, Einfühlen – und sich nicht mit dem Kind und seinen manchmal schwer ergründbaren Ärgernissen, Verstimmungen ‚verwechseln', das heißt zu sehr identifizieren, sondern erwachsen bleiben und damit Sicherheit geben. ‚Sie ist eben noch zu klein, unsere Tochter / Das kann sie ja gar nicht aushalten, einen Tag ohne uns Eltern / Ich müsste mehr für sie da sein / Unser Sohn ist jeden Abend zu Hause so aggressiv, so unausstehlich, nichts können wir ihm recht machen, was machen wir falsch, was macht der Kindergarten falsch!' – diese Selbstvorwürfe unterstützen das Kind nicht.

Für die Eltern ist der von ihnen oft ersehnte Schritt ihres Sprösslings in den Kindergarten ein kleiner, für das Kind hingegen ist es ein großer Schritt. Das ist alles. Das gilt es zu erkennen.

Hier wieder einige unterstützende Fragen zum Abschluss dieses Kapitels für die Eltern:

Was machen Sie, die Eltern, wenn Ihr Kind noch keinen Freund, keine Freundin gefunden hat?

a) Nervös werden
b) Als Mutter aktiv werden und Kontakte organisieren

c) Vertrauensvoll abwarten – und das dem Kind auch so rüberbringen
d) Das Kind bemitleiden
e) Mitleiden
f) Die eigenen Gedanken und Gefühle überprüfen

Das Grundschulkind – ein neugieriges Wesen

Kein Geschehen in der Entwicklung des Kindes wird von den Eltern mit so ambivalenten Gefühlen begleitet wie die Einschulung. Vielen Eltern ist ihre Ambivalenz allerdings gar nicht bewusst. Sie tritt jedoch in den Anamnesen fast immer zutage. Die beinahe schon klassische Aussage ist: „Ich hab mich gefreut, dass es endlich so weit ist! Doch irgendwie hatte ich auch etwas Angst." Die überwiegende Zahl der Eltern freut sich, dass ihr Kind jetzt ein Schulkind wird. Ein Vater: „Es war Zeit, dass es jetzt endlich anfängt."

Was fängt denn jetzt so Bedeutungsvolles an? Der Eintritt in die Menschenfamilie liegt bei jedem Kind in Deutschland sechs oder sieben Jahre zurück. Das Kind hat, wie wir gesehen haben, schon mächtige Entwicklungsschritte hinter sich: Spracherwerb, Laufen, Sauber- und Trockenwerden, Ja und Nein anwenden, sich behaupten und integrieren lernen, Freunde finden, erste Fertigkeiten entwickeln mit einem Instrument, beim Basteln. Einfache und doch wundervolle Kinderzeichnungen sind vielleicht entstanden, erste körperliche Verletzungen passiert und überwunden, vielleicht hat das Kindergartenkind sogar Rollerfahren gelernt, es ist um die Wette gerannt, hat das gemeinsame Spielen erlernt, hat Konflikte erfahren und erste Lösungen gefunden, Vorlieben entdeckt und Abneigungen wahrgenommenen, Ängste gehabt und Zoff ausgehalten. Das sechsjährige ist auf seiner erst kurzen Lebensreise bereits ein erfahrenes Kind geworden.

Diese sechs Lebensjahre haben bereits den Grundstein gelegt für alles Kommende. Das Kind hat vertrauen gelernt, hat sein eigenes Wesen entwickelt, hat einen einzigartigen Fußabdruck in seine wenn auch noch überschaubare kleine und doch so eigene Welt gesetzt. Kurz und gut: Da ist eine Menge passiert.

Doch jetzt naht die Einschulung und es will scheinen, dass für Eltern mitunter eine neue Zeitrechnung beginnt. Vorher war Geplänkel, jetzt beginnt der Lebensernst. Ab jetzt geht es um alles oder nichts.

Diese Sichtweise ist verständlich, ungünstig, ja unsinnig ist sie trotzdem. Sie schwemmt vor allem ganz viel unnötigen Stress in die Familien hinein, ein Stress, der dann leider nicht selten in der vierten Klasse explodiert.

Die Einschulung

Die Einschulung folgt natürlicherweise und ganz organisch auf den Kindergarten, eine Sichtweise, die leider verloren gegangen ist. Die Einschulung hat den Charakter einer folgenschweren Zäsur bekommen, an deren Etablierung nicht nur die Eltern und die Lehrkräfte, sondern die ganze Gesellschaft mitwirken. Die Einschulung ist ein Riesengeschäft geworden, nicht nur im Schreibwarenladen, sondern auch im Restaurant, in der Abteilung für Kindermode.

Die Einschulung wird auch im Kopf vieler Eltern zum emotionalen Riesengeschäft. Wenn der Start in den ersten Wochen gut läuft, ebbt das neuronale Feuerwerk in der Amygdala (Emotionszentrum im Hirn) der Eltern schnell ab. Doch wenn die Lehrer:innen der ersten Klassen noch vor Weihnachten sich bemüßigt fühlen, in den Eltern Zweifel an der Lese- oder Rechenkompetenz ihres Kindes zu nähren, beginnt das Neuronen-Feuerwerk im Elternhirn erneut.

Es wäre so hilfreich, wenn Grundschullehrer:innen sich auf ihre Hauptaufgabe in den ersten Monaten konzentrieren könnten, nämlich sich mit dem Kind vertraut zu machen, es zu ermutigen, es in seiner natürlichen Lernfreude und Neugierde zu unterstützen und die Bildung einer guten Klassengemeinschaft zu fördern, statt zu bewerten und die Kinder vorschnell in Schubladen zu sortieren.

Ich habe kaum ‚lernschwache' Kinder in Behandlung und war mehr als einmal überrascht, wenn Erstklässler:innen mir gesagt haben, dass ein Sitznachbar nicht lesen könne, eine neue Freundin ganz schlecht rechne. „Woher weißt du das, du bist doch erst seit wenigen Wochen in der Schule? Da muss kein Kind schreiben, lesen und rechnen können." „Meine Lehrerin hat es aber gesagt."

Gibt es überhaupt lernschwache Erstklässler:innen? Ja, es gibt Kinder, die aufgrund einer geistigen Behinderung einen besonderen Förderbedarf haben. In meiner psychotherapeutischen Praxis kann ich die Anzahl der lernschwachen Kinder aber an einer Hand abzählen. Hier sind es oft schwer traumatisierte Kinder (Verlust der Mutter als Baby, Heimaufenthalt von frühster Kindheit an, Kleinkind wurde Zeuge von der Ermordung der Mutter, Kleinkind wurde körperlich schwer misshandelt etc.). Gründe für ihre „Lernschwäche“ in den ersten Schulwochen sind oft Angst und übermäßige Anspannung.

Es gibt eingeschüchterte Kinder, es gibt Kinder, die vom ersten Schultag an zu Hause und in der Schule unter Druck gesetzt werden. Es gibt zu viel Beobachtung und Kontrolle aufseiten der Eltern und zu wenig ermutigende Begleitung durch die Lehrperson.

Im ersten Schuljahr – so müsste es den Junglehrer:innen endlich auch in Bayern vermittelt werden in ihrer Lehrer:innenausbildung – liegt die absolute Prämisse auf Vermittlung von Lernfreude, und eben nicht auf der Stoffvermittlung. Sogar in der Wirtschaft, nicht gerade ein blühender Garten, wenn es um die Priorisierung von Beziehungskompetenz geht, hat sich ein Führungskonzept durchgesetzt, welches auf der Erkenntnis beruht, dass nur Mitarbeiter:innen, die sich wohl- und wertgeschätzt fühlen, auch gute und motivierte Arbeit leisten.

Es gibt viele gute Grundschullehrer:innen. Doch es ist furchtbar mitanzusehen, wie einige andere unter ihnen immer noch Disziplin und Bestrafung als hauptsächliche Ordnungshilfe einsetzen. Und das vom ersten Tag an!

Erst kürzlich hatte ein Erstklässler eine Mitteilung nach Hause bekommen, weil er während des Vormittagsunterrichts zweimal aufgestanden war. Das erste Mal hatte er eine Drohne durchs Fenster beobachtet, das zweite Mal war er aufgestanden, um einem anderen Kind, das keinen passenden Stift dabeihatte und dem Weinen nahe war, einen seiner eigenen Stifte hinzulegen. Die Reaktion der Lehrerin an die Eltern war: „Wenn jeder ans Fenster rennt, nur weil er eine Drohne sieht, hab ich hier Chaos.“ Die Lehrerin hätte das Thema Drohne aufgreifen können, sie hätte sein Mitgefühl dem Mitschüler gegenüber würdigen können. Mit anderen Worten: Jede Lehrperson kann mit oder gegen die Schüler:innen unterrichten.

Wie können Sie als Eltern Ihren Schulfrischling unterstützen?

- Ruhig und vertrauensvoll bleiben.
- An die natürliche Lernfreude des Kindes glauben. Nicht seine Lernfortschritte abfragen, sondern sich für seinen Gemütszustand interessieren

(Hast dich wohlgefühlt heute? Was macht ihr denn so in der Pause, habt ihr da ein bestimmtes Spiel? Was hat denn heute Spaß gemacht? Hat dich was geärgert? Du guckst so grimmig …).

- Übernehmen Sie nicht die Rolle der Co-Lehrerin oder des Co-Lehrers. Auch wenn die Eltern manchmal den Tipp bekommen, jeden Tag mit dem Kind lesen zu üben, tun Sie es, liebe Eltern, besser nicht. Sie belasten unnötigerweise die Beziehung zu Ihrem Kind. Es passiert dann etwas Merkwürdiges: Ihr Kind beginnt, Sie mit der Lehrkraft zu verwechseln, innerlich. Eine kurze Sequenz aus dem Praxisalltag: „Meine Lehrerin hat mit mir geschimpft, mich angeschrien und gesagt, das kann doch nicht sein, dass du das immer noch nicht kapiert hast.“ So berichtete es mir der frisch eingeschulte Junge unter Tränen. Doch herausgestellt hatte sich, dass die Mutter diese Worte benutzt hatte. Es ist zudem der Job der Lehrperson, Ihrem Kind Lesen, Schreiben und Rechnen beizubringen. Sie sind kein:e Ersatzlehrer:in, sondern Mutter und Vater – und haben genügend andere Aufgaben. Wie sagt Maria Montessori in ihrem Buch „Das kreative Kind“: „Helfen Sie niemals einem Kind bei einer Aufgabe, bei der es glaubt, Erfolg haben zu können.“ (Montessori, 1991, S. 82) Wenn Sie in die Lehrer:innenrolle schlüpfen, wird eine Ebene zwischen Ihnen und Ihrem Kind etabliert, die da nicht hingehört: die Ebene der Bewertung. Bewertete Kinder beginnen sich allmählich zu verbiegen, zu den Interessen von Vater und Mutter hin – und von sich selber weg. Das mag in der Grundschule noch funktionieren. Doch spätestens in einer weiterführenden Schule ist es der direkte Weg zur schulischen Verweigerung, vor allem bei Jungen.
- Vergessen Sie zu keinem Zeitpunkt, dass Sie selber lesen, schreiben und rechnen gelernt haben (zur immer schlechter werdenden Lesekompetenz im Zeitalter der digitalisierten Spielzeuge kommen wir noch).
- Wenn Sie keine guten Erinnerungen an Ihre eigene Schulzeit hatten, übertragen Sie diese immer noch nicht oder nie richtig verdauten Erinnerungen nicht auf Ihr Kind. Ihr Kind weiß nichts von Ihren schlechten Erinnerungen, es spürt nur Ihre Angst und Verkrampfung und beginnt, schon bald ebenfalls verkrampft und verängstigt, gegen einen diffusen Schatten anzurennen, den es nicht zu fassen bekommt. Die Kindheit Ihres Sohnes, Ihrer Tochter ist keine Wiederholung Ihrer eigenen Kindheit – sondern eine neue und andere Kindheit mit einer anderen Protagonistin, einem anderen Protagonisten in einer anderen Welt.

- Wenn Ihr Kind etwas angesäuert nach Hause kommt mit den Worten „Die Louise kann richtig gut lesen“, ist das keine Aufforderung zum Handeln, sondern zum heiter Beruhigen. „Das lernst du auch, du wirst sehen.“
- Die beste Begleitung bei einem neu eingeschulten Kind ist übrigens das bewusste Herunterfahren des Angstpegels, sowohl von Eltern wie Kind, und das vermögen nur die Eltern!
- Der Schulanfang ist zu sehr emotionalisiert: zu viel Hamlet-Atmosphäre, zu wenig Gelassenheit.

Den Grundschullehrer:innen möchte ich zurufen:

„Seien Sie sich bewusst, dass Sie den Grundstein dafür legen, ob die Ihnen anvertrauten Schülerinnen und Schüler die Schule als Ort des lustvollen Lernens entdecken oder als Ort von Rivalität, Demütigung und Abstrafung einordnen. Ort der Ängste oder Lernort? Die Pädagog:innen sind wirkmächtig.“

Wie wäre es mit einem stillen Lehrer:innen-Eid?

„Ich schwöre mir selber, dass ich die mir anvertrauten Kinder nicht schädigen darf, sondern meinen erheblichen Einfluss darauf verwenden will, sie in ihrer spontanen Lernfreude zu motivieren.“

Schülerinnen und Schüler der ersten Klasse können nicht den Schalter umlegen. Das Kindergartenkind sitzt in den ersten Monaten unsichtbar neben dem eingeschulten Kind dabei, jeden Tag, jede Minute.

Disziplinierung ist kein pädagogisches Mittel der Wahl. Sie tötet die Neugierde. Das Zauberwort im ersten Schuljahr sollte für jede Lehrerin und jeden Lehrer ein geduldiges Beziehungsangebot sein. Der Zauberspruch dazu: Ich trau dir etwas zu. Wer bist du … ich möchte dich kennenlernen. Lehrpersonen, die über diese Zauberworte verfügen, schaffen Ordnung im Klassenzimmer, fast automatisch.

Lassen Sie sich nicht knechten von den Lehrplänen, liebe Pädagog:innen. Die sind abstrakt und kinderfern im Schulministerium entwickelt worden. Die Alltagsrealität im Klassenzimmer der Schulneulinge ist eine andere. Gestalten Sie selbstständig und mit mehr Fantasie Ihren pädagogischen Freiraum. Er ist, wie ich in der Supervision für Pädagog:innen seit Langem erkennen kann, durchaus vorhanden, leider wird er nur viel zu wenig genutzt. Viele Grundschullehrer:innen sind beeindruckter vom veralteten

Lehrplan als von den neuen Kindern, die sich ihnen gerade anvertrauen wollen.

Bestehen Sie in der Lehrer:innenausbildung nicht auf dem Primat der Stoffvermittlung, sondern auf mehr psychologischem Hintergrundwissen zu Gruppenprozessen mit Kindern. Was in der Wirtschaft inzwischen selbstverständlich ist, nämlich die Dynamik von Gruppenprozessen zu erkennen, zu üben und gekonnt umzusetzen, sollte auch Pädagog:innen zugutekommen. Sie haben es ein Berufsleben lang mit einer Gruppe, der Klassengemeinschaft, zu tun. Das gehört staatlich anerkannt und in der Lehrer:innenausbildung viel klarer berücksichtigt, trainiert und entsprechend finanziert.

Es ist wunderbar, wenn ein:e Lehrer:in ein:e Berufene:r ist. Doch in einer die Kinder so prägenden und für sie so zukunftsentscheidenden Welt wie der Grundschule darf die Gesellschaft nicht ein bequemes und kosteneinsparendes (!) Klischee einer Bildungseinrichtung bedienen, die fern jeden Zeitgeistes doch schon immer funktioniert hat, sondern muss der angehenden Pädagogin oder dem angehenden Pädagogen eine moderne Ausbildung zukommen lassen. Alles andere lässt sie:ihn nach einigen Jahren schon ausbrennen. Und das kann weder in ihrem:seinem noch im Sinne der ihr:ihm anvertrauten Kinder sein.

Entwickeln Sie mehr Selbstbewusstsein für die große Bedeutung Ihrer tagtäglichen Arbeit mit und am Kind. Fordern Sie eine zeitgemäße Ausbildung ein. Werden Sie politischer – mit dem großen Vorteil, dass dieser so wertvolle, ja einfach unverzichtbare Berufsstand wieder die ihm verdiente soziale Wertschätzung erfährt, die früher noch gegolten hat.

Der gegenwärtige Lehrer:innenmangel ist politisch gemacht. Kinder gut mit Lehrerinnen und Lehrern versorgen?! Wir haben andere Baustellen im Staat. Die wirtschaftliche Vernachlässigung von Schulen zeigt ihre bitteren Folgen bereits heute durch sinkende Schulleistungen der Kinder und Jugendlichen, doch darauf komme ich später bei den Jugendlichen zurück.

Krankheitsbilder von Grundschulkindern

Krank kann jedes Kind werden. Doch es gibt ein paar Kinderkrankheiten, die bei Grundschüler:innen überdurchschnittlich häufig vorkommen. Die Eltern wissen ein Lied davon zu singen: ständige Infekte, Bauchschmerzen, Kopfschmerzen, Allergien, Neurodermitis, Ticks, alles auf der (psycho-)somatischen Ebene. Auf der psychischen Ebene finden sich: die sogenannte Aufmerksamkeitsdefizit-Hyperaktivitätsstörung (ADHS), Legasthenie, Dyskalkulie, Aggression, Depression (häufig unerkannt bei Grundschüler:innen).

Der Kindertherapeut und Psychoanalytiker Hans Hopf hat eine kleine Gesundheitsfibel für Kinder geschrieben: „Wenn Kinder krank werden – eine kleine Psychosomatik von Husten, Schnupfen, Heiserkeit" (Hopf, 2014). Das für uns hier Wichtigste (und das gilt übrigens nicht nur für Kinder): „Kranke Kinder sind wieder ganz kleine Kinder" (ebenda, S. 11), so der Titel des ersten Kapitels in Hopfs eben wieder neu aufgelegtem Buch. Wenn wir erkranken, passiert, was wir Therapeut:innen eine Regression nennen: Sowohl Erwachsene als auch Kinder gehen in ihrem Erleben und Verhalten vorübergehend auf eine frühere Entwicklungsstufe zurück. Das kranke Kind ‚verjüngt' sich sozusagen. „Es ist ein Rückfall in bereits überwundene Verhaltensweisen." (ebenda, S. 13) Alte Symptome (Einnässen, Daumenlutschen, Mutterbevorzugung etc.) kehren für die Dauer der Krankheit wieder zurück. Neue Entwicklungsschritte werden ausgesetzt, sind wie nie erworben.

Oft wird also an den Körper weitergereicht, was psychisch gerade keinen Kommunikationsort gefunden hat.

Eine Achtjährige hatte großen Streit mit ihrer besten Klassenfreundin, das heißt, eigentlich war es ihre einzige Freundin. Die Eltern registrierten erstaunt, dass sie jede zweite Woche mit hohem Fieber reagierte und also die Schule tagelang nicht besuchen konnte. Dass ihre Freundin, ein ziemlich herrisches Mädchen, so mein Eindruck aus den Schilderungen meiner Patientin, ihr die Gunst entzogen und sich eine neue Favoritin gesucht hatte, erfuhren die Eltern erst mit zweimonatiger Verspätung. Zu Hause hatte sie ihr Leid nicht berichtet, weil sie an ihr eigenes Versagen geglaubt und sich dafür geschämt hatte. Es kommt so oft vor in diesem Alter! Die Kinder schweigen nicht zu Hause, weil sie kein Vertrauen in die Eltern haben, sondern weil sie sich die Schuld geben am Geschehenen.

Spielen II (Grundschulkind)

Womit spielt das Grundschulkind? Leider steht schon bei Grundschulkindern, ja: sogar bei Kindergartenkindern, das Handy oft im Zentrum des Spielens.

Für die vieldiskutierte Frage, ab wann der Handygebrauch für Kinder sinnvoll sein könnte, gibt es eine goldene, für die Eltern einfach zu beherzigende Regel: Nicht in der Grundschule, zumindest nicht in den ersten drei oder vier Schuljahren. Eltern, die sich an diese Regel halten, tun ihrem Kind etwas Gutes, auch wenn sich dieses Gute oft erst Jahre später zeigt. Sie erhalten ihm seinen schöpferischen Innenraum.

Es gibt so viel mehr Argumente gegen als für einen solch frühen Handygebrauch. Das wichtigste Argument: Die Kinder verlieren ihr Spielpotenzial und damit ihre Fantasie.

Winnicott, hier bereits mehrfach zitiert und unverändert einer der besten Kinderflüsterer in seinem nach wie vor stark gelesenen Werk, sieht im Spiel den Vorhof zur Kreativität. Im Spiel wird die Wirklichkeit geprobt. Im Kindergarten entwickeln sich die ersten Vater-Mutter-Kind-Rollenspiele. Darin schlüpft das Kind in die Rolle des Vaters, der Mutter oder sich selbst. Diese Aktivität ist mehr als ‚herzig', sie ist die erste imaginäre Ablösung von der physischen Realität und Anwesenheit der Eltern. Winnicott spricht vom Übergangsraum.

Folgende Beobachtung einer Kindergärtnerin hat mich kürzlich erneut alarmiert: Sie berichtete von zwei Vierjährigen, die sofort von der Mutter beim Abholen das Handy in die Hand gedrückt bekommen, wenn sie weinen oder noch nicht nach Hause wollen. „Die Kinder sind sofort still und drücken auf dem Handy rum. Sie vergessen ihr Weinen, ihren Ärger." Eine Mutter habe ihrem Sohn wiederholt gesagt: „Wenn du jetzt Ruhe gibst, bekommst du im Auto mein Handy!"

Wenn dieses ‚Ablenkungsangebot Handy' ab und zu auf den Tisch kommt, richtet es keinen Schaden an. Doch wenn daraus eine Erziehungshaltung erwächst, wird das Kind in eine Richtung geschickt, die wir nicht gutheißen können: weg vom Du, raus aus der Beziehung, raus aus der eigenen Fantasie. Man schimpft diese Kinder später dann vielleicht asozial, abgestumpft, verroht, gleichgültig. Doch etwas daran ist unfair. Die mangelnde Verantwortung der Eltern wird bei dieser ungünstigen Erziehungshaltung völlig übersehen.

Elektronisches Spielzeug gehört nicht als einzig relevantes Spielzeug ins Kinderzimmer von Grundschüler:innen.

Wenn die Eltern entdecken, dass ihr Kind nichts anderes mehr in seinem Zimmer macht als herumzudaddeln, braucht es von elterlicher Seite her eine neue Initiative. Und die heißt: Beziehung. Ein Handykind ist zwar ein abgelenktes Kind, doch eben auch ein ziemlich einsames und sich selbst überlassenes. 36 Prozent der Sechs- bis Neunjährigen sind bereits im Besitz eines Tablets (Kinder- und Jugendstudie von Bitkom, 2022). Der Übergang vom ständigen Benutzen des elektronischen Spielzeugs zum sozialen Rückzug ist fließend und geht erstaunlich schnell. Eine Grundschullehrerin: „Manchmal sitzen Kinder im Klassenzimmer, die auf andere Kinder gar nicht mehr zu reagieren scheinen. Sie wissen mit den anderen Kindern nichts anzufangen. Da ist keine aktive Kontaktnahme zu sehen. Das ist erschreckend."

Die elektronischen Spielzeuge haben einen unübersehbaren Vorteil, was sie für Kinder und später noch viel mehr für Jugendliche so hinreißend attraktiv macht: Sie frustrieren nicht! Es sei denn, sie hätten gerade ihre Funktionstüchtigkeit eingebüßt. Sie bieten ständig an, pausenlos kommen neue Bilder und neue Reize. Doch die kommen alle von außen, und zwar nicht von Menschen, sondern von Programmen. Eine Reduktion, die im Grundschulalter heißt „Ich und mein Netzprogramm" und nicht „Ich und Du" mit allen spannenden und lehrreichen Unwägbarkeiten, macht Kinder im menschlichen Alltag ziemlich verloren und hilflos.

Ein Bild, das sich in der Praxis einer jeden Kindertherapeutin oder eines jeden Kindertherapeuten zunehmend häufiger zeigt, sollte Eltern alarmieren: Da stehen Kinder im Raum und können mit den Spielsachen, die da sind, nichts anfangen. Die Spielsachen haben keinen Aufforderungscharakter mehr. Die Kinder setzen sich brav hin und warten. Sie warten, dass ich mit ihnen was mache.

Ein neunjähriger Junge sagte nach der ersten Einzelstunde zur Mutter, er möchte schon wieder hingehen zur Therapie, „doch da gibt es ja nichts zu spielen". Er kam, weil die Eltern ihn als spielsüchtig beschreiben. „Wir sind nur noch am Streiten. Es geht nur noch ums Gamen, wie lange er an der Spielkonsole ist, wie lange er welches Videospiel machen darf, es beschäftigt ihn nichts anderes mehr. Jetzt erpresst er uns schon, droht, die Hausaufgaben nicht zu machen, wenn wir dieses oder jenes Videospiel ihm nicht kaufen. Wir sind fertig, einfach fertig mit den Nerven."

Ich bin bis vor drei, vier Jahren zu Therapiebeginn nicht aktiv auf die Kinder zugegangen, sondern habe sie eintreten und sich der Spielmaterialien bedienen lassen (Figuren, Schwerter, Ton, Malen, Familienspiele, Klamotten und Masken für Rollenspiele, Pistole, Boxhandschuhe, Sandkasten, Fußballkicker etc.). Das ist vorbei. Sie sitzen also ganz brav da und warten auf eine Anordnung, auf ein Gespräch, warten darauf, dass ich die Initiative ergreife. „Was soll ich denn machen?" „Hier gibt es nichts, was du machen solltest, sondern du machst einfach, was dir gerade einfällt. Hier gibt es nichts, was man falsch machen kann. Du kannst hier alles nutzen, auch mich." „Kann ich nicht nur mit dir was machen?" „Doch, auf jeden Fall. Was möchtest du denn mit mir machen?" „Weiß ich nicht … (lange Pause) … du könntest mich was fragen …" „Okay, ich stell dir Fragen. Ich frag nach dir, okay …" Der achtjährige Junge geht nach dieser ersten Stunde raus und ich höre noch seine Mutter im Gang fragen: „Und, wie war es?" „Cool, sie wollte ganz viel von mir wissen." Dieses normale Interesse scheint nicht mehr normal zu sein für einige Kinder. Die Zeiten, in denen ein Kind mich in den ersten Stunden erschießt und mit Begeisterung wahrnimmt, dass ich wieder aufstehe oder ein anderes mich an den Stuhl fesselt („jetzt kannst du die ganze Stunde nicht weg") oder sich eine Hütte baut und das Innere der Hütte mit viel Fantasie und Kissen auszustatten beginnt oder die immer gleiche, qualvoll andauernde Einschlafszene **spielt**, die Praxis durcheinander und in Unordnung bringt, weil es nicht anders kann, sind vorbei. Man könnte mit einem schnellen und oberflächlichen Blick als Therapeutin sagen: Es wird langweilig.

Was ist hier auf der Stecke geblieben? Das Spielen als wichtigste Ausdrucksebene eines Kindes: Das Hoffen, dass einer antwortet. Das Erwarten, dass einer mit einsteigt ins Spiel, sich einfühlen kann und dass im gemeinsamen Spiel oder allein in Gegenwart der emotional mitfühlenden Therapeutin das dargestellte Problem zur Lösung kommt.

Sie sitzen da, sie warten, sie hoffen, dass ich sie bewege. So, wie der Bildschirm sie halt bewegt in ihrem Kinderzimmer.

Sie sind doch erst sieben, acht oder neun Jahre alt.

„Ich kann auf ein bewegtes Leben zurückblicken, sagte die Marionette." (Werner Mitsch, Aphoristiker, 1936–2009)

Die gravierendste Hauptsache, die allerdings auf der Strecke geblieben ist, ist die Entdeckung der eigenen Fantasie. Mit ihr verbunden ist ein Gefühl von Selbstwirksamkeit. Die Wahrnehmung „Ich kann mit mir etwas anfangen, ich bin nicht leer und blöd, sondern hab Ideen und Einfälle" stärkt das Kind. Ich kann aus mir heraus im Spiel eine neue und bessere Wirklichkeit erschaffen, ich bin nicht ausgeliefert. Ich bin nicht abhängig davon, ob die Eltern gerade Zeit und Lust haben, mit mir etwas zu machen. Ich kann selbst etwas machen.

Es ist vor allem diese Entdeckung ‚Ich kann selbst etwas machen', die auf das Selbstbewusstsein des Grundschulkindes einen gewaltigen Einfluss nimmt. Kinder, die sich mit sich selber beschäftigen können, nehmen in die Pubertätsjahre einen immensen Vorrat an Stabilität und psychischem Gleichgewicht mit.

Das Wichtigste: Jedes, absolut jedes Kind kann mit sich selber etwas anfangen, wenn die Eltern es spielen lassen. Von Anfang an. Dem Kind ein Handy in die Hand zu drücken, ist unverantwortlich, weil es die Innenräume des Kindes schon früh zu schließen beginnt. Beim Handy geht die Blickrichtung des Kindes nach außen. Die Anregung holt es nicht aus seiner eigenen, allen Kindern gegebenen unendlich schöpferischen Kraft, sondern ausschließlich von außen, aus einem Gerät.

Fantasiereichen kindlichen Innenräumen begegnet die Therapeutin, der Therapeut dann oft nur noch in den Albträumen der Kinder. Dort sind noch Restspuren der gewaltigen kindlichen Fantasiewelt zu finden, in den Monstern, die sie verfolgen etwa. „Ein Riesenkerl war das, dreimal so groß wie ich, er hatte keinen Mund, nur glühende Augen, aus denen Blitze geschossen kamen, immer, wenn ich geglaubt habe, jetzt hab ich ihn weg, war er wieder da." Die meiste Zeit saß der siebenjährige Träumer zu Therapiebeginn ansonsten im Spielzimmer und wartete darauf, dass ich ihn belebe. „Mir fällt nichts ein, hast du eine Idee?" „Was machst du denn zu Hause, wenn dir langweilig ist?" „Dann ruf ich die Mama oder daddle rum … (überlegt) oder mache die Hausaufgaben. Da ist die Mama dann meistens bei mir, weil sie will, dass ich es gleich beim ersten Mal richtig mache. Die Mama und Julia (größere Schwester, vier Jahre älter) können dann auch nicht streiten." „Warum streiten die denn?" „Julia will die Hausaufgaben nicht machen, sie hat sie früher ja mit der Mama gemacht, doch jetzt muss sich die Mama um mich kümmern. Das findet Julia ungerecht."

Ich fand in dieser Stunde etwas anderes ungerecht, nämlich dass da wieder eine Mutter ihre Kinder nicht in die Selbstständigkeit kommen lässt, die Erledigung der Hausaufgaben mit übernimmt, statt den Kindern zuzutrauen, dass sie es selber können und mit ihren Hausaufgaben mitwachsen. So findet kein selbstbewusstes Heranwachsen statt, sondern ein Überwachsen der Kinderseele mit Mutterängsten (‚Mein Kind schafft die Schule nicht ohne mich'‘).

Weil auch viele Eltern sich inzwischen ständig mit Reizen versorgen müssen, um der eigenen innere Leere zu entgehen, halten sie sich langweilende Kinder kaum noch aus. Gelangweilte Kinder nerven. Gelangweilte Kinder sind nicht sehr anziehend. Gelangweilte Kinder machen den Eltern Schuldgefühle. Also ist Aushalten gefragt. Ruhig bleiben und da und dort eine unterstützende Handlung aufbringen: etwa dem Kind Stifte, ein Buch oder ein (je nach Alter) Tagebuch hinlegen. „Wenn du dich langweilst … kannst du lesen, malen oder deine Wut auf mich, weil ich dich nicht gamen lasse, so oft du willst, aufschreiben (eine Papa-Wut-Geschichte sozusagen!), etwas schnitzen … oder du langweilst dich weiter, deine Entscheidung, liebe Tochter, lieber Sohn." Die ruhige und gelassene Haltung dieses Vaters, den es vorher so unglaublich genervt hatte, dass seine Kinder zwischen sieben und 13 ständig mit Langeweile-Sätzen rumgelaufen sind, hat viel bewirkt. Der 13-jährige Sohn hat mit Backen angefangen und durfte einmal in der Woche, mittwochs, für die Familie einen Kuchen backen („Am Mittwoch ist er immer super drauf!"), die jüngste Tochter hat mit Hilfe des Vaters ein Schachbrett gebaut, die mittlere eine Horrorgeschichte geschrieben. Ich zitiere Herrn S.: „Ich feiere den Tag bis jetzt, an welchem mir die Kinder mit ihrem Langeweile-Song nicht mehr bemitleidenswert vorgekommen sind, ich nicht mehr herumgehetzt bin (‚Ich muss was tun, ich muss was tun, die Armen‘), sondern ihnen Selbstvertrauen zurückgegeben habe. Der ganze digitale Mist hat uns nicht mehr in der Klaue, findet schon noch statt, doch mit klaren Begrenzungen, die inzwischen die zwei Älteren selber übernehmen." Die Familie isst jede Woche einen Kuchen, „das haben wir am Anfang ordentlich zelebriert" (so Frau S.), der Vater spielt mit jedem Kind, das will, eine Partie Schach einmal in der Woche. Die Tochter darf jede ihrer Geschichten der Familie vorlesen. Und sogar in ihrem Klassenzimmer gab es dafür Platz – was übrigens in der Klasse Nachfolger:innen gefunden hat, dank einer Klassenlehrerin, die den zeitlichen Rahmen dafür gerne zur Verfügung gestellt hat. Die Klassenlehrerin Frau B.: „Nach Ihrem Vortrag an der Schule habe ich mir überlegt, was ich verändern könnte, wie ich die Schülerinnen und Schüler mehr beteiligen könnte am Unterrichtsgeschehen: Es boomt gerade in der Klasse, eine richtige Explosion an Kreativität. Jeden Mittwoch stelle ich in Sachkunde, Deutsch oder Mathe eine Stunde den Schülerinnen und Schülern zur Verfügung. Die Stunde heißt „Was ich so mache, wenn ich mit den Hausaufgaben fertig bin". Sie glauben gar nicht, was den Kindern alles einfällt. Die haben einander richtig angesteckt. Der eine hat angefangen, Mäuse zu züchten, eine hat mit der Klasse einen Tanz eingeübt, so eine Art Hip-Hop, eine ist mit uns in die Sporthalle gegangen und hat uns eine Einführung in „Yoga für Kinder" gegeben, einer, ein ganz schüchterner, kam auf mich zu, alle anderen Kinder waren schon weg, und hat leise und verlegen gesagt: „Ich möchte auch was zeigen, aber ich weiß nicht was. Ich kann nichts Besonderes." Ich hab ihm dann gesagt, dass ich das nicht glaube. „Du kannst doch so gut rechnen." Jetzt darf er seit einem Vierteljahr einmal in der Woche in den letzten zehn Minuten einer Mathestunde ein selbsterfundenes Rechenquiz mit der Klasse machen. Unglaublich, wie selbstbewusst er geworden ist. Der ist jetzt ein ganz anderer in der Klasse. Er hatte vorher null Anschluss. Jetzt ist er dabei."

Ein Filmtipp: „Bruno bei den Wölfen" (Regie: Mirjam de Wirth, Niederlande, 2019). Ich habe ihn sicherlich schon fünf oder sechs Male angeschaut. Ein computersüchtiger Neunjähriger sorgt so sehr für Konflikte zu Hause, dass die Eltern, sehr sympathische und kompetente Eltern, sich nicht mehr anders zu helfen wissen, als einen Urlaub in den Wäldern von Schweden zu planen, fernab von jedem digitalen Netzleben. Bruno sorgt bereits auf der Fahrt für so viel Streit, dass der Vater sich nicht mehr anders zu helfen weiß, als ihn mitten in den schwedischen Wäldern auszusetzen. Allerdings warten die Eltern hinter der nächsten Wegkrümmung. Die kleine Schwester hat total verschreckte Augen, hat sie doch in der Pinkelpause ihres Bruders ihm die SIM-Karte aus dem Handy geholt und in der Beuteltasche ihres Kuscheltiers verstaut. Die Eltern drehen sofort um. Kein Bruno mehr da. Noch beobachtet er seine Eltern beim Suchen, hört sie rufen, beide noch mit starker, entschlossener Stimme. Doch seine Augen blitzen vor Vergnügen. Er geht tiefer in den Wald hinein. Ein riesiger Elch steht plötzlich vor ihm. Für ein paar Sekunden lang wird Bruno ganz klein. Doch er rappelt sich schnell auf. Dann kommt es zur ersten Begegnung mit einem Wolf. Mehr will ich hier nicht vorwegnehmen. Nur eins noch: Mitten im heftigen Streit, in welchen die Eltern in ihrer Verzweiflung miteinander geraten – die Zeitungen berichten bereits über den verloren gegangenen Bruno, die Suchstaffel hat nichts gebracht, Helikopter ebenso wenig –, sagt die Mutter plötzlich ganz leise und erschüttert: „Er kann doch nichts! Wie soll er da draußen überleben?" Sie hat ihn ja immer nur am Computer gesehen. Er kann viel, gerade auch wegen seiner Videospiele, in denen die Helden ja nie aufgeben, nie unterliegen. Sie gewinnen immer, deswegen war Bruno videosüchtig. Jetzt hat dieser neunjährige Junge auch in der analogen Welt gewonnen.

Hobbys – nicht digital

Eine genügend gute Kindheit zeichnet sich durch mehr als den Schüler:innenstatus aus.

Manchmal möchte ich verzweifeln, wenn ich wieder ein Elternpaar vor mir sitzen habe, das im eigenen Kind nur das Schulkind sieht. Das Schulkind – und sonst nichts. Hier passiert dieselbe fatale Reduktion, wie sie auch bei Erwachsenen ins Unglück führt. Erwachsene, die sich ausschließlich über den Beruf definieren, für ihn alles tun, landen sehr oft im Burnout. Wir haben täglich Beispiele von berühmten und nicht berühmten Menschen vor Augen, die alles für den Beruf gegeben haben – und dabei abgestürzt sind, manchmal für immer. In den Zeitungen steht dann lapidar: Herzinfarkt. Hirnschlag. Oder auch Suizid.

Kinder sind keine Erwachsenen. Erwachsene haben ihre Daseinsform einigermaßen frei gewählt. Kinder können das nicht. Sie machen und setzen um, was ihnen vorgegeben wird. Und wenn es im Elternmund heißt: Schule ist das Wichtigste, dann glauben Kinder es so, bis sie in der Pubertät vom Elternglauben abfallen. Wo vorher noch Glaube an die Eltern war, kommt jetzt Misstrauen. „Immer geht es um die Schule, ihr könnt mich mal!" Doch da sie ja jahrelang außer Schule nichts gemacht haben, steht ihnen jetzt kein Ausgleich zur Verfügung. Ihnen fällt schlicht nicht viel ein, wodurch sie ihren Daseinshorizont erweitern könnten. Dann geht man halt saufen oder kiffen. Oder, der häufigste Weg natürlich, ins Internet.

Befreien Sie, liebe Eltern, Ihre Kinder von der Schmalspurkindheit. Die ersten so kostbaren 20 Jahre des Lebens ausschließlich mit Schulstoff zu verbringen, ist genau das: eine schmale und schale Lebensspur. Die Hoffnung, dass diese so schmal und einseitig sich vorwärtsbewegenden Kinder dann plötzlich ihren inneren, nie gepflegten und ausprobierten Reichtum nach dem Abitur oder Fachabitur finden, ist Illusion.

Hobbys gehören zur Kindheit wie die Luft zum Atmen.

Wenn Eltern unverkrampft und neugierig ihr Kind beobachten, werden sie Neigungen feststellen. Ein Kind malt gerne, ein Kind spürt sich besonders gut bei körperlicher Betätigung. Ein Kind ist eine Wasserratte, ein anderes explodiert vor Energie auf dem Fußballfeld. Ein Kind ‚stört' Mutter oder Vater ständig beim Kochen. Ein Kind boxt gerne. Ein Kind hilft gerne. Ein Kind kann gut mit Tieren. Ein Kind singt besonders viel. Ein Kind redet ununterbrochen. Ein Kind schweigt und beobachtet lieber. Ein Kind blüht auf beim Theaterspielen.

Jetzt, wo ich gerade verschiedene Therapiekinder vor meinem Auge vorüberziehen lasse, frage ich mich: Stimmt das denn noch für die Mehrzahl der Kinder? Findet nicht gerade eine erschreckende Einebnung der kindlichen Talente und Neigungen statt? 2022 haben 36 % der Acht- bis Neunjährigen ein eigenes Handy, bei den Zehn- bis Elfjährigen sind es schon 58 %, 32 % haben ein eigenes Tablet, 13 % der Grundschüler:innen einen Computer, 10 % eine feste Spielkonsole, 27 % eine tragbare (Bitkom, 2022). Alle sind im neuen digitalen Universum unterwegs. Alle schauen auf das Display, also nach außen.

Es stimmt, dass Kinder unterschiedlich sind. Doch jetzt kommt ein ganz entscheidender Punkt: Es gibt Eltern, welch die Einebnung kindlicher Talente und Unterschiede wahrnehmen und zu regulieren beginnen und andere Eltern, welche die fortschreitende Orientierung ihres Kindes an digitalen Medien einfach laufen lassen, oder sogar selber mitlaufen.

Ich mag das Wort nicht, und doch: Es ist die Pflicht der Eltern, ihren Kindern beim Auffinden eines Hobbys, das ganz ihres ist, zu helfen. Wer in der Pubertät ein Hobby mit Leidenschaft betreibt, ist auf der sicheren Seite. Die Pubertätswirren lassen die:den Jugendliche:n dann später nicht aus, keineswegs, doch sie oder er hat in seinem Hobby einen inneren Wohlfühlort entwickelt, der sie oder ihn trägt, Identität und Sicherheit vermittelt. Manchmal ist es sogar ein Rückzugsort, weg vom bloßen schulischen Funktionieren.

Wenn es nicht die Schule ist, sind es oft die Hobbys, welche die Kinder und Jugendlichen in einer realen Erfahrung von persönlicher Kraft, Selbstwirksamkeit und Freude halten.

Die Einschätzung von Eltern „Meine Tochter, mein Sohn hat jetzt im Gymnasium keine Zeit mehr für ihr:sein Hobby“ ist eine folgenreiche Fehleinschätzung.

Das „Grundschulabitur“

Meine Praxis liegt im Bundesland Bayern. Für Nicht-Bayern: Mit dem „Grundschulabitur“ ist die sehr leistungsorientierte und durch viele Bewertungen belastete Zeit vor dem Wechsel an eine weiterführende Schule gemeint.

Wenn der Frühling naht, spätestens im Februar um das Zwischenzeugnis herum, steht mein Telefon kaum mehr still. Besorgte Eltern mit lernunwilligen oder lernmüden Viertklässler:innen sind am Apparat. „Mein Sohn ist noch so verspielt, er merkt nicht, worum es jetzt geht! Er tut nichts für den Übertritt … und die Mittelschule kommt für uns überhaupt nicht infrage. Da tut er ja dann gar nichts mehr, stürzt ab“, lauten die Klagen.

Rollen wir diese Aussage einmal vom Ende her auf. Wie muss sich ein zehnjähriges Kind fühlen, das den ganzen „Grundschulabitur“-Stress nicht mitmachen will, wenn es weiß, dass die Eltern es gerade – zumindest im gedanklichen Szenario – aufgegeben haben? Es muss sich scheußlich fühlen, ist total verunsichert – und den Eltern zu Recht böse. Das „Grundschulabitur“ ist leider zu oft ein Auslöser für eine erste nachhaltige Vergiftung der Eltern-Kind-Beziehung.

Eine reife Haltung der Eltern wäre, die selbstbewusste Perspektive eines lebenserfahrenen Erwachsenen ihrem Kind gegenüber einzunehmen, vor allem und gerade in der vierten Klasse. Denn noch glauben die Kinder ihren Eltern.

Wenn die Kinder panische Eltern wahrnehmen, werden sie auch panisch. Wenn es zehnjährige Mädels sind, werden sie ihre schulischen Anstrengungen mit größerer Wahrscheinlichkeit verdoppeln. Wenn es zehnjährige Jungs sind, steigen sie oft aus. Das überangepasste und eingeschüchterte Mädchen und der renitente, wütende Junge, beide leiden und reagieren verwirrt auf die einst und, ja, immer noch so mächtig wahrgenommenen und starken Eltern („Mein Papa weiß alles" / „Meine Mama kann alles").

Die 17-jährige Moni hat es für viele Kinder auf den Punkt gebracht: „Meine Mama hat damals, wie es um den Übertritt ins Gymnasium ging, so nervös reagiert, so viel Stress gemacht, ich hab sie nicht wiedererkannt. Das hab ich aber nicht gemerkt, dass die Mama da selber einen Stress hatte, ich hatte geglaubt, sie will mir nur helfen. Und ich hab gemeint, unsere Welt geht unter, wenn ich den Übertritt an das Gymnasium oder die Realschule nicht schaffe. Es war Horror, ohne dass ich das Wort vor sieben Jahren gekannt hätte. Jahrelang hab ich mir die Schuld gegeben. Meine Depressionen. Wir haben uns da verloren, ist bis heute nicht mehr gut geworden. Ich vertraue ihr schon lange die Noten nicht mehr an, auch wenn ich jetzt eine gute Schülerin geworden bin. Jetzt kann ich es sagen: Sie hat mir überhaupt nicht geholfen mit ihrem Verhalten damals. Ich habe zwei Jahre hier bei Ihnen gebraucht, um wieder an mich zu glauben."

Das Wort ‚Mittelschule' löst in vielen Elternköpfen Untergangsszenarien aus. (Für Nicht-Bayern: In Bayern heißen die Hauptschulen seit 2012 Mittelschulen, wenn sie Ganztagesbetreuung und die Möglichkeit eines M-Zuges mit Realschulabschluss anbieten.) Ich könnte vielfach Gegenbeweise aus meinem Praxisalltag bringen, welche die Unsinnigkeit dieser Untergangsszenarien belegen.

Meistens ist das Wort ‚Mittelschule' ein Trigger für mangelndes Selbstvertrauen bei den Eltern, nicht den Kindern! Ein betroffener Vater, erfolgreicher Kaufmann, erklärte mir seine ihm völlig unbewusste negative Reaktion auf das Lernverhalten seines Sohnes in der vierten Klasse: „Ich versteh es jetzt erstmals: Ich habe mich bedroht gefühlt durch sein schlechtes Zwischenzeugnis. Diese schwierigen Schuljahre, die ich hatte, ich wollte das nicht für meinen Sohn! Ich hab ihn fast verfolgt mit Lernen. Ich schäme mich dafür. Hab mich jetzt nach Jahren bei ihm entschuldigt. Er hatte vor der vierten Klasse noch Schneid, ein cooler Junge, die Beziehung war gut, bis ich eben fast durchgedreht bin. Danach lief jahrelang alles schief. Er hat nicht mehr mitgemacht. Sie sagen zu Recht, dass wir Eltern die eigene Kindheit nicht vergessen sollten, weil sie sonst beim Nachwuchs durchbricht. Und keiner ist vorbereitet. Die ganze gute Beziehung, die wir vorher hatten, wurde damals ziemlich weggespült."

Wenn Eltern befürchten, ihr Kind werde „gesellschaftlich abgehängt", wenn es auf die ‚Mittelschule' (in anderen Bundesländern mit der Hauptschule zu vergleichen) geht, verlieren sie gerade ein bisschen ihr Kind. Er muss nicht für immer sein, dieser Verlust, doch er kann vorübergehend die heraufdämmernden Jahre der Pubertät empfindlich belasten.

Eine Haltung wie „Jetzt probier es mal auf der Mittelschule, da gibt es sicherlich gute Lehrer:innen und auch nette Mitschüler:innen, und wenn du wieder mehr Spaß an der Schule hast, selber etwas mehr zu tun bereit bist, kannst du vielleicht schon nächstes Jahr auf die Realschule gehen (was ich oft erlebe) – keine Angst, egal, was deine Freundinnen und Freunde sagen, wir glauben doch unverändert an dich" ist so viel unterstützender als panische Elternaugen oder schlaflose Elternnächte. Allerdings wirken diese Sätze nur, wenn die Eltern sie nicht wie eine auswendig gelernte Textrolle von sich geben, sondern den Wahrheitsgehalt darin emotional mitvollziehen können. Kinder spüren ungleich besser als die Eltern, wie authentisch Elternworte sind. Wenn Eltern sagen, sie hätten es doch genauso gesagt, wie die Therapeutin es vorgeschlagen habe, doch sei die Wirkung ausgeblieben, frage ich oft: „Glauben Sie denn an den Satz tief in Ihrem Innern?" „Na ja, nicht so ganz." „Dann verpuffen Ihre Worte, also arbeiten wir daran einfach weiter."

Übertritt an eine weiterführende Schule

Jede Schule, die nach der vierten Klasse kommt, ist weiterführend.

Die von Elternseite her unverändert favorisierte schulische Weiterbildung ist das Gymnasium.

In der Schweiz gehen nicht halb so viele Schüler:innen ins Gymnasium wie in Deutschland. In der Schweiz sind etwa 22,6 % der Kinder am Gymnasium, in Deutschland sind es 2022 49 %. Davon machen in der Schweiz etwa 20 % das Abitur (dort Matura genannt), in Deutschland sind es etwa 34 %. In Deutschland bricht jeder Dritte das anschließende Studium ab, in der Schweiz jeder Vierte. Das Land mit der höchsten Anzahl an Studienabbrecher:innen sind mit 54 % übrigens die USA. Am seltensten wird in Japan, dann in Dänemark, Australien, Frankreich Belgien, Island und an siebter Stelle in der Schweiz abgebrochen (Wikipedia). Was mich in Frankreich, wo ich oft bin, immer wieder von Neuem begeistert: In jedem Supermarkt stehen lange Regale mit Büchern. Viele Kinderbücher, daneben Bestseller, doch auch literarisch sehr anspruchsvolle Bücher finden sich da. Ein Filialleiter, den ich darauf angesprochen hatte, erklärte mir: „Bücher gehören in den Supermarkt, sie sind für uns so wichtig wie die Nahrung. Wir lesen doch alle, wir essen und trinken doch alle. Beim Wein wollen Sie ja auch keinen Schund." Glückliches Frankreich.

Jedes Land entwickelt im Laufe seiner Geschichte Mythen. Es gibt in Deutschland einen Bildungsmythos: Wer Abitur hat, ist frei und erfolgreich. Dieser Mythos hatte vielleicht eine gewisse Berechtigung vor der Jahrtausendwende. Inzwischen werden Abiturient:innen im schulischen Gymnasial- und Fachoberschulsystem auf Biegen und Brechen produziert und in den Arbeitsmarkt geworfen. Was ihnen dann oft fehlt, möchte ich im folgenden Zitat eines Gymnasiallehrers ausdrücken:

„Kinder werden in ein Vehikel gesteckt, auf welchem ‚Schule' und ‚Ernst des Lebens' steht. Dann chauffiert man sie gezielt an der Kindheit vorbei, passiert die Pubertät und die Jugendzeit und liefert sie im Erwachsenenalter ab. Dort kommen sie verängstigt und orientierungslos an, weil sie nicht wissen, wo sie sind. Sie sind den Weg ja nicht selbst gegangen." (Würfel, 2021, S. 126)

Viele Jugendliche und junge Erwachsene sind heute orientierungslos. Doch noch sind wir bei den Viertklässler:innen, die auf weiterführende Schulen geschickt werden.

Der anstehende Wechsel zur weiterführenden Schule bedeutet, ob es jetzt um Mittel-(= Haupt-), Realschule oder Gymnasium geht, dass die Kinder älter geworden sind. Die Grundschulzeit liegt hinter ihnen. Jetzt passiert etwas Neues, wenn es denn nicht schon in der Grundschulzeit Raum bekommen hat: Die Kinder wollen sich zunehmend selber führen, wollen mitgestalten, wollen mitreden. Sie wollen eigene Vorstellungen davon entwickeln, wann sie am besten die Hausaufgaben machen.

Damit sie eben gerade nicht verängstigt und orientierungslos im Erwachsenenalter ankommen, müssen die Eltern sich zurücknehmen. Wie heißt der zu Recht berühmte Satz von Maria Montessori: „Hilf mir, es selbst zu tun." (Becker-Textor, 1994, S. 16)

Wenn Eltern bisher noch vieles, oder oft sogar fast alles, reguliert haben in Sachen Schulkind, kommt jetzt eine neue Chance für die Eltern: die Kinder sich selber führen und organisieren zu lassen. Wenn Eltern alles noch unter Kontrolle haben wollen, verliert ihr Kind die Fähigkeit zur Selbstkontrolle und, noch wichtiger, zur Selbstregulation. Kinder, die nicht ermächtigt werden, für sich und ihre Belange, egal, ob für Schule, Haustier oder das eigene Zimmer, Verantwortung zu üben, müssen die ganze Pubertät über angeschoben werden oder, wie Stefan Würfel es nennt, durch den Alltag gekarrt werden. Die Ergebnisse sind: Angst vor dem Erwachsenwerden und eine fatale Unselbstständigkeit, die dann oft in ein Gefühl absurder Leere mündet. Das Absurde ist darin zu sehen, dass die Jugendlichen voller Lebensfreude sein könnten, aber stattdessen am Sinn ihrer Existenz zweifeln. Sie spüren intuitiv, dass sie für das Kommende nicht ausgerüstet sind.

„Je besser die Selbstregulierung schon im Kindesalter gelingt, desto eher kommt es später zu Schulerfolg, höherem Einkommen, weniger Arbeitslosigkeit, weniger Suchtverhalten, weniger Fettleibigkeit, besserer Gesundheit, weniger kriminellem Verhalten." (Perkins, 2015, S. 56)

Die Unselbstständigkeit nimmt bei den Kindern und Jugendlichen gerade zu. Zehnjährige Patient:innen, die nur wenige Minuten von der Praxis (oder der Schule) entfernt wohnen, werden von den Eltern mit dem Auto bis vor die Haustür kutschiert. Wenn ich dann frage, warum das Kind nicht alleine kommt, fällt die Antwort immer ähnlich aus. Da sei eine große Straße, die überquert werden müsste. Man lese ja so viel von Gewaltverbrechen. Man verbinde es dann gleich mit Einkaufen. Man tue gerne was für das Kind. Man zeige ihm, dass man die Therapie unterstütze.

Dies ist keine Unterstützung, sondern Verwöhnung und Vermeidung von Selbstständigkeit in Verbindung mit projizierten Elternängsten. Doch vor allem wird dem Kind die Nicht-Familienwelt oder Außenwelt als ein Ort vermittelt, der unberechenbar und gefährlich ist. Statt konkreter Auseinandersetzung mit der Welt wird dem Kind die eigene Erkundung und Erprobung abgenommen. Überregulierende Eltern verhindern wachsende, sich entwickelnde Selbstregulierung.

Statt das Kind vor der Praxistür abzuliefern, sollten Eltern lieber mit ihm den Weg einmal abgehen oder mit dem Rad zurücklegen. Es wäre keine Zumutung, sondern die Erlaubnis, neugierige Kundschafter:innen im eigenen Lebenskosmos zu werden.

Der Übertritt in eine weiterführende Schule ist also eine Riesenchance für die Eltern, das Lernfeld ihres Kindes größer und spannender werden zu lassen. Der Wirkungsraum zwischen Familie und Schule ist bei vielen Kindern in den letzten Jahren enorm geschrumpft. Nur Familie und Schule – wie langweilig ist das denn? Wo sollen denn da Neugierde und Lust auf Lebens- und Selbsterkundung herkommen? Das Handy wird in dieser Situation zum Initiator für die allen Kindern innewohnende Lebensgier. Wenn schon nichts passieren darf und kann in meinem sozialen Leben außer Schule, Lernen und Familienleben, muss ich mir die Welt halt ins Haus holen. Dann müssen halt TikTok oder Pornos oder Influencer:innen herhalten. Die sagen mir dann schon, was so Aufregendes passieren kann, irgendwo in der Welt da draußen.

Wenn unsere Kinder mehr wirkliche, selbstinitiierte Erlebnisse zur Verfügung hätten, wären sie nicht handysüchtig.

Dann käme auch kein Satz zustande wie: „Wenn du mir das Handy wegnimmst, bring ich dich um!", so gefallen an einem Nachmittag um 17 Uhr von einem überregulierten 15-Jährigen zwischen Mathe- und Lateinnachhilfeunterricht. Es waren Worte an den Vater, der dem Sohn einen Wochenplan zusammengestellt hatte, der die freie Zeit von 16 bis 21 Uhr akribisch regulieren sollte, „damit er endlich lernt und nicht Quatsch macht".

Es wird nun Zeit, endlich über die Jugendlichen zu schreiben, die mir so am Herzen liegen.

Und hier wieder ein paar Gedanken zur Selbstreflexion:
Erlebe ich, die Mutter, der Vater, die Einschulung meines Kindes ambivalent? Hat diese Ambivalenz wirklich mit meinem Kind zu tun – oder plagen mich eigene, bis jetzt verdrängte Erinnerungen an meine Schulzeit?

1. Gebe ich meinem Kind genügend Unterstützung für Nichtschulisches?
2. Die Noten meines Kindes sind kein Spiegel meiner elterlichen Qualitäten.
3. Die Schulnoten gehören nicht mir, sondern meinem Kind!
4. Ich zeige meinem Kind die nötige Gelassenheit im Umgang mit guten und schlechten Noten und lebe ihm vor, wie man mit kleinen Siegen und kleinen Niederlagen umgeht, wie sehr man seiner Noten Schmied sein kann.
5. Schenken wir Eltern unserem Kind genügend Spielraum für die Pflege von Freundschaften?
6. Sind wir die Heimatbasis („Kannst uns alles anvertrauen") oder die Erfolgstrainer:innen unserer Kinder und Feierabendbesserwisser:innen?
7. Und die wichtigste Frage: Wo habe ich meine „terra incognita", meine aus der Kindheit mitgenommenen dunklen Schatten, wo bin ich bis jetzt nicht belastbar, und wie kann ich, nur ich, das ändern?

Die Jugendlichen brauchen Vertrauen

Vorpubertät

Sie kommt nicht über Nacht. Bei den Mädchen beginnt sie erfahrungsgemäß etwas früher, so um das zehnte/elfte Lebensjahr herum. Doch das sind nur Durchschnittswerte, also keine unumstößlichen Richtlinien. Durchschnittswerte geben Vorstellungsraum nach oben und nach unten frei. Klar ist nur, dass das Durchschnittsalter sich immer weiter nach unten verschiebt. Die Regelblutung ist bei den Mädchen ein guter Indikator für die Pubertät. Bei den Jungen sind es häufig kleine Regelverletzungen. In der Vorpubertät sind es mehr Stimmungen, die ein zartes Signal setzen, dass das Kind gerade einen ersten Schritt aus der Kindheit hinauswagt.

Die Eltern nehmen als Erstes wahr, dass ihr Kind Stimmungsschwankungen zeigt. Wo vorher noch ein gut führbares Kind an ihrer Seite unterwegs war, wird es plötzlich bockig, zeigt unsichtbare Hörnchen. Wo es früher willig mitgemacht und sich an die Elternwünsche angepasst hat, beginnt es jetzt vielleicht zu murren und herumzumaulen. Plötzlich wird das nie infrage gestellte Mittagessen mit „Schon wieder!"-Worten abgelehnt. Die von der Mutter früher mit Erfolg ausgesuchten Kleidungsstücke sind jetzt langweilig. Sie gefallen nicht mehr. „Da seh ich doof drin aus, da lachen mich meine Freundinnen ja aus." Eine Mutter mit verwunderter Stimme: „Meine Tochter hat sich nie drum geschert, was ihre Freundinnen denken … und jetzt ständig!"

Es kommt zu einem für viele Eltern nicht ganz zu verstehenden, manchmal abrupten Perspektivwechsel. Die Meinung der Freundin wischt die Meinung der Eltern so allmählich beiseite. Für viele Eltern ist das ein kleiner Schock. Dabei ist es nur ein Hinweis darauf, dass alles normal verläuft:

Vorpubertät ist das eben, nichtsdestotrotz ein emotionaler Dämpfer für die Eltern-Kind-Beziehung. Die nötige elterliche Sensibilität für diesen unerwarteten Perspektivwechsel wäre wünschenswert, doch ist dieser nicht gleich herstellbar. Er verunsichert die Eltern zuerst. Einige reagieren darauf mit einem Gefühl der Kränkung, andere bagatellisieren das vorpubertäre Aufbegehren ihres Kindes. „Seit wann lässt du dich so davon beeindrucken, was dein Freund sagt?“

Dieser emotionale Schwenk von den Eltern zu den Gleichaltrigen ist der erste Vorbote einer nötigen Ablösung. Die Vorpubertierenden registrieren emotional sehr genau, ob die Eltern den Schwenk verkraften oder nicht. Wird er nicht verkraftet, treten erste, ganz feine unsichtbare Bindungsrisse auf in einer Beziehung, die doch noch lange halten sollte, damit die Kinder gut durch die Pubertät kommen. Mit zehn, elf Jahren, so die häufige Beobachtung in der psychoanalytischen Praxis, beginnen manche Kinder weniger zu Hause zu erzählen. „Seit Julian im Gymnasium ist, erzählt er so gut wie nichts mehr zu Hause, mein Mann und ich verstehen das nicht, er war immer ein offenes Kind, wir hatten früher einen guten Kontakt zueinander“, so eine verunsicherte Mutter. Diese Mutter fügte dann im Laufe des Gesprächs hinzu, dass ihr Mann „richtig genervt“ sei von Julian, ihm über den Mund fahre, ihn abkanzle mit Worten wie: „Ich hab dich nicht um deine Meinung gefragt, seit wann muss hier alles diskutiert werden!“

Es ist ein Fehler, ein Kind in der Vorpubertät nicht um seine Meinung zu fragen. Denn es beginnt doch gerade, eine eigene Meinung zu finden. Klar ist diese Meinung von den Gleichaltrigen beeinflusst, doch das macht sie ja gerade hörenswert. Sie will gewiss keine simple Majestätsbeleidung sein, sie will nur nicht mehr Papa- oder Mama-Meinung sein. Ein Elfjähriger (!) hat vor Jahren zu mir gesagt, ziemlich verzweifelt, doch ungewöhnlich reflektiert und schlau in der Wahrnehmung: „Denken darf bei uns zu Hause nur der Papa, deswegen denke ich nicht mehr zu Hause, sondern nur noch bei meinen Freunden.“ Und dann fügte er noch hinzu: „Auch in der Schule darfst du nicht denken, das mögen die Lehrer auch nicht so. Denken wie sie ist gut, denken ohne sie schlecht.“ (Ich habe ihn geliebt, diesen kleinen Denker.)

Pubertät

Einer meiner geistigen Mentoren, Wolf Büntig, sagte vor Jahren zu mir: „Wenn Sie sich kränken lassen, sind Sie selber schuld." Er hat recht. Doch er sagte diese Worte zu einer Kollegin, von der er annehmen durfte, dass sie im Laufe vieler Praxis- und Lebensjahre mit Kränkungen einen Umgang gelernt hat.

Kränkungen tun weh. Die Seele jault auf wie der süße Welpe, dem ich versehentlich auf die Pfote getreten bin beim Hundesitting. Er war wild, aufgeregt, mal vor und mal hinter der Leine, sobald er als Jagdhund eine Witterung aufgenommen hatte. Sein Schrei ist mir damals durch Mark und Bein gegangen. Jugendliche und Erwachsene lassen sich erlittene Kränkungen oft nicht sofort anmerken, doch wir dürfen sie uns von der Auswirkung her ruhig so vorstellen wie das Jaulen des Welpen. Wiederholte Kränkungen machen psychisch und physisch krank.

Oft fallen in der Pubertät böse Worte – und zwar sowohl auf Jugendlichen- wie Elternseite. Viele Jugendliche gehen sprachlich verroht miteinander um. „Fick dich / Behinderter Depp / Verpiss dich, du Sau / Blöde Fotze / Stück Scheiße / Du bist der Oberloser" sind nur ein paar Wortbeispiele. Eine 13-jährige Patientin musste von einem Klassenkameraden vor einigen Monaten die Worte „So eine wie du gehört vergast" schlucken. Ihre Uroma ist tatsächlich 1944 vergast worden. Die Klassenleitung hat diese schreckliche sprachliche Entgleisung zum Anlass genommen, ihren vorgesehenen Stundenplan kurzerhand über Bord zu werfen. Es war ihre erste Einführung in die TikTok-Welt. Sie hat sich von den Schüler:innen Videos zeigen lassen und mich eine Woche später um eine Stunde gebeten. „Ich kann nicht mehr schlafen. Ich hatte nicht die geringste Ahnung, was meine 13-Jährigen da so anschauen! Wussten Sie das?" Ja, ich weiß es – und es macht die Inhalte dieses Buches, wo es im Wesentlichen um Bindung oder Bindungslosigkeit geht, noch dringlicher.

Gehen wir nochmals einen Schritt zurück.

Wie oft fallen in der Elterntherapiestunde die Sätze: „Sie haben keine Ahnung, wie der zu Hause mit uns redet. Das ist nicht unsere Sprache. Ohne jeden Respekt. Das brauchen wir uns doch nicht gefallen zu lassen."

„Bestimmt nicht“, kommt dann meine spontane Antwort, die allerdings noch keine Lösung ist.

Doch wie kommt denn dieses respektlose, verrohte Sprechen der Jugendlichen überhaupt zustande?

Inhaltliche Respektlosigkeit gehört in die Pubertät. Denn sie zeigt nur, dass die Elterngebote und -verbote nicht mehr kritiklos hingenommen werden. Sie werden infrage gestellt, auf ihren Wahrheitsgehalt überprüft. Lebt der Papa selber vor, was er gerade von mir verlangt? Hält die Mama die Grenzen im Umgang mit mir selber ein, die sie so vehement für sich einfordert?

Verbale Respektlosigkeit hat hingegen nirgendwo einen natürlichen Ort. Verbale Respektlosigkeit hat bis in diese Generation hinein immer eine Vorgeschichte, sowohl historisch wie persönlich bedingt. Ingeborg Bachmann spricht in „Das dreißigste Jahr“ von „der ungeheuerlichen Kränkung, die das Leben ist“ (Bachmann, 1961, S. 34). Kränkung ist nie natürlich, doch sie ist kreatürlich. Sie passiert uns menschlichen Kreaturen, weil wir nicht nur gut sind, sondern böse werden, wenn uns nicht die erwartete Achtung entgegengebracht wird.

Um nicht zu verletzen, ist ein ausgeglichenes Selbstwertgefühl nötig. Eines, das nicht darauf angewiesen ist, ständig vom Mitmenschen bestätigt zu werden. Wer seine Umwelt als Spiegel einsetzt – spiegle mir, wie toll ich bin –, ist der Gefahr der Entwertung und Kränkung ziemlich bald ausgesetzt.

Erwachsene, die von ihren heranwachsenden Kindern gespiegelt werden wollen, sind auf verlorenem Posten und in diesem Zusammenhang ziemlich unreif geblieben. Es ist nicht die Aufgabe der Kinder, ihre Eltern und deren Erziehungsarbeit zu bestätigen. Es ist hingegen die Aufgabe der Eltern, ihren Kindern in der Pubertät ein verlässlicher Spiegel zu bleiben, trotz deren Aufmüpfigkeit, trotz deren inhaltlicher Distanzierung von den einst so bedeutsamen Autoritätspersonen. Dieser Spiegel sollte weder ein idealisiertes noch ein entwertendes Bild vom eigenen Kind oder Jugendlichen zeigen.

Louie: „Wie du gesagt hast, Mama, ich sei verrückt, nach der zehnten Klasse mit der Schule aufhören zu wollen und alles sei umsonst gewesen, ich würde nie was durchziehen, ich sei wie der Papa etc., das hat mich so gekränkt. Du wolltest nicht einmal meine Argumente hören, du hast nur rumgeschrien und danach geweint. Ich hatte Schuldgefühle, kam mir wie das letzte Arschloch vor. Oh, wie habe ich dich gehasst in dem Moment. Bin zu einem Freund abgehauen und hab es krachen lassen, hab mir die Birne vollgesoffen. Es war so verkrampft zwischen uns beiden die nächsten Tage. Du hast geschwiegen, hast getan, wie wenn alles in Ordnung wäre. Es war nichts in Ordnung. Und am meisten hat mich verletzt, dass du geglaubt hast, wenn wir nicht mehr darüber reden, besteht mein Wunsch auch nicht mehr. Ich hatte danach das Gefühl, ich kann nicht mehr bei dir bleiben. Diese Frau behindert mich, die interessiert sich ja gar nicht für mich. Die will gar nicht wissen, wie ihr 16 Jahre alter Sohn tickt. Die will nur, dass er brav macht, was sie erwartet. Das war so eine Missachtung. Das hat unglaublich wehgetan und für eine ganze Weile dafür gesorgt, dass ich dir nichts mehr erzählt habe. Du hast, das weiß ich jetzt, überhaupt nicht erwachsen reagiert. Du warst nur gekränkt, weil ich für mich etwas anderes wollte, als du für mich vorgesehen hattest. Du hast mich nicht ernst genommen, das nehme ich dir bis heute übel. Die Noten haben dann den Rest besorgt in der elften Klasse. Jetzt durfte ich aufhören, allerdings auch da musstest du es nochmals versuchen. Wiederhol doch die Elfte."

Mama: „Stimmt, da ist vieles schlecht gelaufen zwischen uns. Ich hab einfach nicht gemerkt, dass du schon eine eigene Idee vom Leben hattest. Ich weiß auch nicht, warum ich dich nicht nach deinen Beweggründen gefragt habe. Ist mir gar nicht in den Sinn gekommen. Der will sich nur drücken, dachte ich, der will sich nicht anstrengen. Ich hab mir das mit dem Abi so schön vorgestellt, all die Jahre zuvor. Elternegoismus?"

(Ein fiktives Gespräch, doch es könnte genau so stattgefunden haben.)

Es ist nicht nur Elternegoismus. Es ist mangelndes psychisches Getrenntsein, das hier sichtbar wird. Ich habe dieses Kind geboren, also gehört es doch irgendwie mir und ich kann mit ihm machen, was ich will, müsste man dieses mangelnde psychische Getrenntsein wohl übersetzen. Der erste Satz stimmt zweifelsohne, der zweite ist die völlig falsche Schlussfolgerung daraus. Kein Kind gehört den Eltern, es gehört, so lange es Kind ist, zu den Eltern. Das ist alles – und doch so schwer zu handhaben. Von einigen Eltern wird diese Tatsache nur schwer begriffen und oft mit Mühe so umgesetzt, wie wir im Kapitel „Das erste Lebensjahr“ gesehen haben, wo die Grundlagen für eine sichere Bindung gelegt werden.

Die emotionalen Dialoge entgleisen nur dort, wo die Jugendlichen in ihrem Selbstsein nicht gewürdigt werden, wo ihre Ideen mit „Blödsinn/Quatsch/Unfug“ beantwortet werden.

Die Lösung wäre, gerade dort, wo Eltern schnell Drückebergerei vermuten – es geht ja meistens um schulische Belange –, echtes Interesse. Kurzum: ein echtes Gespräch. „Was macht es dir so schwer, dich für die Schule zu motivieren, nimmt mich wirklich wunder, interessiert mich …“ Oder: „Warum beleidigst du deine Mutter so, womit hat sie dich verletzt? Irgendwie tappen deine Mutter und ich im Dunkeln.“ Oder: „Warum bist du so gemein zu deinem Bruder in letzter Zeit? Ich will das nicht (ist übrigens schon die halbe Miete, diese klare elterliche Stellungnahme), du hast sicher einen Grund dafür, ich möchte ihn erfahren … hast du eine Idee?“ Es hilft eben nicht weiter zu sagen: „Hör sofort auf damit, man sagt dem Bruder nicht, er sei ein verficktes Arschloch …“ „Man (sagt das nicht)“, „Man (macht das einfach nicht) …“ ist übrigens das wirkungsloseste Wort im Eltern-Kind- oder Jugendlichen-Dialog, das ich mir vorstellen kann.

Spielen III oder „Mein Handy bin ich“

Dieses Kapitel wird ein Kapitel über Influencer:innen wie den TikToker Khaby Lame und die TikTokerin Charli d’Amelio mit ihren 231,4 respektive 203,7 Millionen Follower:innen weltweit. Die bekannteste deutsche Fitness-Influencerin Pamela Reif nimmt sich mit 9,5 Millionen Follower:innen geradezu bescheiden aus.

Die Jugendlichen spielen immer noch, manche von ihnen sogar exzessiv. Der Absatzmarkt bei Konsolen, Online-, Tablet- oder Smartphone-Spielen boomt ohnegleichen.

Es sind vor allem die männlichen Jugendlichen, die Computerserien als Freizeitbeschäftigung favorisieren. Einige unter ihnen tun dies so sehr und ausschließlich, dass nichts anderes mehr in ihrer Freizeit Platz findet. An der Spitze und unübertroffen im Jahr 2022 stand Minecraft, gefolgt von FIFA, Fortnite, Die Sims, Mario Kart, GTA – Grand Theft Auto, Hay Day, Subway Surfer, Call of Duty, Clash of Clans.

Die weiblichen Jugendlichen sind vor allem Smartphone-Benutzerinnen. Doch unabhängig vom Geschlecht werden Social-Media-Plattformen wie TikTok, Instagram, Snapchat, Pinterest, Twitter, YouTube, WhatsApp usw. auf dem Smartphone genutzt. Die Mediennutzung ist, kaum überraschend, in der Coronazeit mangels Alternativen in die Höhe geschnellt. Doch schon vor Corona war sie hoch.

Laut neuster Forschungsergebnisse (JIM-Studie 2021; Medienpädagogischer Forschungsverbund Südwest, 2021) nutzen 96 % der Jugendlichen zwischen zwölf und 19 Jahren das Handy täglich oder mehrmals die Woche, das Internet 94 %. Zeitschriften oder Magazine werden von 13 % der Befragten noch in die Hand genommen, 11 % nutzen die digitale Version. Die tägliche Dauer der Internetnutzung liegt im Jahr 2021 bei 241 Minuten. Bei einigen meiner Patient:innen ist sie noch um einiges höher. Fernsehen wird kaum noch genutzt. Bei 52 Minuten täglich oder mehrmals die Woche sind die Lieblingssender der vor allem weiblichen Jugendlichen dann ProSieben und RTL. Populäre Sendungen wie „Germanys Next Topmodel" dürften da einen gewaltigen Anteil ausmachen.

Wo halten sich die Jugendlichen inhaltlich auf, wenn sie nicht in der Schule sind? Bei TikTok! In der Altersgruppe der Zwölf- bis 19-Jährigen kommt unter dem Aspekt von Spielen als Freizeitgestaltung TikTok die absolute Hauptrolle zu. Allen Jugendlichen sind dort die zwei weltweit erfolgreichsten Influencer:innen ein Begriff: Khaby Lame, ein 23-jähriger Italiener senegalischer Herkunft, und Charli d'Amelio, eine erst 19-jährige Amerikanerin, die es mit ihren Tanzvideos geschafft hat, in kurzer Zeit auf 203 Millionen Follower:innen zu kommen. Erfolgreicher ist, wie bereits erwähnt, nur noch Khaby Lame mit 231,4 Millionen Follower:innen. Wer sich diese unglaubliche Reichweite und damit Einflussnahme von Influencer:innen vergegenwärtigt, versteht, wie sehr der elterliche Einfluss gerade reduziert wird.

Die Psychotherapeutin in mir hat sich lange gewehrt gegen das Akzeptieren dieses gewaltigen Einflusses junger Influencer:innen auf meine heranwachsenden Patient:innen. Jetzt gibt es für mich nur noch den Schritt nach vorne – und der heißt: begreifen, verstehen, offen bleiben, mich interessieren (auch wenn es überhaupt nicht meine Welt ist). Ich will meine Patient:innen begreifen.

Viele Eltern sehen mit Erschrecken, wie viel Zeit ihre Jugendlichen am Handy verbringen. Es ist viel Zeit, ja. Ich hatte, wie diese Eltern auch, lange

Zeit die Haltung: Wie kann man nur so viel Zeit an diesem Gerät kleben? Wie nur, warum nur? Die behandeln ja ihr Handy, wie wenn es das unwiderstehlichste, kostbarste Objekt der Welt wäre.

Was, wenn es genau so wäre?

Das Handy ist nicht nur das kostbarste Objekt, es ist ein Selbstobjekt geworden für die Jugendlichen. Es gibt sie nicht mehr ohne Handy. Sie sind ihr Handy. Das Handy ist ein Teil ihrer Identität. Ohne jede Häme, doch mit viel Mitgefühl sage ich, dass mir die heutigen Eltern von Jugendlichen leidtun, ebenso die Lehrer:innen. Eltern wie Lehrer:innen müssen es im Jahr 2024 mit einer digitalen Attraktivierung aufnehmen, wie sie noch nie stattgefunden hat. Eltern, die noch in den 90er-Jahren in die notwendige Erziehungsaufgabe eingebunden waren, hatten vielleicht den Kampf gegen Onlinespiele aufzunehmen, vor allem bei den Jungs, doch dieses tägliche, ja minütliche Hereinrauschen in das jugendliche Hirn und dessen Überschwemmen mit Videoclips, Memes, Stickern, wie es heutzutage stattfindet, gab es noch nie. Jetzt hat sowohl die Bildung wie die Erziehung in erschreckendem Maß an Gewicht und Kontrolle über für Kinder und Jugendliche Taugliches verloren. Auch das war noch nie. Influencer:innen, im Alter von knapp 20 Jahren, oft nur mit wenig Schulbildung, stellen doch normale Lebensentwürfe von Jugendlichen mit Schule und Abschlüssen infrage. Diese Videoclips scheinen unentwegt in die Ohren ihrer Follower:innen hineinzuflüstern: „Es geht doch auch anders. Trau dich, brich die Schule ab, langweile dich nicht, das Leben ist kurz, gib dich nicht mit wenig zufrieden, wenn du das große Ding wie ich machen kannst."

Die heutige Jugend ist eine verführte Jugend. Hätten wir Älteren und Alten dem digitalen Input mit seinen permanenten Lockungen und Verlockungen widerstanden? Ich wage es zu bezweifeln.

Die Verstörung an diesem fortgesetzten digitalen Input ist, dass er von den jugendlichen Nutzer:innen eben selten in einen großen Output umgesetzt werden kann. Was fehlt denn da?

Die lebendige Beziehung fehlt! In einer Beziehung passiert ein Geben und Nehmen. In der digitalisierten Welt gibt oft nur die:der Jugendliche etwas her, und zwar eine entscheidende Ressource: ihre:seine Zeit. Sie oder er gibt auch ihre:seine Sehnsüchte her, ihre:seine intimsten psychischen Daten. Das Netz antwortet in kürzester Zeit. Es versorgt sie:ihn sofort, unmittelbar wird geliefert, werden Bedürfnisse gestillt. Die Qualität dieser unmittelbaren und ohne Aufschub erfolgenden Bedürfnisbefriedigung wollen wir noch gar nicht diskutieren. Doch geht die oder der Jugendliche, angespornt durch so viel Input, nach draußen und setzt etwas davon um? Ganz aktiv und persönlich? Selten. Sie oder er wird eher ein digitaler Junkie, ohne es überhaupt zu merken. Das nächste Video, bitte. Dazu passt ein Beitrag aus „20 Minuten", der reichweitenstärksten Medienmarke der Schweiz, die vor allen an junge und urbane Zielgruppen gerichtet ist:

„Gemäß Aussagen von Lehrbetrieben besteht im Hinblick auf das grundsätzliche Verhalten am Arbeitsplatz Bedarf an spezifischer Schulung. Einigen Lernenden fehlt es offensichtlich an entsprechenden Grundkompetenzen. Hinzu kommen fachliche Lücken und Defizite, insbesondere bei Fächern wie Deutsch und Mathematik [...]. Die Lernenden müssten verstehen, dass sie mit Vorgesetzten und Kunden anders umzugehen haben als mit Gleichaltrigen [...]. Man müsse den Lernenden teilweise grundlegende Manieren beibringen. Manche hätten auch bei der Kleiderwahl Schwierigkeiten und kämen in Trainingshosen und Cap zur Arbeit. ‚Ein Schnupperlernender lungerte in seinem Stuhl herum, als ob er gamen würde.'" (Ineichen, 2023)

Die Folge dieser Beobachtungen führt nun in der Schweiz zu einem landesweit empfohlenen Knigge-Kurs für Lernende. Viele Ausbildungsbetriebe haben ihre Azubis bereits angemeldet.

Ein Knigge-Kurs für junge Menschen also. Warum nicht? Ich selber halte nicht viel davon, weil es an der falschen Stelle ansetzt und die unbefriedigende Situation nur oberflächlich frisiert. Bitter an solchen Maßnahmen ist, dass sie 2024 überhaupt notwendig werden. Es ist die gut gemeinte, doch ziemlich hilflose Antwort auf eine digitalisierte Jugend. Es ist zu einfach, diesen jungen Menschen die Schuld zu geben, dass sie oft über keine sozialen Skills mehr verfügen, nicht mehr unterscheiden können, wo und mit wem sie gerade reden, im unmittelbaren Kontakt, vom Ich zum Du. Sie verlieren gerade ihre Kompetenz im persönlichen Kontakt.

Die Digitalisierung ist eine geniale Erfindung, sie hat unser Leben vereinfacht. Die wie eine globale Welterlösungsmaschine betriebene Digitalisierung hingegen zerstört uns Menschen gerade. Sie zerstört die analoge Welt, also die Beziehung zwischen zwei lebendigen Menschen.

Die Antwort darauf müsste heißen:

- Neues Schulfach „Bedeutung und Gefahren der Digitalisierung“.
- Neues Schulfach „Die Bedeutung menschlicher Beziehung“.
- Eltern reden mit ihren Kindern, gehen ihnen als Erziehungsberechtigte wieder im Dialog über Digitalisierung voran und regulieren so lange den digitalen Konsum, bis die Kinder und Jugendlichen es eigenverantwortlich machen können.
- Vor allem jedoch müssen Eltern anfangen, die Digitalisierung ihrer Kinder nicht einfach auszuhalten, sondern sich selber mit den Schattenseiten der Digitalisierung auseinanderzusetzen und diese mit ihnen zu problematisieren. Analoge Werte, mit denen die Eltern noch aufgewachsen sind, müssen selbstbewusst und überzeugt im Gespräch mit den Kindern vertreten werden. Es **geht immerhin um das Aufrechterhalten von nichts Geringerem als der Beziehungsfähigkeit.**

Ich beobachte mit Freude, wie viele meiner älteren Patient:innen im Laufe der Therapie ihr Handy nicht mehr zur Zerstreuung und Ablenkung und ganz automatisiert nutzen, sondern mit Staunen, manchmal sogar großem Befremden, wahrnehmen, wie sehr sie das Handy hat beherrschen können. Eine 18-Jährige: „Irre, wirklich irre, wie viel Zeit ich am Handy verbracht habe statt mit Freunden. Je einsamer ich mich gefühlt habe, umso intensiver habe ich das Handy genutzt. Hab mich meinem Freund und seinen Kumpels noch so überlegen gefühlt, weil die ständig kiffen mussten, dabei bin ich am Handy gehangen wie er am Joint. Jetzt sind wir beide nicht mehr am Tropf, beleben uns jetzt wieder selber“, fügt sie lachend hinzu. Und wieder ernst geworden, schließt sie ihre Gedanken beeindruckend klar ab: „Ich war ja, scheiß noch mal, auf der Notaufnahme, ohne je auf der Notaufnahme gewesen zu sein.“

Grenzsetzung II

Elterliche Grenzsetzung sieht im Kontakt mit Pubertierenden anders aus als mit Kindern.

Es geht hier nicht mehr so sehr um die zwei Zauberwörter „Ja“ und „Nein“, wie beim noch magisch fühlenden Kleinkind, das noch alles will und dabei heftig glaubt, dass ihm die Eltern doch auch alles geben könnten, wenn diese denn nur wollten.

Jetzt geht es um emotionale Standfestigkeit auf der Elternseite. Jetzt sind die Eltern aufs Höchste herausgefordert, sich authentisch zu positionieren. Das ist eine ganz andere Qualität im Erziehungsreich.

Denn jetzt zeigt es sich, ob Eltern begriffen haben, dass ihre Jugendlichen aus der vormals engen und einflussreichen Eltern-Kind-Beziehung hinausgetreten sind und dem Drang nach Freiwerden folgen wollen. Jugendliche wollen sich abnabeln, wollen eines unbedingt: wachsen.

Körperlich gesehen tun sie es unübersehbar, wie keine Jugend zuvor. Das 16-jährige Mädchen misst 2022 im Durchschnitt 162,5 cm, 25 % sind mit 169,6 cm größer und 3 % sind 175,3 cm oder mehr. Bei den 16-jährigen Jungen finden wir eine Durchschnittsgröße von 172,9 cm, 25 % liegen bei 181,0 cm und 3 % bringen es auf 187,5 cm oder mehr (zitiert nach NetMoms).

Es ist nur die körperliche Größe, doch sie allein bringt schon manche Eltern, die Mütter eher bei den Töchtern, die Väter eher bei den Söhnen, in unerwartete emotionale Schwierigkeiten.

Die Mutter einer um einen Kopf größeren 17-Jährigen:

> „Ich habe mich immer noch nicht daran gewöhnt, dass Emily (176 cm) mich um Haupteslänge überragt. Sie benimmt sich häufig wie ein kleines Kind. Das passt doch nicht!“

Der Vater eines 15-Jährigen:

> „Es ist so gewöhnungsbedürftig, dass mein erst 15-jähriger Paul so groß (182 cm) vor mir steht. Hab immer das Gefühl, einen Erwachsenen vor mir zu haben, dabei ist er ein Kindskopf im Körper eines Erwachsenen.“

Ich selber muss mich immer wieder mahnen, die großgewachsenen Jugendlichen, die teilweise meine Praxis betreten, nicht zu überschätzen, sie nicht zu überfordern, mich von ihrer Körperlänge und ihrem gestylten Äußeren gerade nicht dazu verführen zu lassen, sie wie Erwachsene zu behandeln. Das ist nicht immer einfach.

Pubertät ist ein unentwegter Balanceakt für die Eltern. Wo lass ich meinem Sohn oder meiner Tochter freien Lauf, wo muss ich einschreiten und ihn oder sie regulieren? Und wie reguliere ich, ohne dass ein unsinniger und hässlicher Machtkampf entbrennt?

Die schlüssige Antwort gibt es nicht. Doch es gibt Spuren dorthin. Sie sind manchmal nicht gut zu lesen, weil die eigenen Pubertätserfahrungen der Eltern sie verwischt haben. Freigelegt werden sie am effektivsten durch das Eingeständnis der Eltern, dass unter ihren Augen sich gerade eine neue Persönlichkeit enthüllen möchte. Unser eigen Fleisch und Blut, durchaus, doch eben mindestens so fremd wie vertraut.

Der oder dem Fremden begegnen wir alle doch mit dem nötigen Respekt. Die Jugendliche, der Jugendliche ist gerade auf einer der spannendsten Entdeckungsreisen, die vorstellbar ist: auf der Suche nach Unverwechselbarkeit. Hinter diesem Wunsch nach Unverwechselbarkeit liegen Schichten von Sehnsüchten verborgen, die uns Menschen seit jeher antreiben:

- ein eigenes Gesicht
- eine eigene Handschrift
- ein eigenes Wollen
- ein eigenes Können
- ein eigenes Begehren
- die eigene Sinngebung

Das Eigene kurzum. Auf dem Weg zu dieser ersehnten Unverwechselbarkeit holpert es in der Pubertät gewaltig. Aufgrund mangelnder Lebenserfahrung kommt es zu Missgeschicken, zu Fehlern, die korrigiert gehören: Man schmeißt halt keinen Feuerwerkskörper in eine offenstehende Wohnungstür. Man kauft nicht heimlich, über einen erwachsenen Freund, Bitcoins. Man schläft nicht mit der oder dem Erstbesten, weil man jetzt auch mal etwas zu erzählen haben möchte. Man prügelt nicht in angetrunkenem Zustand einen anderen krankenhausreif. Man postet kein Video von einem Freund, das ihn ziemlich schlecht aussehen lässt. Man fälscht keine Unterschrift. Man mobbt nicht eine Schulkollegin, um beim Rest der Klasse besser dazustehen. Man klaut den Eltern kein Geld, um Kiffer-Schulden zu bezahlen. Man schluckt nicht Barbiturate, um das Abitur zu schaffen. „Mann" hört, wenn ein Mädel nein sagt. Man bleibt nicht zu Hause, weil eine Schulaufgabe droht. Man schluckt nicht Migränetabletten wie den täglichen Kaffee. Man muss nicht ohnmächtig werden bei einem Kurzreferat. Man sagt nicht zur Mutter, sie sei ein Arschloch. Man setzt nicht heimlich die Pille ab, weil man keine Lust mehr auf Schule hat und glaubt, mit einem Baby würde alles besser und „versorgen müsste er mich dann auch, seine Eltern sind reich". Man säuft nicht bis zur Bewusstlosigkeit und zeigt dann genauso alkoholisierte Jungs an wegen vermuteten sexuellen Missbrauchs.

„Man" macht es nicht, in einer heilen Welt, einverstanden. Doch die Welt ist nicht heil und war es wahrscheinlich auch nie. Es passiert halt viel auf dem Weg zum Erwachsenwerden. Und es sind lauter Ichs auf der komplizierten Suche nach sich selbst.

Als 20-Jährige habe ich auch geklaut (Kleider, Bücher, Lebensmittel), weil die Eltern der Meinung waren, ich würde reumütig ins Elternhaus zurückkommen, wenn sie mir zu wenig Geld für den Lebensunterhalt gäben. Nachdem ich nach einigen Monaten erwischt worden war, hatte ich kapiert, dass ich arbeiten muss und nicht klauen. Mit 21 hatte ich einen Schwangerschaftsabbruch. Ich wollte nach der Ausbildung zur Grundschullehrerin nach Paris und sicherlich nicht Mutter werden.

Ich staune jetzt noch, wie ich Kleinstadtmädchen mir mit 22 Jahren zutraute, in einer Großstadt wie Paris zurechtzukommen. Schutzengel hatte ich noch und noch. Ich lernte dort, allein und auf mich gestellt, fürs ganze Leben.

Diese Jugendlichen wollen doch genau das: fürs eigene Leben sich ausrüsten. Manche Eltern verlieren bei diesen zugegeben oft ungeschickten und linkischen Flugversuchen emotional ihre Kinder. Dabei sind genau diese holperigen Geh- und Flugversuche eine ständige Möglichkeit, einander zu begegnen. Wenn alles rund läuft, sind die Begegnungen nicht so vonnöten. Man kann die Jungen laufen lassen. Doch wenn es zu der zuvor erwähnten ‚Man'-Gemengelage kommt, sind die Eltern wichtig wie selten. Sie können manches nicht aufhalten und verhindern, doch auffangen und Halt geben. Oder, wie Bion, ein amerikanischer Psychoanalytiker, vorgeschlagen hat, ein Container sein. Gute Noten verlangen keine elterlichen Containerqualitäten; Missgeschicke, Grenzüberschreitungen, jugendliche Unglücke hingegen sehr!

Es braucht viel emotionale Selbstdisziplin, als Eltern bei einem missglückten Flugversuch der Jugendlichen nicht auszurasten, nicht in eine Sprache der Anklage und Besserwisserei zu verfallen. „Ich habe es dir doch gesagt / Du hast mein Vertrauen missbraucht / Das kommt davon, wenn du mit deinen Eltern nie sprichst / Immer nur Mist im Kopf / Das haben wir dir nicht beigebracht / Wie kannst du uns so bloßstellen, du machst uns lächerlich / Du bist eine Schande / Ab jetzt bestimmen wir wieder, wo es langgeht."

Mit solchen Wutreden wird NICHTS besser.

Die Eltern haben ein Anrecht auf erste Enttäuschung und Wut, auch komplettes Unverständnis und abgrundtiefes Kopfschütteln. Vorerst. Doch danach sollten sie sich aufrappeln und sich wieder auf die Stufe von reifen Erwachsenen stellen. Und auf der Stufe gibt es fast immer Lösungen. Dort, wo die Eltern stehen, sind auch Antworten zu Hause, auch wenn sie nicht sogleich in souveränen, wohl gesetzten Worten vom Himmel fallen. Wie erschütternd ist es für Jugendliche, wenn den Eltern zu ihnen und ihrer Notlage nichts einfällt außer Bestrafung und Sanktionen, Beleidigungen und Enttäuschung. Eltern sind die Taktgebenden für die gesunde Entwicklung ihrer Kinder. Sie dürfen die Kinder ruhig teilhaben lassen am stockenden Suchen nach einer gemeinsamen Lösung. Ein Vater war fassungslos, was sein doch so braver Sohn mit einem anderen Jugendlichen angestellt hatte. Doch statt wie gewohnt impulsiv zu reagieren, bat er sich eine Bedenkzeit aus. Er wurde nach der ersten Aufregung wieder gelassener und sagte zu seinem 14-Jährigen: „Mir fällt jetzt gerade nichts ein, bin noch ziemlich durcheinander, doch ich verspreche dir, wir finden eine Lösung, wenn ich wieder etwas ruhiger geworden bin. Ich lass dich nicht im Stich, versprochen." Für den 14-Jährigen wurde „es zum besten Gespräch meines Lebens, so habe ich den Papa noch nie erlebt, hatte solche Angst, dass er wieder ausrastet".

Grenzsetzungen bei Jugendlichen haben stark mit der elterlichen Haltung zu tun. Unter Haltung verstehe ich, ihnen dort entgegenzugehen, wo sie gerade vom Weg abgekommen sind, sich im wilden Drang nach Frei- und Großwerden verlaufen und verschätzt haben. Diese Art von elterlicher Grenzsetzung bezieht ihre Kraft und Wirkung aus dem Lebensvorsprung, wie er nur Eltern eigen ist. Auf diese Kraft wollen und müssen Jugendliche vertrauen können. An dieser Kraft dürfen Jugendliche teilhaben. Was bedeutet denn sonst der Generationenunterschied, wenn nicht Vorsprung durch Lebensklugheit und Erfahrung?

Zweite Ablösung

Wie beim Kleinkind kommt es auch beim Jugendlichen zu einer Ablösungskrise, also dem Versuch, die so heftig begehrte Ablösung wieder rückgängig zu machen.

Der Wind der Freiheit dreht bei den Jugendlichen mächtig auf. Umso überraschter sind dann die Eltern, wenn er von einem Tag auf den andern nicht mehr bläst. „Ich bleib hier am Samstagabend“, heißt es dann. Oder: „Mama, ich möchte mal wieder mit dir shoppen gehen!“ Oder: „Papa, gehen nur mal du und ich Ski fahren?“ „Mama, gehen du und ich zum Konzert von Adele?“ „Du wolltest doch mit deiner Freundin gehen! Dafür hast du doch die zwei Tickets zum Geburtstag bekommen.“

Die Ablösung ist gerade zur Wiederannäherung geworden. Eltern beschreiben dann ihre Jugendlichen als anhänglich „wie schon lange nicht mehr“, als zurückgezogen, als lieb und nett. Fast wie früher, wird dann oft etwas nostalgisch hinzugefügt. Es gefällt den meisten Eltern recht gut.

Die Jugendlichen sind auf dem Trampolin immer höher gesprungen. Plötzlich wird ihnen etwas schwindlig. Höhe und Tempo haben zugenommen, doch die Standfestigkeit lässt nach. Man könnte auch die Kontrolle verlieren, hinfallen und sich sogar blaue Flecken holen.

Beim Hinauswagen ins eigene Leben, wir haben es gesehen, geht auch einiges schief. Da warten nicht nur nie geahnte süße Früchte, sondern auch Fauliges: Fake-Freundschaften, große erste Liebeshoffnungen und erstes Liebesleid. Der elternfreie Lauf trägt nicht nur an verführerisch unbekannte Ufer, sondern auch in sumpfiges Gelände hinein, wo es ziemlich stinken kann und der Orientierungssinn, der eh noch nicht so besonders groß ist, wenn man 13 oder 14 Jahre alt ist, gerade abhandenzukommen droht. Dann sind keine Mutter, kein Vater weit und breit zu sehen. In diesem Augenblick droht eine erste Vorahnung, wie sie einst eine 18-Jährige, der ich zum Geburtstag gratuliert hatte, formulierte: „Heißt das jetzt, mit 18, dass ich alles alleine schaffen muss?“

Abgesehen davon, dass diese Altersgrenze, bei welcher man ‚so weit‘ ist, alles alleine schaffen zu müssen, gar nicht existiert, macht die Ernüchterung vieler Jugendlicher und ihr damit einhergehendes emotionales Schwanken durchaus Sinn. Heute groß, morgen klein, so erleben die Eltern ihre Pubertierenden. Die Jugendlichen selber sitzen in der für diese Altersstufe typischen Rutschhaltung: Soll ich, soll ich wirklich … oder lieber doch nicht? Soll ich mir Bewegung nur aus der sicheren Entfernung anschauen – oder mich wirklich mitbewegen, aus den gewohnten familiären Sicherheitsschlaufen lösen und mich in nicht gesichertes Gelände vorwagen?

Rutsche und Dreimeterbrett. Sind wir Erwachsenen vom Dreimeterbrett früher wirklich jedes Mal gesprungen? Ich selber erinnere: meistens, keineswegs immer. Doch peinlich war es zu Beginn, dieses schamerfüllte Zurücktreten und den anderen, den Mutigeren, den Vortritt lassen zu müssen.

Die Pubertät ist ein ständiges Leben auf der Rutsche oder auf dem Dreimeterbrett, eine große, weil meistens unsichtbare Anstrengung. Sie ist die ganze Pubertät hindurch die gut verhüllte Anwesende. Sie macht unsere Jugendlichen so launisch und wenig berechenbar. Diese verhüllte, doch andauernde Anstrengung braucht die Einfühlung der Eltern und auch der Lehrkräfte.

Unbedingt.

Überall dort, wo gegamt, getobt, gekifft, geweint, gechillt wird, wo Unbeständigkeit leicht zum zweiten Vornamen der Jugendlichen werden könnte, ist die Anstrengung am Werk.

Erwachsenwerden ist der betörende Lockruf der Pubertät. Doch damit daraus wirklich ein Wohlklang wird, braucht es die geeigneten Sparringpartner:innen, also die ‚richtigen' Eltern dazu: Eltern also, die nicht alles besser wissen aufgrund ihres Lebensvorsprungs (ein leicht gewonnenes Spiel!), sondern genügend Erinnerungsvermögen besitzen an ihr eigenes jugendliches Probehandeln zwischen Vernunft und Unvernunft, zwischen Ehrlichkeit und Lüge, zwischen Angeben und Zaudern.

Ich erinnere mich: Meine Mutter fragt mich: „Hast du das T-Shirt, welches ich dir verboten habe, in der Schule zu tragen, heimlich dabeigehabt?" Ich: „Nein, natürlich nicht." Natürlich hatte ich es dabei. Es war mein erstes cooles T-Shirt, doch in den Augen meiner Mutter viel zu körperbetont. „Du mit deinen großen Brüsten, denk doch an die Lehrer! Das wirkt unseriös." Welche Jugendliche will denn mit 15 seriös rüberkommen?

Eine weitere Lüge. „Sag mal, ich hatte heute Morgen beim Einkaufen kurz den Eindruck, dich gesehen zu haben. Hast du etwa die Schule geschwänzt?" „Nein, wie kommst du darauf?" Ich hatte die Schule geschwänzt, an jenem Montagvormittag, doch es hätte nichts gebracht, meiner Mutter zu erklären, dass ich mit zwei Mitschülern unbedingt die Olympischen

Winterspiele 1972 (Ski Alpin) im Fernsehen in einer billigen Kneipe verfolgen wollte, wegen Bernhard Russi, unserem Abfahrtsidol. Das Schwänzen hatte sich gelohnt, denn Russi wurde Olympiasieger. Doch wie will eine 16-Jährige den Eltern erklären, dass sie für ein paar Schulstunden die Kür vor die Pflicht gesetzt hat? Bringt nichts, außer moralischen Wortgefechten.

Noch eine Lüge, nein, ein Verschweigen: Die Mutter winkt mit einer an mich adressierten Rechnung in der Hand. „Das darf nicht wahr sein, du hast abgetrieben?“ „Ja, weil ich mit 21 nicht vorhabe, Mutter zu werden, verstehst du … das musst du doch verstehen!“ Eltern müssen bei 21-Jährigen nicht mehr alles verstehen und damit auch nicht mehr verantworten.

Lügen ist Ausweichen. Doch manchmal, in der Pubertät, ist es auch das Beschützen eigener, noch unsicher und ungefestigt daherkommender Probestunden im eigenen Lebenskurs.

Die ganze Pubertät könnte als eine große und lang andauernde Probestunde gesehen werden. Es wird geprobt für den Ernstfall: das Erwachsen- und Selbstverantwortlichsein. Es werden alle möglichen Rollen ausprobiert. Da gibt es die Rolle des Zornigen, der Introvertierten, des ständig Verknallten, der groß Träumenden, aber klein und zart Sprechenden, des Wüterichs. Da laufen auf der Vorbühne der Macho, die Feministin, der Grüne, die Tierschützerin, das Labelmädchen, die freche Göre, der Provokateur, der blasierte Oscar-Wilde-Verschnitt, der „Oh, ihr langweilt mich alle so“-Typ rum, das Mädchen, das sich „gar nichts, aber wirklich gar nichts“ bieten lassen will, die arrogante Zicke, der Klassenclown, die Alles-Versteherin, die Hochsensible, die nicht zu direkt angeschaut werden darf, der Trendige, der zukünftige FDP-Jungpolitiker, der jetzt schon geschmeidig parliert, das scheue Blicklein, die Brigitte Bardot der Moderne, also etwa Scarlett Johansson, die Taylor-Swift-Adeptin, die Beyoncé-Nachahmerin („So möchte ich sein, so heiß!“).

Sie sind tatsächlich alle da. In unseren Praxen etwa. Sie proben, also bitte nicht zu sehr stören. Manchmal erschrecken sie über sich selber und ihre gerade ausprobierte Rolle. Und dann wollen sie zurück in den Familien-Schoß, weil ihnen beim Proben nicht alles gelungen ist, weil sie missverstanden worden sind, weil der da drüben gerade mehr Applaus bekommen hat, weil das Proben nicht immer zum erwünschten Ziel geführt hat.

Im Normalfall dauert diese Rückkehr nur so lange wie das Auftanken an der Autobahn. Wenn die Verletzungen auf der Vorbühne des Lebens tiefer ausgefallen sind, kann es allerdings länger dauern, bis sich die Jugendlichen wieder vor den Vorhang trauen, dahin also, wo alle sie gut sehen können.

Generationenstress

Die Rollenspiele sind kein Dauerzustand. Wir Erwachsenen spielen ja auch nicht seit Jahrzehnten in dem einzigen, immer gleichen Stück mit derselben Besetzung die ewig gleiche Rolle. Berufsmann, Hausmann, Ehemann, Vater, Bruder, Sohn, Schwager, Sportler. Berufsfrau, Hausfrau, Ehefrau, Schwester, Tochter, Schwägerin, Sportlerin. Mindestens drei dieser Rollen kennen wir alle.

Es ist gut, wenn die Jugendlichen eine bedeutsame Rolle im Leben ihrer Eltern spielen. Die Hauptrolle muss es nicht sein. Die Hauptrolle hat jeder in seinem Leben selber zu übernehmen. Da kann sich keiner vertreten lassen. Im eigenen Leben genügt es eben nicht, mit einer Nebenrolle zufrieden zu sein.

Ab und zu gewinne ich genau diesen Eindruck. Da versucht eine Mutter, ihrer Tochter die Hauptrolle zuzuschanzen (es wird nicht klappen). Die dazugehörigen Begrifflichkeiten heißen dann: „Für meine Tochter tu ich alles. Meine Tochter ist das Wichtigste in meinem Leben. Wenn ich meine Tochter nicht hätte, wäre mein Leben sinnlos. Meine Tochter ist das Zentrum meiner Welt."

Die Väter wählen andere Begrifflichkeiten: „Ohne die Kinder wäre ich schon längstens weg. Mein Sohn ist meine Hoffnung. Ich hab es zwar auch geschafft, doch mein Sohn hat die besten Voraussetzungen, er soll etwas draus machen. Wir haben für unsere Kinder viele Opfer gebracht, jetzt sollen sie mal durchstarten. Ich denke doch nur an meinen Sohn, wenn ich die Firma am Laufen halte."

Hierzu ein Lied von Udo Jürgens, „Der gekaufte Drachen":

„Ein Kieselsteinweg führte mich zu dem Haus
Das Licht fiel auf englischen Rasen
Auf seidenem Teppich stand ich im Portal
Vor Gemälden und wertvollen Vasen

Dann zeigte mir der Hausherr voll Stolz den Besitz
Was Sie seh'n gehört mal meinem Kleinen
Dieses Haus, diese Fabrik, nur für ihn tut ich das
Dafür leb ich, ich hab nur den einen

Während er so erzählte mit dem Glas in der Hand
Sah niemand den Kleinen, der im Türrahmen stand
Als er anfing zu reden, war es plötzlich ganz still
Denn er sagte: Papa, ich weiß nicht, ob ich das will.

Ich will mit dir einen Drachen bauen
Mit Dir einen Drachen bauen
Für so was hast du niemals Zeit

Ich will mit dir einen Drachen bauen
Mit dir einen Drachen bauen
Denn ein gekaufter Drachen
Fliegt nicht halb so weit […]"

Es ist nicht gut ausgegangen für diesen Vater. Sein nun erwachsener Sohn ist in die Stadt gezogen und hat den Kontakt zum Vater abgebrochen. Das Lied ist einer der besten Wegweiser zur Kinderseele!

Bei diesen guten, elterlichen Absichten und Wünschen gibt es ein Problem: das Hauptrollenkind, das gar keine Hauptrolle will, sondern mit einer liebevoll und vielfältig ausgestalteten Nebenrolle im Leben der Eltern durchaus gut leben kann.

Doch in der Pubertät findet eine Richtungsverlagerung statt. Die Jugendlichen drängen in ein eigenes Leben, suchen ihre Rolle im Leben fern der Familie – auch wenn sie noch ganz und gar leiblich in der Familie anwesend sind. Ihr Geist geht spazieren, in elternferne Landstriche. Meist dauert der Spaziergang nur bis zum Treffpunkt der Freundesclique. Dort ist allerhand los, oft mehr als zu Hause. Vor allem ist dort Neues zu finden, und seien es nur die altersgemäß häufigen Jugenddramen: Alkoholabstürze, andere Scheidungsjugendliche, Liebeskummer, der oft nur durch gute Nähe der Jugendlichen untereinander erträglich bleibt, Schulkummer, narzisstische Kränkungen, hierarchische Kämpfe („Mit dem leg ich mich lieber nicht an, der ist am beliebtesten").

Bestätigungen werden dort gesucht und gefunden, und sie sind, ganz wichtig, frei vom Schul- und Notenstatus. In der Freundesclique ist die Schule zwar auch ein Thema, meistens und leider übrigens oft ein zu negatives, doch eines, das die Gruppenkohäsion stärkt.

Der Generationenstress ist naturbedingt. Die jüngere Generation steigt aus dem Entwurf, den sich die ältere Generation zurechtgelegt hat, aus, weil dieser sie einengt und sie an die so lange gültigen und tragenden Maßstäbe der Erwachsenen anpassen will. Eigene Maßstäbe müssen her, so unausgereift sie auch daherkommen mögen in den Augen der Eltern. Dieses Ablehnen vertrauter Maßstäbe und teilweise schroffe bis aggressive Aufbegehren gegen die elterliche Norm sorgt auf beiden Seiten für Stress: Cortisol-Jahre.

Nicht jede Familie leidet unter diesem Cortisol-Anstieg. Wenn Kinder schon frühzeitig klare Regeln und genügend Experimentierraum erhalten haben, fällt die Pubertät für alle Beteiligten weit weniger stressig aus. Wo schon vorher ein gutes Gespür für die Grenzen in der Familie und untereinander existiert haben, wo gegenseitiger Respekt nicht nur ein Befehlswort war, sondern praktizierte Familientradition, läuft die Pubertät um vieles geräuschloser, wenn auch nicht reibungsarm, ab.

Rufen wir uns nochmals das Kapitel über „Bindung" in Erinnerung. Bindungssichere Kinder haben von Anfang an Eltern gehabt, die sie nicht an der unsichtbaren Leine durch die Kindheit geführt, sondern zu eigenem Tun angeregt und, falls nötig, auch beschützt haben.

Doch auch bei Jugendlichen ist sie wieder da, und jetzt ist sie notwendiger denn je: die Möglichkeit, zu eigenem Tun zu animieren – und falls es gerade schiefgeht, die Hand zu reichen; nicht, um sie wieder in das Familienboot zurückzuholen, sondern dort ausruhen zu lassen vor der nächsten Expedition ins noch immer etwas Ungefähre. Sicherheiten gibt es in diesem Alter kaum.

Gesundheit Jugendlicher

Die einen bewegen sich viel, die anderen zu wenig. Die einen spielen Pygmalion und definieren ihren Körper schweißtreibend im Fitnessstudio, die anderen lassen ihn vor dem Computer stundenlang sitzen, also links liegen.

Es gibt also durchtrainierte Jugendliche und körperlich verweichlichte Jugendliche. Das Verhältnis ist in etwa so, dass ein Drittel der Jugendlichen an einem gesunden und leistungsfähigen Körper interessiert ist und ihn pflegt und fast zwei Drittel ihn vernachlässigen. Das ist kein gutes Verhältnis.

Auch hier sind die Eltern ein entscheidender Faktor. Wenn die Eltern keine Körperkultur vorleben und ihrem eigenen Körper keine sonderliche Aufmerksamkeit schenken, sind die Jugendlichen oft auch nicht sonderlich motiviert, außer sie bewegen sich in einem Freundeskreis, der körperehrgeizig ist. Einer fängt dort zum Beispiel im Fitnessstudio an und zieht die anderen mit.

Der alte Ausspruch vom gesunden Geist im gesunden Körper (der römische Dichter Juvenal: „Mens sana in corpore sano") ist weitgehend noch zutreffend. Zumindest würde ich sagen, dass die sportlichen Jugendlichen auch psychisch belastbarer sind – ganz abgesehen davon, dass ihr Immunsystem mehr aushält. In den zwei Coronajahren hat es diejenigen unter meinen Patient:innen zuerst erwischt, die Computersüchtige waren. Ein 15-Jähriger sagte ganz entsetzt: „Ich geh doch nie raus! Treff mich mit niemandem. Warum krieg ich Corona?" Er hat es sich in der Schule eingefangen und sich dann ziemlich entspannt, da er ohne Nebenwirkungen blieb, ganztätig vor dem Computer eingerichtet.

Ich kann leider die Eltern nicht entlasten. Wenn sie selber kein Vorbild sind im Umgang mit dem eigenen Körper, keinen Sport treiben und sich dann beklagen, dass ihre Kinder nur vor dem Computer sitzen, ist das dieselbe Klage wie bei der fehlenden Lesekultur. Keine Vorbilder, keine Nachahmer. „Soll ich jetzt noch mit meiner Tochter joggen gehen? Ich hab noch nie gejoggt, was erwarten Sie von mir?" Einiges. Vor allem aber eines: den Kindern nicht Dinge vorzuwerfen, die man selber nicht praktiziert. Wer unter den Eltern bewegungsfaul oder gar körperfeindlich ist, kann nicht von den eigenen Kindern Körperbewusstsein erwarten. Da klaffen dann elterliche Autorität und jugendlicher Antrieb weit auseinander. Lisa: „Papa sagt immer, mach doch mal Sport, dann biste nicht mehr lange übergewichtig. Dabei macht er selber keinen und ist genauso übergewichtig. Er redet nur!"

Es geht auch nicht darum, dass die Eltern mit ihren Jugendlichen zusammen durch den Wald joggen, sondern darum, dass sie in irgendeiner Form selber aktiv sind. Ihre Kinder müssen nicht dabei sein. Es genügt, wenn sie wissen, dass Papa einmal in der Woche zum Training geht und Mama einmal in der Woche ihr Yogatraining auf der App praktiziert und dabei nicht gestört werden will.

Auch der elterliche Umgang mit Medikamenten prägt die Jugendlichen. Wenn die Eltern bei Kopfschmerzen zur Pille greifen, machen es ihre Kinder genauso. Wenn die Eltern bei Bauchweh oder leichter Übelkeit zu Hause bleiben, bleiben es die Jungen ebenso. Gelernt ist gelernt. Bei Menstruationsbeschwerden frage ich immer, wie die Mutter damit umgeht. „Die Mama geht auch nicht zur Arbeit, wenn sie ihre Mens hat. Wenn ich weiß, dass ich die Mens kriege, bin ich schon am Tag vorher krank … ist bei der Mama genauso." Gelernt ist gelernt. Oft ist in der therapeutischen Behandlung ein erster Schritt Richtung Lösung, eine mögliche Unterscheidung zwischen einer Elternfigur und der oder dem Jugendlichen vorsichtig in Erwägung zu ziehen. „Muss es denn bei dir genauso sein wie bei der Mama oder beim Papa?" „Wie jetzt? Der Papa sagt, das ist genetisch mit der sofortigen Übelkeit, wenn wir Stress haben, ist schon bei der Oma so gewesen."

Wie oft das Wort „genetisch" fällt! Migräne, Übelkeit, ADHS-Unruhe, Bauchschmerzen, Krebs, Darmprobleme (Verstopfung bis hin zu Colitis ulcerosa), Neurodermitis, Adipositas, Menstruationsprobleme, Tics – um nur einige Körpersymptome anzusprechen, die Psychoanalytiker:innen in ihrem Praxisalltag begegnen. Das alles soll nur genetisch bedingt sein?

Wir Therapeut:innen sind zwar nicht alle Mediziner:innen. Doch die körperliche Beschaffenheit unserer Patient:innen ist unser tägliches Brot, sozusagen. Wir alle müssen uns, meistens schon in der Ausbildung, doch auf jeden Fall dann im Praxisalltag, mehr als Grundwissen im Umgang mit dem Körper der Patient:innen aneignen. Die empirische Beobachtung über Jahrzehnte hinweg sorgt für das notwendige Know-how.

Der aktuelle Wissenstand in der Forschung spricht von Epigenetik: Die soziale Umwelt und Prägung ist eine entscheidende Größe im Betrachten körperlicher Symptome und beeinflusst das genetische Stammmaterial unentwegt. Gene sind keine feststehenden und unveränderbaren biologischen Gegebenheiten, sondern in einer permanenten Wechselwirkung mit der sozialen Umwelt begriffen und deren ständiger Beeinflussung unterworfen.

Der Körper wird eine zunehmend wichtige und nie zu vernachlässigende Größe im therapeutischen Prozess. Wer als Therapeut:in sich mit der Psyche der Patient:innen beschäftigt, beschäftigt sich gleichzeitig auch mit deren körperlichem Zustand. Die Zeiten sind vorbei, wo sich Karlfried Graf Dürckheim (1896–1988) fast noch entschuldigen musste (es war das Jahr 1983 während der Lindauer Psychotherapiewochen), dass er dem Körper einen großen

Stellenwert einräumte. Es ist auch 40 Jahre später noch ein hörenswerter, ja geradezu modern wirkender Vortrag über „Der Körper, den ich habe – der Leib, der ich bin". Oft vermögen junge Menschen nicht genau zu sagen, wo der Schuh drückt. Doch sie finden sofort zur Sprache, wenn die Therapeutin nach ihrem körperlichen Wohlbefinden fragt. Meistens muss sie nicht einmal danach fragen. „Ich bin so müde heute / Hab wieder Migräne / Ich bin schlapp / Ich hab schon den ganzen Vormittag Bauchschmerzen gehabt / Ich hab einen komischen Druck auf dem Herzen / Ich hab so einen Juckreiz am Hals / Mein Körper fühlt sich zerschlagen an / Meine Augen brennen / Ich hab blutleere Finger / Ich hab so ein Zittern irgendwie / Ich hab Blähungen, schon seit Tagen / Ich muss in der Schule plötzlich husten, obwohl ich gar nicht erkältet bin" heißt es dann oft schon zu Stundenbeginn.

Der Körper bildet ab, wo die Seele gerade noch diffus und ungestaltet etwas vage Greifbares aushalten will, doch nicht ganz damit zu Rande kommt. Wo Freud noch gemeint hat, der Traum sei der Königsweg zur Seele, würde ich heute – und mit mir wahrscheinlich viele andere Therapeut:innen – auch dem Körper diese Bedeutung zuschreiben. Er ist die bevorzugte Projektionsfläche für nicht erkannte Seelenbewegungen, nicht nur bei jungen Menschen, sondern bei uns allen. Unser Körper bildet unsere seelischen Befindlichkeiten ab – nur sind wir im Lesen und Interpretieren unserer Körpersymptome ungeübt. Der Körper hat sich halt wieder mal quergelegt, die Party verdorben, die Teilnahme am Schullandheim verhindert, das konzentrierte Angehen der Schulaufgabe unmöglich gemacht. Der Körper streikt.

Gerade bei den Erwachsenen ist die Verschiebung auf den Körper als Verursacher erlebter Erschöpfung noch ein ganzes Stück ausgeprägter. „Ich würde ja gerne aktiver sein, doch bin einfach zu müde, der Körper macht nicht mit." „Haben Sie Ihren Körper befragt?" „Warum soll ich meinen Körper befragen?" „Weil er sich doch gerade mitzuteilen versucht in dieser nicht enden wollenden Müdigkeit."

Die rigorose Nichtbeachtung des Körpers ist eine gravierende Abspaltung und offenbart auch noch im 21. Jahrhundert die nicht anerkannte Symbiose zwischen Körper und Geist. Sie existiert, ob es uns in den Kram passt oder nicht. Wo Gefühlstaubheit auftritt, weil ein Gefühl gerade als zu schmerzhaft oder belastend empfunden wird, wird es im Körper deponiert, in Form von Rückenschmerzen, Bauchweh oder Kopfschmerzen.

Die Jugendlichen reagieren sehr sensibel auf einen nicht optimal funktionierenden Körper. Ein müder oder kranker Körper, ein nicht normal, also unauffällig funktionierendes, sondern schmerzendes Knie verunsichert sie. Ihr Selbstbild wird erschüttert, denn Schmerzen suggerieren eine fehlende körperliche Vollkommenheit. Bisher hat noch keine Generation einen solchen körperlichen Optimierungswahn verfolgt wie die jetzige Jugend. Der Körper hat fit, schön und intakt zu sein.

Wie soll das gehen, wenn die Gefühle oft so durcheinander sind, die Gedanken angestrengt und manchmal ganz schön verdüstert durch die Seele ziehen? Wenn der Leib, also die über die reine Körperlichkeit hinausgehende und hinausweisende Leib-Seele-Beschaffenheit gerade gestört ist? Wenn die eigene Identität eine ungefähre bleibt? Oder sogar gefährdet ist, wie oft in den Wirrnissen der Pubertät?

Das hingebungsvolle Performen des Körpers hat oft Stellvertreterfunktion. Der Körper ist Platzhalter für die jugendliche Vision einer eigenen Identität, die noch nicht da ist, doch am Horizont sehnsuchtsvoll aufscheint. Eine Jugendliche, welche die Schule abgebrochen hat, sagt zu ihrem intensiv betriebenen Fitnesstraining: „Bis ich weiß, wo es mit mir beruflich langgeht, trainiere ich schon mal meinen Körper, kann ja nicht schaden."

Der Körper vieler Jugendlicher ist ein Zwischenraum geworden für die Jahre zwischen Kindheit und Erwachsensein. Im körperlichen Gestalten wird die fragile seelische Ausformung überbrückt. Kraft, Ausdauer und Energie werden im Fitnessraum, auf dem Fußballplatz, im Sportverein ausprobiert – um dann im Alltagsleben der jungen Erwachsenen, dem jungen Erwachsenen zur Verfügung zu stehen. Der Sport-Spielort ist also ein Wachstumsort.

Was, wenn diese körperlichen Spielorte fehlen, wie etwa bei den Computersüchtigen?

Da braucht es ein entschlossenes Eingreifen der Eltern. Computer – ja, nur Computer – nein. Handy ja, nur noch Handy, nein. Ich höre die Eltern stöhnen: Wie soll ich bitte einen Jugendlichen vom Computer wegbekommen? Die Jugendlichen beschwören und mit Verweis auf die Gesundheit anflehen, doch wenigstens mal hinauszugehen, bringt offenkundig wenig. Beschwörungsrituale sind vergeudete Zeit und Energie. Appelle verpuffen im irgendwie gestreamten Familienärger. Ein Wort gibt dann das andere und keines davon erreicht die Adressatin, den Adressaten. Die Eltern wüten gegen die unvernünftige Jugend, die Jugend wütet wortreich zurück oder igelt sich wortlos im Zimmer ein.

Wenn nichts mehr geht, geht immer noch – loslassen. Ablassen. Rückzug antreten. Sich neu sortieren. Wiederkommen, doch nicht am selben Tag. Neue Ideen brauchen länger. Nicht aufgeben und nicht wegtreten. Wiederkommen, doch jetzt ruhig und mit einem Vorschlag. Aushandeln. Standhaft bleiben. Keinen Monolog führen in der Art ‚Jetzt reicht es uns, ich sag dir jetzt, wo es langgeht'.

Ein fiktiver Familiendialog mit Mutter, Vater, Sohn:
Ort: Familientisch
Zeit: nicht zwischen Tür und Angel, sondern geplant

Mutter: „Sag mal, weißt du eigentlich, dass du uns wichtig bist, Thomas?" (Pause.)

Thomas: „Ja, warum? Wird das jetzt wieder so eine ‚Wir reden mit dir'-Scheiße?"

Vater (ruhig): „Nein. (Pause.) Davon hat es zu viele gegeben, ich weiß. Tut mir auch leid."

Thomas (sarkastisch): „Ach, plötzlich! Dir tut es also leid, dass du mich vollmüllst, seit Monaten, mit diesem ewig gleichen Mist, ich soll mal was Gescheites machen, nicht immer nur gamen, andere würden auch nicht durchs Leben gammeln, du selber hättest dir das nie leisten dürfen und all die Kacke."

Mutter: „Wir sind wirklich besorgt, ich schlaf kaum mehr …"

Thomas (explosiv): „Da kann ich doch nichts dafür, wenn du Schlafprobleme hast … ich hab keine, kapiert. Oh, ich kann's nicht mehr hören … immer bin ich schuld …"

Mutter (will sich rechtfertigen, Vater legt ihr die Hand aufs Knie): „Na ja. (Zögernd.) Vielleicht haben wir dir wirklich zu oft die Schuld gegeben." (Sie will noch etwas hinzufügen, lässt es aber bleiben.)

Thomas: „Endlich merkst du es, war auch an der Zeit …"

Vater: „Wir fragen uns halt, warum dich nichts anderes mehr interessiert, du triffst keine Freunde, schwänzt die Schule. (Will noch mehr aufzählen, lässt es aber.) Das mit der Schule ist jetzt nicht die Hauptsache."

Thomas: „Ach, plötzlich, seit wann das denn! Ist das eine neue Tour gerade …"

Vater (plötzlich ganz ernst, leise): „Nein … (Er sucht nach Worten.) Ich will dich nicht verlieren, ich will den Kontakt zu dir nicht verlieren … und ich hab das Gefühl, dass es gerade passiert …"

(Stille.)

Mutter (schaut den Vater an, überrascht, berührt): „Ich will das doch auch nicht, es wäre schrecklich …"

Thomas (schaut von einem zum anderen, auch berührt, verunsichert): „He, jetzt tut mal nicht so. Ihr quatscht mich sonst immer so zu, da muss ich mich doch wehren, wenn ihr beide auf mich losgeht wie zwei Verrückte und die Lena immer die Liebe ist. Wo ist sie eigentlich?"

Mutter: „Lena übernachtet heute bei ihrer Freundin. Es war uns wichtig, dass sie nicht stört, wir ungestört mit dir reden können."

Thomas: „Oh, sonst wird doch alles vor Lena verhandelt …" (Mutter macht eine aufbegehrende Bewegung, will was sagen, Vater schaut sie ruhig an, sie schweigt.)

(Stille.)

Vater (ruhig, sicher): „Was macht dich so unzufrieden?"

Thomas: „Ich bin nicht unzufrieden. Hab ich das behauptet?!"

Vater: „Ne, hast du nicht, doch ein 16-Jähriger, der nur noch im abgedunkelten Zimmer sitzt, kaum noch Appetit hat, blass wie ein Halbtoter ist … ist der zufrieden? Bist du zufrieden? Bitte, es ist wichtig für mich, es ist mir nicht egal, wie es dir geht … und ich bin froh, dass ich es jetzt merke und dir sagen kann …"

Thomas: „Ich finde gerade alles ziemlich beschissen, wenn du es wissen willst. So wie jetzt kenn ich euch überhaupt nicht. Man kann ja richtig miteinander reden. Ich hatte in den letzten zwei Jahren das Gefühl, dass ich die Scheißkarte gezogen hab. Immer ging es darum, was ich wieder alles verbockt und falsch gemacht habe. Dabei habt ihr zwei doch so oft Stress miteinander. Da kommt der Sohn, der nur am Computer sitzt, gerade richtig. Da tut man sich dann zusammen und zieht in die Schlacht gegen den, wie ihr sagt, computersüchtigen Sohn. Meine Schwester macht alles richtig, weil sie die Schule nicht schwänzt, ich mach alles falsch. Das stinkt mir. Lena macht überhaupt nicht alles richtig. Sie lügt euch an, und ihr merkt es nicht mal. Stimmt, schulisch liefert sie ab. Ich nicht. Sie ist die Gute, ich bin der Schlechte. Eine verdammte Kacke!"

Mutter: „So viel hast du schon lange nicht mehr mit uns geredet. (Erstaunt, dann …) Danke. Ich bin einfach froh, dass du mit uns redest."

Vater (nachdenklich): „Wir haben es verkackt, irgendwie. Wie können wir dir helfen? Vieles, was du sagst, stimmt ja. Wir haben nur deine Schulleistungen gesehen, die unterirdisch sind. Du selbst bist ja nicht unterirdisch!"

Thomas (rotzig, doch irgendwie mit weicher Stimme): „Stimmt, noch lebe ich."

Mutter (das erste Mal wirklich ruhig und konzentriert): „Wie können wir dir helfen, hat dein Papa gefragt. Es stimmt ja wirklich, statt mit uns anders umzugehen (sie schaut ihren Mann an), haben wir uns auf Thomas gestürzt. Das geht nicht. Das ist unfair dir gegenüber. Was schlägst du vor, Thomas?"

Thomas (ist jetzt ganz da): „Löst mal eure Probleme, ihr redet ja auch kaum miteinander. Macht eine Paartherapie oder was auch immer."

Mutter (schnell): „Hat das deine Therapeutin gesagt?"

Vater: „Das spielt doch jetzt keine Rolle, Susanne! Thomas hat ja recht. Wir teilen auch nicht viel miteinander, außer die Probleme mit Thomas."

(Eine etwas bleierne Schwere breitet sich gerade aus.)

Thomas: „War's das jetzt?"

Vater: „Ja, und danke, dass du mit uns geredet hast. Hat mir geholfen."

Mutter: „Ja, so viel haben wir schon lange nicht mehr miteinander geredet, und ziemlich ruhig sogar. Danke, dass du uns das alles erzählt hast. Muss ich drüber nachdenken."

Thomas: „Ich ruf jetzt einen Freund an, wollte ihn schon lange wieder mal treffen."

Ein Punkt ist mir in diesem fiktiven Rollenspiel, das allerdings genauso in einer therapeutischen Praxis oder im Familienalltag ablaufen kann und es auch tut, ganz wichtig: Eltern machen sich nie lächerlich, wenn sie das echte Gespräch wagen, also nicht vorher schon planen, was gesagt werden muss, sondern mit ihren wahren Emotionen in die Begegnung gehen. Solche Gespräche können dann zu Wendepunkten in der Eltern-Kind-Beziehung werden. Zuhören, zuhören, auch wenn die Botschaft des Jugendlichen nicht zum Elternlob wird. „Widrige Lebensumstände überwachsen“, so C. G. Jung in „Erinnerungen, Träume, Gedanken von C. G. Jung“ (Jaffé, 1990, S. 34), geht nur im Zulassen aller Sichtweisen, auch und gerade der Jugendlichen.

Frei nach Tina Turner „We don't need another hero“:

> „Suchen nach etwas, auf das wir uns verlassen können.
> Da gibt es etwas Besseres irgendwo.
> Ohh, Liebe und Mitgefühl.
> Ihr Tag kommt.
> Alles andere sind Burgen, die in die Luft gebaut wurden …
> … wir sind die Kinder der letzten Generation …
> Was machen wir also mit unserem Leben?
> Wir hinterlassen nur eine Spur.
> Wird unsere Geschichte wie ein Licht
> leuchten oder im Dunkeln enden?
> Gib alles oder nichts.
> Alle Kinder sagen:
> We don't need another hero.
> Alles, was wir wollen, ist hinter der
> Donnerkuppel leben …“

Digitalisierung – Mein Leben spielt im Internet

Die digitale Welt läuft schon die ganze Zeit mit auf den vorangegangenen Seiten. Doch jetzt soll sie zumindest ein Kapitel lang im Zentrum stehen. Denn sie verändert nicht nur unsere Arbeitswelt, sondern unsere ganze Wahrnehmungswelt und wir wissen, Stand jetzt, noch überhaupt nicht, was die digitalisierte Welt mit uns vorhat.

Die Digitalisierung hat unsere Welt innerhalb kürzester Zeit auf den Kopf gestellt. Uns schwindelt ob dieses rasanten Tempos. Wir wollen am Ball bleiben und haben dabei das fatale Gefühl, den Überblick auf dem digitalen Spielfeld schon längst verloren zu haben. Also tut geschwinde Anpassung not.

Was ist die Folge? Wir lassen, scheinbar ohnmächtig, die gigantische digitale Welle auf uns zurollen. Diese Passivität erschüttert etwas, das seit

Menschengedenken als gesichert galt: die menschliche Herrschaft über das eigene Leben.

Es ist schon öfters gesagt und gelistet worden, trotzdem gehört hierher nochmals eine Zusammenfassung zur Beschaffenheit der digitalen Welt.

1. Die Algorithmen beherrschen jede:n Internetnutzer:in. Sie entscheiden, mit welchen Informationen ich auf der Basis meiner Klicks ‚bedient' werde und welche mir vorenthalten bleiben.
2. Die Algorithmen entscheiden, welche Sendung, welche Filme, welche Bücher beworben und welche fallengelassen werden.
3. Die Digitalisierung rationalisiert die uns vertraute Arbeitswelt weg. Es wird jetzt ganz schnell gehen. Die jungen Menschen tun sich immer schwerer, persönlichen beruflichen Neigungen nachzuspüren. Für einige junge Menschen liegt die Antwort auf die Frage nach ihrer beruflichen Perspektive schon jetzt ausschließlich im digitalen Angebot. „Was soll ich mir einen Kopf machen, was ich studieren könnte? Was Digitales muss es doch sein, alles andere kannste vergessen", so ein 19-Jähriger. Und Julius weiter: „Da geht es doch nicht mehr um persönliche Neigungen, sondern darum, was gefragt ist. Ist was anderes als der digitale Job gefragt? Sie hatten es noch gut. In Ihrer Jugend war der Arbeitsmarkt noch so ein persönliches Ding. Das ist er doch nicht mehr! Wo sollen wir denn hin, wenn nicht in die IT-Branche oder so was. Wir werden alle IT-ler oder Influencer. Sie wissen doch selber, was angesagt ist."
4. Der direkte Kontakt ist immer seltener vorgesehen. Er wird gerade wegdigitalisiert, zu teuer, zu zeitraubend. Bots am anderen Ende der Leitung.
5. Die sozialen und medizinischen Berufe halten sich gerade noch. Doch nicht, weil sie als wertvoll und nötig erkannt würden, sondern weil so viele Menschen psychisch und körperlich krank geworden sind, weil wir sie in einer sozial kränkelnden Gesellschaft so dringend brauchen.
6. Die KI-Branche boomt. Die psychologische Branche boomt ebenso, wenn auch, siehe oben, aus anderen Gründen.
7. Die uns beherrschenden Algorithmen liefern Zahlen. Die Wirtschaft formt nach diesen Zahlen ihre moderne Arbeitswelt. Der einzelne Mensch interessiert in diesen Berechnungen nicht. Der Schrei nach einer Wirtschaftsethik, die kein reines Profitdenken zum Hauptinhalt hat, wird lauter, doch geht er im wahnhaften Digitalisierungshype unter.

8. Regierungen weltweit schauen zu, erstarrt im Mithalte-Gestus. Wo bleibt der sozial- und gesellschaftspolitische Blick der Regierungen auf die möglichen Auswirkungen von KI und fortschreitender Digitalisierung? Wir sind zu Datenleser:innen und -interpretierenden geworden. Und vor lauter Datenfaszination fehlen uns zunehmend die Kompetenzen für ein soziales, sprachliches und berufliches Miteinander.
9. Echtes seelisches Befinden hat in der digitalen Welt keine Bedeutung. Es kommt darin nicht vor.
10. Nicht nur ‚findige' Menschen mit monetären und Machtinteressen begrüßen die digitale Welt. Denn sie ist ein prosperierender Wirtschaftsmarkt ohnegleichen geworden. Auch in meinem Gebiet finden Online-Kongresse statt mit bis zu 100 Referent:innen. „Klick dich rein, du findest alles, was dein Herz begehrt". Wenn es dann das eigene Herz doch nicht so anspricht, weil die Referentin, der Referent vor allem Selbstvermarktung betreibt, klickt man sich eben weiter. Doch die Reichweite ist eine ganz andere, als wenn einer einen Vortrag analog hält.

Es braucht keine Kassandrarufe. Doch es braucht einen kritischeren Umgang mit der von der KI betroffenen Spezies Mensch.

Wir wollen gesehen werden vom Menschen-Du. Wenn diese menschliche Erwartung nicht mehr erfüllt zu werden verspricht, begnügen wir uns mit dem Bot, einem Computerprogramm, welches automatisiert und selbstständig vordefinierte Aufgaben mit menschlicher Stimme ausführt. Nicht vorher, erst dann.

Krankheitsbilder Pubertät

Ich sehe in meiner Praxis viele begabte junge Menschen. Sie sind nicht nur schulisch begabt (darunter sind auch mitunter an den gesellschaftlichen Leistungskanon überangepasste Jugendliche), sondern auch in der Selbstdarstellung – nicht immer zu verwechseln mit Selbstbewusstsein – viel weiter, als wir es in der Jugend waren. Im Argumentieren sind viele unter ihnen stark, selbstbewusst und schlagfertig. Wenn ich „Fridays for Future"-Vertreter:innen zuhöre, wie sie in den Talkshows auftreten und auch kniffligsten Fragen standhalten, freue ich mich und denke: Gut, da kommt eine kämpferische und kluge Generation zu Wort, eine, die sich nicht einschüchtern lässt, die detailkundig ist, inhaltlich vorbereitet und für ihre Zukunft zu lernen und zu kämpfen bereit ist. Es sind übrigens vor allem junge Frauen.

Doch es sind nicht alle Jugendlichen so.

Eine Umfrage an den Schweizer Gymnasien hat 2022 die dortigen Rektor:innen aufgerüttelt. 67 % der Gymnasiast:innen pflegen keine Hobbys mehr, weil der Schul- und Hausaufgabendruck so gewachsen ist. Diese jungen Menschen zwischen zwölf und 18 leben nur noch für die Schule. Freizeit war gestern, Hobbys damit ebenso. In der Schweiz wird jetzt erwogen, die Hausaufgaben abzuschaffen, zumindest an den Gymnasien. Warum soll, was in Finnland möglich ist und gut funktioniert, nicht auch in der Schweiz und in Deutschland funktionieren?

Im Durchschnitt, so die landesweite Umfrage, arbeiten die Schweizer Gymnasiast:innen täglich zwei bis vier Stunden NACH der Schule (der Unterricht dauert in der Regel bis 16 Uhr) an ihren Hausaufgaben. Da findet etwas garantiert nicht mehr statt: Jugend.

Und da wundern wir uns noch, dass so viele Jugendliche und junge Erwachsene nicht mehr erwachsen werden wollen!?

In Deutschland (und vielen anderen europäischen Ländern) sind die Kinder und Jugendlichen durch die Pandemieregularien von ihren Freund:innen, Schulkamerad:innen und Peergroups über den besonders für diese jungen Menschen schier unendlich langen Zeitraum von fast zwei Jahren getrennt und isoliert worden. Wenn wir uns vor Augen halten, wie wichtig der stetige Kontakt zu Gleichaltrigen für die Entwicklung von Kindern und Jugendlichen ist, können wir uns die Folgen ausmalen.

Die psychischen Schädigungen sind für viele enorm. In Kurzform: Wer Jugendliche von ihrer Peergroup trennt, stößt sie zurück in den Elternschoß – von welchem sie sich doch gerade lösen wollen und müssen.

Die häufigsten aktuellen Krankheitsbilder bei den Jugendlichen sind: Panikstörungen, Angstattacken, Depression, Selbstverletzung (Ritzen), wieder aufflammende Essstörungen, Aggression, Apathie bis zur emotionalen Abstumpfung. Fangen wir mit dem letzten Punkt an:

Emotionale Abstumpfung

Die emotionale Abstumpfung ist eine direkte Folge der digitalisierten Welt. Sie ist eine Folge des Internetkonsums unserer Kinder. Es geht jetzt nicht um die großartigen Informationsmöglichkeiten, die das Internet uns allen bietet. Es geht nicht um das verniedlichende Rumdaddeln unserer Kinder, an das erschreckend viele Eltern noch glauben. Melden Sie sich bei TikTok an, liebe Eltern, nur mal für kurze Zeit. So habe ich es gemacht, weil ich meine Patient:innen verstehen wollte. Silke Müller, Schulleiterin und Digitalexpertin, hat mir die Augen geöffnet mit ihrem Buch „Wir verlieren unsere Kinder" (Müller, 2023).

Was mir durch ihr Buch aufgezeigt wurde, hatte ich so nicht erwartet. Plötzlich glaubte ich zu verstehen, warum „Schule so langweilig" ist, warum auch gute Lehrkräfte es kaum noch schaffen (und Silke Müller dürfte eine sehr gute Lehrerin sein), die Schüler:innen zu einer interessierten Lernhaltung zu bringen, warum Eltern ihre Kinder so schwer erreichen, warum sie glauben, das Einrichten eines Jugendschutzfilters sei ausreichend. Ich war wieder einmal mit einem Jugendlichen bei der Polizei, weil er unbedacht ein grausames Sex-Video weitergeschickt und dadurch verbreitet hatte. Doch bei ihm ist es gefunden worden. Natürlich ist es nicht meine Aufgabe, mit Jugendlichen zur Polizei zu gehen. Ich habe es früher nie tun müssen. Doch die therapeutische Situation ist manchmal so – gerade, wenn man dem Jugendlichen gegenüber unter Schweigepflicht steht und die Eltern zuerst vorbereitet werden müssen oder sie sich der Situation nicht gewachsen fühlen –, dass auch wir Therapeut:innen neue Wege gehen müssen. Der zuständige Polizist dort: „Sie glauben gar nicht, was wir alles reinbekommen an Videos, welche die Jugendlichen oft gedankenlos verbreiten, und sie werden immer jünger, es ist unsäglich!"

In der digitalen Welt, in welcher die Jugendlichen unterwegs sind, kursieren Videos über Selbstverletzung, Demütigungen übelster Art, Challenges in Verbindung mit Entwertung und Blamage. Ein paar unsortierte Beispiele: Wer hat zuerst den Beweis, dass eine ihn geblowt hat / verstopfte WCs / Schlägereien, genannt Happy Slapping (ein Schüler wird überraschend ins Gesicht geschlagen, ein anderer filmt und stellt das Video gleich ins Netz). Die Hauptsache scheint, man ist dabei. In der ARD kam vor Kurzem ein Dokumentarfilm über vier Influencer:innen. „Du siehst mich" lautet der Titel, er ist symptomatisch, er ist Programm. Das Programm heißt, so hoffen die Social-Media-User:innen, die Sichtbarmachung der eigenen Person. Die Sucht nach Likes, nach medialer Aufmerksamkeit ist inzwischen für Jugendliche Normalität geworden. Wer seinen Körper zeigt, oder den eines anderen, wer schamlos kommuniziert, macht doch nur nach, was das Netz so hergibt. Die Aufregungen müssen immer mehr gesteigert werden, denn was heute noch mediale Empörung auslöst, ist morgen schon vergessen. Die Contents müssen immer krasser, heftiger, brutaler werden, denn sonst passiert ja das „Du siehst mich" nicht mehr. Doch eines bleibt unberücksichtigt: Die seelische Verstümmelung wächst mit jedem Schockvideo (Pornografie oder Gewalt, Demütigung), das meine Patient:innen mir präsentieren. Ich weiß dann, warum sie mir diese Videos zeigen: Sie wollen eine Einordnung. Sie wollen, dass ich mich zeige in meinem Erschrecken, meiner Empörung – und in meinem Mitfühlen. Oft wissen sie ja gar nicht mehr, ob und was sie fühlen sollen, oder dass sie überhaupt etwas fühlen sollten. Ein Jugendlicher zeigt mir ein Video, in welchem zwei ältere Männer einen Jugendlichen penetrieren und ihn dann wie ein Stück Abfall über die Mauer werfen. Matteo: „Das Zeugs gibt es ja ständig, juckt mich gar nicht mehr." „Du hast es mir trotzdem gezeigt, vielleicht macht es doch was mit dir … ich könnte jetzt schreien oder weinen, irgendwie tut es mir gerade so leid, dass du mit solchen Videos aufwachsen musst, du und deine Freunde!" „Ich verkrafte es ja ziemlich problemlos, doch ein Freund von mir überhaupt nicht, der schläft jetzt nicht mehr …" „Ich kann ihn verstehen … das ist nur übel." (Es sind oft die ‚Freunde', die überfordert sind.) „Danke, dass du es mir gezeigt hast. Doch wie geht es denn dir mit solchen Videos?" „Ach, so ein Scheiß ist ständig im Netz, man sieht es halt und vergisst es im nächsten Moment." Tatsächlich ist es so, dass der Social-Media-Algorithmus sofort reagiert, wenn bestimmte Seiten aufgerufen werden. Er schlägt dann weitere Inhalte dieser Art vor. Bei TikTok entscheidet der Algorithmus, was die:der Benutzer:in zu sehen bekommt. Der Algorithmus steuert also die den Jugendlichen zur Verfügung gestellten Videos. Eine 16-Jährige zeigte mir ein Video, auf welchem ein kleiner Hund so lange von Jugendlichen getreten wird, bis er sich nicht mehr rührt. Sie, unter Tränen: „Jetzt krieg ich ständig solche Videos. Jedes Mal, wenn ich unseren Hund streichle oder mit ihm Gassi gehe, kommen die Bilder hoch! Ich will das nicht mehr." „Hast du mit deinen Eltern darüber gesprochen?" „Ne, die sagen dann sofort, wir haben es dir ja gesagt, dass TikTok scheiße ist." „Sind sie denn auf TikTok?" „Ne, Mama hat gesagt, wie ich ihr etwas zeigen wollte: Verschon mich mit TikTok."

Liebe Eltern, es geht nicht, dass Sie sich verschonen lassen. Machen Sie keine Vogel-Strauß-Politik. Es ist schon ein unglaubliches Armutszeugnis, dass die Politik die Brisanz eines Mediums wie TikTok für die seelische Entwicklung unserer Jugendlichen so völlig ausblendet. Hier muss eine Regulierung hin. Ethik im Netz hat keinen adäquaten Stellenwert. Dass das Internet, im Besonderen chinesische Hightech-Konzerne, die Kinder gezielt verstören, ist kein Thema im Bundestag. Es sind ja wieder mal nur Kinder … und die haben Eltern.

Die Jugendlichen vergessen diese verstörenden Inhalte nicht, auch wenn sie es selber glauben. Sie müssen sich abhärten, um diese ständig und schnell verfügbare Netzbrutalität emotional auffangen zu können. Und sie sind allein, allein mit anderen Jugendlichen, die ebenfalls keine Weicheier sein wollen. Die Eltern wissen in der Regel nichts von dieser seelischen Abstumpfung ihrer Jugendlichen, welche sich diese als Schutz aufgebaut haben. Sie bekommen sie nur im Kontaktverhalten diffus zu spüren.

Die seelische Abstumpfung nimmt zu.

Der Fall „Louise" hat zu Recht für großes Erschrecken gesorgt, auch wenn er ein Einzelfall bleibt. Zwei zwölf- und 13- jährige Mädchen töten eine Zwölfjährige mit entsetzlicher Brutalität. Auch sie waren im Netz unterwegs, haben sich dort ‚Anregung' geholt. In der verständlicherweise aufgeregten Medienberichterstattung und den dazugehörigen Sendungen fehlt allerdings ein wesentlicher Punkt. Er muss uns hier beschäftigen.

Was haben diese zwei minderjährigen Täterinnen erlebt, bevor sie wurden, was sie jetzt sind, nämlich Mörderinnen? Kein Kind, keine Jugendliche und kein Jugendlicher wird einfach ein:e Mörder:in. Das gibt es nicht. Taten von Fremdverletzungen haben immer eine Vorgeschichte.

Die Vorgeschichte umfasst viele Aspekte: zum Beispiel die besondere familiäre Situation, das soziale Umfeld und damit besondere Entwicklungsrisiken, aktuelle Einflüsse und Belastungen und vieles mehr. Ich kritisiere an der medialen Auseinandersetzung insbesondere das Totschweigen. Damit findet eine Fortschreibung der tragischen Geschichte dieser beiden Mörderinnen statt. Sie waren emotional abgestumpft. So kommt kein Kind auf die Welt. Die emotionale Abstumpfung bis hin zu dieser schrecklichen Tat hat eine lange Vorgeschichte. Entsprechend befremdlich waren für mich als Kinder- und Jugendlichentherapeutin die eindimensionalen Berichterstattungen über solche dramatischen Taten.

Das Szenario von Kindern oder Jugendlichen, die plötzlich zu Monstern werden, ist falsch und undifferenziert. Und noch etwas: Es macht Angst. Eine Mutter, deren Sohn wegen Aggressionen zu mir in Therapie kam, hat mich gleich gefragt: „Muss ich mit so etwas bei ihm auch rechnen, dass er plötzlich durchdreht, auf mich oder andere losgeht?" Nein, muss sie nicht. Ihr Sohn ist nicht abgestumpft. Er ist nur, wie viele andere junge Menschen, sehr „digitalisiert". Die Eltern haben ihn zu lange im faszinierenden, mit ständigen Reizen versehenen digitalen Universum allein gelassen. Corona hat auch die Eltern müde gemacht. Die analoge Welt, also die reale Beziehung zwischen Eltern und ihren Kindern, hat gelitten. Der Computer ist in der Pandemie hochgefahren, die einfühlsame Auseinandersetzung in der Familie runtergefahren worden. Das ist alles – und doch hat dieses Hoch- und Runterfahren viele Familien in ihrer Bindungskonsistenz geschwächt. Es ist also höchste Zeit für mehr reale, wärmende und spannende Begegnungen innerhalb und außerhalb der Familien.

Die Jugendlichen sagen mir oft: „Mein Vater verschwindet ja auch gleich hinter dem Computer, wenn er nach Hause kommt, und meine Mutter hat auch nur das Handy in der Hand, wirft mir aber vor, ständig am Handy zu sein."

Wir Erwachsenen müssen uns schon entscheiden: Wollen wir Kinder, die von der realen Beziehungswelt enttäuscht sind, weil sie kaum mehr stattfindet und also in die digitale Welt flüchten, oder helfen wir ihnen, an den Wert von mitmenschlicher Kommunikation zu glauben, indem wir mit ihnen und für sie Erfahrungen ermöglichen? Ein Musiktipp für Sie, liebe Eltern: Hören Sie Lea, Dota, Joel Brandenstein. Da äußert sich gerade eine mittlere Generation (alle drei sind um die 40), die wieder in die Gefühlssprache findet. Und das, wie ich finde, sogar verdammt gut – und hochmusikalisch, politisch (Dota) und kein Blatt vor den Mund nehmend.

Auch wenn wir nicht wissen, was in den Familien und dem Umfeld der beiden Mädchen wirklich los war, können wir doch einen Schluss für uns ziehen: Bemühen wir uns um eine lebendige Kommunikation mit unseren Kindern und Jugendlichen, treten wir in Kontakt, um auch über schwierige Themen, Sachverhalte und Verhaltensweisen zu sprechen, zeigen wir unser Interesse an ihren Belangen und ihrer uns oft fremden Welt!

Kinder und Jugendliche dürfen straucheln, Eltern übrigens genauso. Doch irgendwann ist es die Aufgabe der Eltern, bei ihren Kindern genau hinzuschauen und Hilfe zu holen, statt nach außen hin krampfhaft das Bild einer intakten Familie hochzuhalten. Diese beiden Mädchen müssen vorher schon auffällig gewesen sein oder zumindest die eine von beiden. Die andere ist vermutlich in eine psychische Abhängigkeit der Haupttäterin geraten, wie es oft passiert bei selbstunsicheren Jugendlichen.

Manchmal frage ich mich, was Kinder und Jugendliche alles tun und an vielfältigen Symptomen produzieren müssen, bis Eltern endlich einen Hilfeschrei in deren Verhalten erkennen können. Wir leben alle in einer hochkomplexen Zeit: Corona liegt hinter und die nächste Pandemie vermutlich vor uns, in Europa herrscht Krieg, die Natur gebärdet sich unberechenbar, die automatische Zunahme der Wohlstandsgesellschaft ist infrage gestellt. Die Digitalisierung der Welt nimmt zu, die analoge Welt ab.

Viele Familien erleben sich nicht mehr als Zentrum eigener Wirksamkeit, sondern fühlen sich von den sozialen, politischen und wirtschaftlichen Veränderungen und Umwälzungen getrieben. Müssen wir uns denn so treiben lassen wie eine orientierungslos gewordene Schafherde? Müssen wir diese Umwälzungen widerstandslos über uns ergehen lassen?

Wir können alle viel mehr. Wir müssten nur etwas nachdenklicher werden und wieder Stellung beziehen, im eigenen Leben, in der Familie, in der Partnerschaft, in der Gesellschaft.

Der mediale Lärm ist so groß und manipulativ wie noch nie. Wir werden den ganzen Tag gefüttert mit Aktualitäten, die so schnell verpuffen, wie sie hochgeschrieben wurden. Was heute vier Eilmeldungen wert war, ist morgen schon wieder vergessen und abgelöst durch die nächsten vier Eilmeldungen. Die Topnachrichten eines Vormittags:

„Heute schon an die Zukunft denken mit KI. Ihr Weg zum Reichtum: 3 Top Artificial-Intelligence-Aktien"
„Füllkrug-Wahnsinn: Spektakulärer Bundesligawechsel auf der Zielgeraden"
„Verkündung im Podcast: Ehe-Aus bei Oliver und Amira Pocher"

Wann hat es eigentlich angefangen mit diesen prominent platzierten und doch so unsäglich seichten Eilmeldungen im Onlinegeschäft? Sogar im

Fernsehen platzt in irgendeinen Film manchmal eine Eilmeldung herein. Gejagte, die wir sind, nehmen wir manchmal noch während des Films, den wir in Ruhe genießen wollten, den Laptop hervor, um uns zur Eilmeldung zu informieren. Selbst für uns scheint dieses Verhalten schon selbstverständlich, wir reagieren weder kritisch noch selbstkritisch.

Wir schlucken Reize im Sekundentakt, nur verdauen können wir sie nicht. Und die Jugendlichen können das genauso wenig. Unser Gedächtnis leidet. Informationen schwappen wie die Sintflut ins Gehirn. Und obwohl das Gedächtnis unendliche Speicherkapazität hat, ist es auf diese oft belanglosen News-Druckwellen, die im Sekundentakt einfluten, nicht vorbereitet. Informationen können kaum mehr gefiltert, das heißt in notwendig oder überflüssig eingeteilt, unterschieden und aussortiert werden, eine notwendige und sinnvolle Hirnleistung. Weil unser Gehirn aufgrund der Masse und des Tempos sowie der „Sensationierung" der Informationen der zur Ordnung notwendigen Bewertungskriterien beraubt ist, kann der erforderliche Filterprozess nicht ausreichend stattfinden. Dies führt zu Reaktionen wie Abschalten, Vergesslichkeit, Konzentrationsstörung und anderen dysfunktional wirkenden, aber eigentlich schützenden Verhaltensweisen. Alles ist wichtig – alles ist unwichtig.

Der Rektor eines Gymnasiums in München sagte mir unlängst: „Wie bekommen wir wieder konzentrationsfähige Schüler und Schülerinnen? Die Hälfte von ihnen ist schlafgestört, viele haben enorme Mühe, sich einen Text zu merken. Viele erreicht man gar nicht mehr so richtig. Eine interne Umfrage hat ergeben, dass die meisten von ihnen zwischen Handy, Laptop und Computer hin- und herwechseln beim Lernen. Manchmal läuft noch ein Fernseher im Hintergrund … und Musik sowieso. In einer Klasse kam raus, dass von 26 Schülern acht sogar mit Musik im Ohr sich einen Schulaufgabenstoff einverleiben. Wenn sie ihn sich überhaupt noch einverleiben. Macht ja alles ChatGPT für sie. Wie soll das funktionieren?"

Der Aufschrei ist berechtigt. Es funktioniert nämlich nicht. Wenn ein Gehirn reizüberflutet ist, schaltet es in den Notfallmodus, das heißt: Es schaltet ab. Ein Kunstlehrer berichtet von einer zehnten Klasse, die ihn gebeten hatte, doch Musik laufen zu lassen während des Unterrichts. Auf seine Frage, warum denn Musik beim Zeichnen eine Unterstützung sein könne, kam die Antwort: „Dann ist es nicht so still."

Täuscht der Eindruck oder ist es wirklich die erste Generation, die Stille nicht mehr aushält? Der Kunstlehrer gab dem Musikwunsch nach. Doch er wollte mehr wissen, er wollte die seelischen Schwingungen der Schüler:innen für sich selber sichtbar werden lassen (wie weiß ich solche Lehrer:innen zu schätzen). Er ‚strapazierte' die Schüler:innen einer neunten Klasse mit der Versuchsanordnung ‚dreißig Minuten Stille', keine Aufgabe, nur still dasitzen. Das Ergebnis – der Lehrer hatte um ehrliche Antworten (falls gewünscht auch anonym) gebeten – war erschütternd. Hier eine Auswahl der Schüler:innenantworten, teilweise mit vielen Rechtschreibfehlern, die ich hier korrigiert habe:

„Ich hab gedacht, ich dreh durch."

„Ich war kurz vor dem Ausrasten."

„So was müssen Sie nicht wiederholen. Da kann man gleich zu Hause bleiben, es war entsetzlich langweilig."

„Kunst ist ja eh so lala. Doch das war der Gipfel. Stinklangweilig."

„Nur komische Gedanken. Brauch ich nicht. Schon gar nicht in Kunst."

„Mir hat die Stille Angst gemacht. War nicht gut, so gar kein Kontakt. Das ist ja, wie wenn man verschwinden würde."

„Ich hätte am liebsten geschrien. Doch dann hab ich gedacht, dann glauben die anderen, ich spinne. Und dann komm ich in die Klapse."

„Es war ziemlich fad. Es war einfach scheiße."

Nur drei Schüler:innen schilderten positive Erfahrungen:

„Es war schön. Wenn es nur immer so ruhig hier wäre und man in Ruhe zeichnen könnte. In Kunst sind einige immer so aufgekratzt und machen dann Mist."

„Ich fand es richtig cool. Nur das blöde Gekicher einiger Mitschüler hat genervt. Ich weiß jetzt genau, was ich malen will zu diesem Thema."

> „Es war so schön ruhig, bis auf wenige Ausnahmen. Es wäre schön, wenn es in der Schule immer so sein könnte. Ich war am Strand, und das Meer war ganz blau und ruhig."

Nur sieben von 24 Schüler:innen hatten mit ihrem Namen unterschrieben. Der Vollständigkeit halber sei erwähnt, dass dieses ungewöhnliche Vorgehen des Lehrers dazu führte, dass zwei Jugendliche Hilfe bekamen. Es gibt fast in jeder Klasse Schüler:innen, die wortlos und geräuscharm schreien. Und niemand hört sie.

Dieser Lehrer hat sie gehört, dank seines Mutes, einmal ein anderes Vorgehen im Unterricht zu wagen.

Panikattacken

Es hat sie schon vor Corona gegeben. Doch laut Kinderärzt:innen sind sie seit Corona viel häufiger geworden. „Jeder gefühlt zehnte Patient zwischen zwölf und 18 Jahren klagt über Panikattacken … wie ein Virus, so will es mir vorkommen seit Corona", so ein Kinderarzt, dem ich in wenigen Monaten drei Konsiliarberichte zugeschickt habe. Diagnose: Panikattacke. Ich gehe mit dieser Diagnose sorgfältig um. Wenn ich das Gefühl habe, dass die Panikattacke nur das ‚schreiende' Symptom ist, hinter dem sich eine Depression verbergen könnte, wähle ich die Depression als gesicherte Diagnose. Oder wenn Belastungsstörungen augenscheinlicher werden, stehen diese und deren Behandlung im Vordergrund.

Trotzdem ist es offensichtlich: Die Panikstörungen unter den Jugendlichen nehmen gravierend zu.

Wie äußert sich eine Panikattacke? Sie ist eine Untergruppe der Angststörungen und kommt für die Betroffenen meistens überraschend. Die Herzschlagfrequenz erhöht sich, der Mund trocknet aus, übermäßige Schweißtätigkeit macht sich bemerkbar, die „Gedanken fahren Karussell" (so ein 15-Jähriger), regelmäßiges Ein- und Ausatmen ist kaum mehr möglich, wobei vor allem der Ausatem nur noch stoßweise und verkürzt stattfindet, ein Muskelzittern ist zu beobachten. Angst flutet das Hirn und den Körper. Katastrophenszenarien treten gedanklich auf. Schwindel und Übelkeit suchen den Betroffenen heim. Gedankensteuerung und weitgehend auch Handlungskontrolle versagen.

Viele Jugendliche überrollt Panik beim U-Bahnfahren, beim Referat in der Schulklasse, bei der großen Geburtstagsparty, wo wieder mal viel zu viele gekommen sind, beim Versuch, das Haus zu verlassen, auf dem täglichen Weg in die Schule.

> „Ich war auf dem Weg zum Bus … da wurde es plötzlich so wattig, hab die Leute nicht mehr scharf gesehen … wusste, jetzt kommt wieder eine Panikattacke. Ich hab mich zu einer Bank geschleppt, hatte das Gefühl, ich muss sterben, mein Herz geht nicht mehr richtig.“ (Anja, 16 Jahre)

> „Ich stand vor der Klasse, Sie wissen ja, wie ich Referate hasse, dann hat alles gebrannt in mir, der Kopf wurde ganz heiß, ich konnte die Tränen nicht mehr zurückhalten, hab nur noch geheult, die Lehrerin hat mir einen Stuhl hingeschoben. Ich bin rausgerannt. Auf dem Klo musste ich mich übergeben.“ (Simone, 14 Jahre)

> „Es waren so viele Leute auf der Party. Kannte fast niemanden. Hab dann Alkohol getrunken, weil so ein Engegefühl in die Brust kam. Hab gehofft, dass mich das lockerer macht. Mein Herz hat gerast, einer hat mich noch blöd angemacht. „Du guckst ja ganz deppert!“ Bin raus in den Garten. Paul kam nach. „Was ist los, zu viel gesoffen?“ Ich hab ja gesagt, dabei war es gar nicht viel. Paul hat andere gerufen. Ich wollte nicht, dass die alle um mich herumstehen. Dann bin ich ohnmächtig geworden.“ (Moritz, 17 Jahre)

Was alle hier Zitierten gemeinsam haben, ist ein Gefühl der Überforderung, das sie tief in ihrem Innern begleitet und auch in die Therapie geführt hat. Sie haben Schulstress, Versagensängste, bewusst oder unbewusst. Sie haben kein gefestigtes Ich, sind oft Marionetten ihrer Eltern und von deren Erwartungen, haben wenig Selbstvertrauen, doch einen imaginierten Rucksack voller Vorstellungen auf dem Rücken tragend, wie sie sein müssten, um ‚richtig‘ zu sein.

Es sind keine Weicheier! Wie oft höre und lese ich inzwischen von der verweichlichten und verwöhnten Jugend. Mag sein, dass die jungen Menschen in den letzten 20 Jahren materiell verwöhnt worden sind. Doch die Gewissheit, es zunehmend besser zu haben als die Eltern, schwindet. In das

Überflussdenken schleicht sich eine „Unterflusssorge" oder auch ein bewusstes Entscheiden gegen den Überfluss ein.

All unsere Bemühungen, die westliche Welt hier zu einem sicheren Ort zu machen, werden unterspült von Pandemien, Naturkatastrophen, jetzt sogar noch Kriegen in Europa, vom weltweiten Kampf um Bodenstoffe, von Hungerkatastrophen, Kinderarmut, schlimmen Klimaszenarien, der Sorge vor politischen Machtverschiebungen, und als sei das alles noch nicht genug, im Privaten von zerbröselnden Familienstrukturen. Auch die als Offenheit getarnte Geschlechterbeliebigkeit, wie es sie noch nie gab, verunsichert (Beispiel ARD Tagesschau, 1. April 2023, wo von den „entbindenden Menschen" gesprochen wird, um niemanden auszugrenzen, und was viele Mütter, bekannt und unbekannt, mit einem berechtigten Aufschrei der Empörung beantwortet haben). Zu guter Letzt kommt noch dazu, dass die Spezies Mensch in einen unabsehbaren Leistungskampf mit der künstlichen Intelligenz eingetreten ist. Der Frage „Wo ist die KI besser, wo der Mensch?" musste sich noch keine Generation stellen. Freud hat vor über einem Jahrhundert von den drei größten Kränkungen der Menschheit gesprochen:

- der kosmologischen (Kopernikus: Die Erde ist nicht der Mittelpunkt der Welt);
- der biologischen (Darwin: Der Mensch stammt vom Affen ab);
- der psychologischen (Freud: Das Ich ist nicht Herr in seinem eigenen Haus, weil es das Unbewusste gibt).

Jetzt ist also noch eine weitere dazugekommen: die künstliche Intelligenz – und an ihrer Seite bald sichtbar der humanoide Roboter, in äußerer Perfektion dem Menschen dann wahrscheinlich zum Verwechseln ähnlich, nur leider perfekt, ohne Emotion.

Und, so mein Eindruck, diese vierte Kränkung wird weltweit bagatellisiert. Es ist erschreckend, wie gerade die Politiker:innen sich dieser vierten, vielleicht größten Kränkung nicht bewusst zu sein scheinen und also wenig Handlungs- sprich: Regulierungsbereitschaft zeigen.

Die Jugendlichen erfahren gerade am eigenen Leibe diese hochkomplexe Zeitenwende.

Vielleicht fragen Sie sich, liebe Leserinnen und Leser, ob denn diese wiederholten Ausflüge über die Familie hinaus in die globale Weltordnung nötig sind. Sie sind es meiner Meinung nach. Unsere Jugend ist vernetzt mit der Welt wie keine zuvor. Wir dürfen also hier nicht am alten Gartenzaun der Familie halt machen. Schon Vorschulkinder stehen, ob wir es wollen oder nicht, schon lange jenseits des eigenen heimelig-beschützenden deutschen Gartenzauns. Ein Grundschulkind hat mir vor Kurzem ein Lied aus „Dein Song" (ZDF) vorgesungen (in dieser Sendung singen zehn- bis 19-jährige Songwriter:innen ihre eigenen Lieder, eine Sendung, die bereits ins 15. Jahr geht). Das Kind sang in lupenreinem Englisch. Auf dem Video, das mir der achtjährige Junge zeigte, trägt eine Zehnjährige ihr selbst komponiertes Lied im Fernsehen vor. „Wie hast du denn so gut Englisch gelernt?" „Ich hör es mir immer wieder an und dann sing ich es so wie das Mädchen. Das Lied ist so schön." „Find ich auch. Verstehst du denn, was sie singt?" „Nö, ist mir egal." „Kann ich verstehen, doch du hast ja unglaublich gut zugehört, das beeindruckt mich."

Generalisierte Angststörung

Es ist auf den ersten Blick für den Laien nicht einfach, Panikattacken von generalisierten und phobischen Angststörungen zu unterscheiden. Die wichtigsten Unterscheidungsmerkmale sind die Dauer und die Konkretion (bei der Panikattacke fehlt das Objekt). Die Panikattacke ist plötzlich da und ebbt ebenso plötzlich wieder ab. Die generalisierte Angststörung kann oft chronisch werden und wird irgendwann gar nicht mehr als ‚nicht normal' wahrgenommen. Der Betroffene bezeichnet sich dann als eher ängstlicher Typ.

Jugendliche mit einer Angststörung machen sich über alles Mögliche Sorgen. Ihr Selbstvertrauen sinkt schnell angesichts einer neuen Herausforderung. „Das macht mir Angst, das schaff ich wahrscheinlich gar nicht … ich kann nicht mehr schlafen deswegen." Eine innere Unruhe und Nervosität ergreift sie, sie kommen nicht mehr los von ihrer Besorgnis. Die Möglichkeit zur Selbstberuhigung (‚Das wird schon klappen / Muss ja nicht perfekt sein / Irgendwie krieg ich den Vortrag, die Prüfung, das Bewerbungsgespräch, die Trennung vom Freund schon hin, andere haben es ja auch überlebt′) ist nicht ausreichend vorhanden. Oft leiden diese Jugendlichen auch an einer starken Schweißgeruchbildung, ohne es selber zu bemerken. Ich habe in den letzten Monaten zweimal erlebt, dass Patienten sich beschwert haben über einen Sitznachbarn in der Schule. „Der stinkt so, ich halte das nicht aus!" Es ist keineswegs immer ein Zeichen mangelnder Körperpflege (was gerade in der Pubertät natürlich mitgedacht werden kann), wenn eine Jugendliche, ein Jugendlicher unangenehm riecht. Ich frage dann nach dem Wesen dieses Jugendlichen. Und oft bekomme ich zu hören, dass sie oder er eigentlich ganz nett sei, vielleicht etwas schüchtern. Wir kennen alle den Begriff des Angstschweißes, der oft in Verbindung mit Angststörungen besonders intensiv auftritt. Die Angststörung wird deshalb generalisiert genannt, weil sie auf alles Unvertraute gerichtet sein kann.

Die phobische Angststörung

Sie richtet sich auf ein bestimmtes Objekt oder eine bestimmte Situation. Die häufigste Form der phobischen Angststörung ist die soziale Phobie. Sie kann sich vielfältig zeigen, zum Beispiel in Angst vor Erröten, vor einem Auftritt vor Mitschüler:innen, vor einer nicht überschaubaren Menschengruppe, vor Fremden (Fremdenphobie, welche sich oft hinter Fremdenfeindlichkeit verbirgt: „Alle Türken sind …", „Alle Juden sind …", „Alle Araber sind …", „Alle Frauen sind …", „Alle Männer sind …"). „Der Fremde in uns, das ist der uns eigene Teil, der uns abhandenkam und den wir Zeit unseres Lebens, jeder auf seine Weise, wiederzufinden versuchen. Manche tun dies, indem sie mit sich selbst ringen, andere, indem sie andere Lebewesen zerstören." (Gruen, 2022, S. 51)

Spezifische Phobien sind zum Beispiel: Agoraphobie, Hundephobie, Spritzenphobie, Akrophobie (Höhenangst), Spinnenphobie, Verletzungsphobie.

Depression

Depressionen nehmen seit 2020 bei Kindern und Jugendlichen zu. Zahlen für 2023 liegen noch nicht vor, doch scheint ein Anstieg absehbar zu sein.

Ein wesentlicher Parameter scheint der soziale Rückzug zu sein. Doch gerade da ist auch Vorsicht geboten: Jugendliche ziehen sich alterstypisch von Eltern zurück.

Hier der Erfahrungsbericht einer Frau, die über 20 Jahre mit Depressionen zu kämpfen hatte. Jetzt fühlt sie sich frei davon. Eine depressive Episode, so hatte sie mir berichtet, „ist mir nochmals durchgerutscht, weil ich statt in die Aggression noch mal ins alte Muster der Selbstaggression gerutscht bin". Und damit hat sie nach meiner Einschätzung den Boden, auf welchem Depressionen so gut gedeihen können, treffend benannt.

Hier nun ihr Text:

„Die schwarze hündin hat wieder zugebissen ich will das nicht nein nein bitte nicht geh geh einfach weg warum kann ich dich nicht vertreiben du scheusal du kaputtmacherin warum warum warum warum jetzt geh ich wieder unter jetzt kommt die scham wie eine riesenwelle und deckt mich zu haut mich weg morde mich selber wieder das Gedächtnis Scheiße wie wenn noch nie eines dagewesen wär ja warte nur du wirst dement Depression macht dement klar doch wie mach ich mich unsichtbar es klingelt an der tür ein postbote warum kommt ein postbote zu mir will doch gar niemand von mir was wissen lasst mich doch alle in ruhe bitte lasst mich nicht allein ich verhungere ohne dich lächle nicht dass die nachbarin denkt es sei nicht alles in ordnung verstecke dich dir sieht man ja von weitem an was für eine loserin du bist alle werden es merken du spielst ja den anderen nur was vor jetzt erkennen mich alle ein stück scheiße so große haufen kackt kein hund nichts mehr gelingt der computer geht sicher auch noch kaputt das auto die waschmaschine wie verdreckt ich bin kommt kein wasser an meinen körper ich kann nicht duschen ich kann nicht mehr raus aufstehen gibt es eine größere qual eingesperrt wo ist der gefängniswärter ach was wärterin du verblödung total hol dir nur die schlechtesten gedanken was quatschen alle von guten erinnerungen wiederbeleben zurückholen holen von wo denn bitte weinen alle sagen weinen ist gut idioten unwissende besserwisser ein depressiver wie ich weint nicht er wäre dann ja gar nicht depressiv! ich sterbe gerade neu der körper macht ja alles mit der überlebt mich gerade dummkopf die gefühle sind abgehauen nur eines noch da scham sogar noch ein zweites schau an schuld immens haut mich runter und ewig gehen alles beenden? Der vollständige bankrott dann triumphiert ihr doch selbstmitleid wie eine riesenwolke ich verachte mich wie gestört ich bin nur hat es halt keiner gemerkt vielleicht waren sie auch nur höflich wollten mir nicht sagen was sie wirklich denken die lügen doch alle ich dir was bedeuten so naiv bin ich nicht man darf keinem glauben glaub ja nicht mal mir nicht einmal dazu bin ich imstande ich brauch mich nicht mehr den körper lass ich in ruhe der kann nix dafür der hat mir doch nie weh getan der nicht ihr alle nicht du auch nicht jetzt bin ich es nur noch allein allein auf einer ganzen so winzigen welt schrumpfung ohne punkt was ist ein punkt was ist anfang man weiß nichts davon."

Selbstverletzung (Ritzen)

Nachdem das selbstverletzende Verhalten in den Jahren vor der Pandemie etwas seltener geworden war, kehrt es jetzt wieder gehäuft zurück.

Das Krankheitsbild des Ritzens finden wir dort, wo es zu emotionaler Misshandlung gekommen ist. Früher waren es überwiegend weibliche Jugendliche zwischen 16 und 20 Jahren mit einer Borderline-Störung, die sich selbst verletzt haben. Inzwischen ist es immer noch eine weibliche Mehrheit an Betroffenen, doch die Selbstverletzung bei den männlichen Jugendlichen nimmt zu, auch wenn bei ihnen nach wie vor die Aggression anderen gegenüber Ausdruck ihrer Selbst-Verzweiflung ist. Nach wie vor gilt, dass Jungen ihre Konflikte eher externalisieren in Verbindung mit den dazu gehörenden Abwehrstrategien. ‚Ich fühl mich zwar scheiße, doch das sollen andere zu spüren bekommen, die sollen sich scheiße fühlen, nicht ich.'

Dass das Ritzen in und nach Corona wieder zunimmt, kann kaum erstaunen. Die jugendlichen Mädchen (ich möchte mich auf sie konzentrieren, weil ich es nach wie vor mit überwiegend jugendlichen Ritzerinnen zu tun habe) waren im Lockdown den Eltern zu nah – und ihrer Peergroup zu fern. Anhaltend große Nähe, das wissen wir alle, ist dann gut zu verkraften, wenn wir uns gut abgrenzen können. Wo die Abgrenzungskraft noch nicht verlässlich gegeben ist, sind wir emotional schnell ausgeliefert. Die Jugendlichen sind, die Eltern können davon ein Lied singen, noch hin- und hergetrieben zwischen abrupter Abgrenzung und plötzlichem Nähewunsch. Eine verlässliche Ich-Struktur ist bei den wenigsten in diesem Alter schon vorhanden. Heute wollen sie ganz viel und bedingungslose Aufmerksamkeit von der Mutter, morgen wird die Tür geknallt und ein giftiges „Lass mich in Ruhe!" der Mutter hinterhergeschleudert. Eben noch ein entspanntes Zusammensitzen, dann eine ungeschickte Elternfrage … und schon zieht Spannung wie ein nicht vorhersehbares Unwetter auf. Die Stimmung geht flöten.

Miese Gedanken ziehen im Kopf der Jugendlichen auf. Die Mutter ist zwar jetzt draußen, doch nun ist die Jugendliche allein mit ihrem Selbstzweifel, ob sie nicht einfach selbst nichts taugt, ihrer nagenden Ungewissheit, die den Eltern gerade so auf den Geist geht. Am Ende dieser nun einsetzenden negativen Gedankenschlaufe wird es eng für das Selbstwertgefühl der Jugendlichen. Die emotionale Achterbahn, auf welcher sich die Jugendliche nun befindet, endet meistens in einer grandiosen Selbstentwertung hin zur emotionalen Entleerung. ‚Ich tauge halt nichts, ich kann nichts, ich mach alles falsch, mein Bruder/meine Schwester wird mehr geliebt, meine Freundin kommt überall besser an, meine Freundin sieht besser aus … ich bin ein Nichts.' Diese emotionale Entleerung führt direkt zum Ritzen, denn die Jugendliche hat nicht gelernt, sich selbst zu regulieren. Sie ist ihren düsteren Selbstbezichtigungen in diesem Augenblick komplett ausgeliefert.

Die Begleiterscheinungen der Coronapandemie haben die emotionale Selbstregulierung in vielen emotional überhitzten oder unterkühlten Familien erschwert, doch nicht verschuldet.

Es wird jetzt viel (ich meine zu viel) auf Corona geschoben, auf den familiären Ausnahmezustand, der durch eine erschwerte Handhabung von Nähe und Distanz gezeichnet war.

Wenn Kinder gelernt haben, sich durch den Schutz und die Beruhigung der Eltern in Konfliktsituationen allmählich selber zu regulieren, kann diese Errungenschaft nicht einfach verloren gehen, auch nicht in zwei Jahren Corona.

Schlussfolgerung: Viele Jugendliche haben in den Jahren vor Corona zu wenig Selbstakzeptanz erfahren, sind zu sehr gemaßregelt, zum Funktionieren geschubst oder vernachlässigt worden in ihren wahren Bedürfnissen. Deswegen hat Corona sie so aushebeln können.

Schlafstörungen

Etwa ein Viertel meiner aktuell 24 Patient:innen leidet unter zum Teil gravierenden Schlafproblemen. Die größere Gruppe kann nicht einschlafen und liegt stundenlang wach, geht dann ins Netz, um sich zu beschäftigen. Die andere Gruppe schläft zwar ein, doch wird sie von Albträumen oder auch Handysignalen wieder aufgeweckt und findet nur erschwert zum Schlaf zurück.

Bevor wir uns vertiefen, eine grundsätzliche Regel zuerst: Handys gehören nicht ins Schlafzimmer. Wenn die Jugendlichen es nicht selber einsehen, müssen sie das Handy abgeben. Gleiches gilt für andere elektronische Geräte, also Computer, Laptop etc. Nicht schön, doch manchmal unvermeidlich, die Geräte vom Netz zu nehmen. Die Faustregel für die Eltern: in der Nacht kein Internetzugang!

Manchmal werden die Schlafstörungen ihres Jugendlichen den Eltern fast zufällt sichtbar: „Er kann einfach nicht aufstehen! Er wird nicht wach!"

Kinder- und Jugendlichentherapeut:innen stehen ihren Patient:innen gegenüber unter Schweigepflicht. Wir können es den Eltern ohne Einwilligung der Kinder oder Jugendlichen nicht direkt sagen, so in der Art: „Wundert mich gar nicht, Ihr Sohn ist sehr netzaktiv in der Nacht."

Ich selber spreche mit den Jugendlichen zuerst darüber, sodass sie mir die Erlaubnis geben, mit den Eltern darüber zu sprechen – wenn sie es denn nicht selber schon getan haben, was natürlich der beste und von mir empfohlene Weg ist.

Unglaublich, wie viele Ideen die Jugendlichen entwickeln. Einer hat regelmäßig das Schlüsselloch zugeklebt und sich indirekt meine Bitte an die Eltern zunutze gemacht, dass man bei Jugendlichen nicht mehr ins Zimmer rauscht. „Die natürliche Grenze ist die Zimmertür", so bete ich fast mantramäßig das respektvolle Einhalten als zentrale Aufgabe für die Eltern von Jugendlichen runter. Ein anderer Jugendlicher schlüpfte mit dem Laptop zusammen unter die Bettdecke. Wiederum ein anderer beschied den Eltern selbstbewusst und glaubwürdig, dass er jetzt vernünftig genug sei, die elektronischen Geräte draußen zu deponieren. Sobald er sicher war, dass seine zwei Väter im Bett waren, schlich er sich wieder hinaus und holte sein Tablet zurück– seine Trickserei klappte länger als ein Jahr.

Die Barmer Krankenkasse stellt 2022 bei den 14- bis 17-Jährigen fest, dass 15,1 % der männlichen und 17,6 % der weiblichen Jugendlichen Einschlafstörungen haben. Wahrscheinlich sind bei den Mädchen auch die weiblichen Jugendlichen mit Depression eingerechnet. Denn meiner Erfahrung nach schlafen Mädchen dann schlecht, wenn ein anderes Symptom dominant ist, also zum Beispiel Depression oder Angststörung. Jugendliche Mädchen praktizieren viel seltener einen exzessiven nächtlichen Internetgebrauch als die gleichaltrigen Jungs. Doch auch bei ihnen nimmt er zu.

Peergroup

Die Peergroup ist die „Eltern-Ablöserin", so wie viele Jahre davor das geliebte Kuscheltier, das beim Zweijährigen überall dabei sein muss, einen Mama-Ablöser (sogenanntes Übergangsobjekt) darstellen kann. Das vertraute Schmusetier oder -tuch ist eine erste Imaginationsleistung des kleinen Kindes. ‚Die Mama ist nicht da, doch mein Kuscheltier ist da und tröstet mich.'

Die Peergroup ist eine Eltern-Nachfolgerin. Sie erleichtert den Übergang vom Jugendlichen zum jungen Erwachsenen und ist also für die Ablösung von den Eltern und deren Gesetzen unverzichtbar. Die Peergroup muss nicht eine Anhäufung von Jugendlichen sein. Manchmal ist sie es, manchmal sind es nur zwei, drei ziemlich beste Freundinnen und Freunde. Es sind diese Freundinnen und Freunde, die den Grenzgänger:innen zwischen Jugend- und Erwachsenenland am nächsten kommen. Denn alle werden von denselben Fragen umgetrieben. Und es sind große Fragen:

- Wie löse ich mich von den Eltern?
- Wie werde ich erwachsen?
- Wie spüre ich mich selbst?
- Was kommt auf mich zu?
- Kannst du mich unterstützen bei meiner Selbstfindung?
- Hilfst du mir bei der Orientierung auf diesem so ganz unbekannten Weg?
- Könnt ihr mich lieben, jetzt, wo ich mehr als Elternliebe suche und brauche?

Viele hilfreiche Antworten für die Jugendlichen gibt es in Corinna Leibigs und Hans Hopfs Buch „Bin ich richtig?" (Leibig & Hopf, 2023).

Die Fragen geben einen Vorgeschmack auf diesen störungsanfälligen Weg, den die Jugendlichen nun unter die Füße nehmen wollen. Eines haben sie alle im Gefühl: Es werden auf diesem Weg Stolpersteine liegen, nicht nur feine Kieselsteinchen.

Und immer wieder liegt über diesen wenigen Jahren im Transit auch ein mitreißender Zauber: das Ausprobieren und Entdecken der eigenen Wirkung auf das andere und das eigene Geschlecht, erste Selbstbehauptungen abseits des elterlichen Einflussbereiches, die Entdeckung spezifischer Begabungen, erste Leidenschaften und charakterliche Zuschreibungen: ‚Ja, das kann die Lena halt besonders gut! Lena ist so sozial, die kann jeden beruhigen, kann zuhören. Max ist so witzig, hat Charme, ist einfach eine coole Socke. Luisa ist mutig, sagt jedem, was sie denkt. Mats ist ein guter Verhandler.'

Jetzt werden erstmals die Jugendlichen einander zum Spiegel, sind Verstärker:innen, Unterstützer:innen, Kontrahent:innen, Gegner:innen, Objekte von Neid, Vorbilder, Rival:innen. Eigene Wünsche werden projiziert („Die muss immer im Mittelpunkt stehen"), eigene Ängste nicht erkannt, doch beim anderen wahrgenommen („Der ist ein ziemlicher Schisser, der traut sich nicht viel zu").

Die Schule nimmt zwar zeitlich den Hauptraum ein, doch gilt ihr nicht das Hauptinteresse der Jugendlichen. Das Hauptinteresse gilt dem eigenen Status in dieser neuen Gemeinschaft von Gleichaltrigen. Die Bedeutung der Eltern nimmt zwangsläufig ab. Jetzt gilt es, in der eigenen Generation anzukommen. Der Weg führt nicht mehr vom Kindergarten oder der Grundschule direkt ins Elternhaus zurück. Der Weg führt jetzt aus der Familie hinaus in die Welt der Peergroup.

Er müsste hinausführen, tut es jedoch keineswegs immer. Viele Jugendliche in Deutschland sind dermaßen mit der Schule und einer wie auch immer gearteten Erschöpfung beschäftigt, dass sie aus therapeutischer Sicht gar kein Jugendlichenleben führen können. Für viele heißt der Kreislauf: Schule, heim, Hausaufgaben, Schule, heim, Hausaufgaben. Ich erinnere an die Umfrage an Schweizer Gymnasien!

Erste Liebe und erste Sexualität

Die verliebten Jugendlichen sind 2023 seltener geworden. Wenn ich diesen Satz schreibe, spüre ich einen richtigen Stich. Er tut weh. Ich nehme mir vor: Ich werde mit meiner Arbeit als Therapeutin erst aufhören, wenn sie wieder kommen, die liebesverletzten Jugendlichen. Vielleicht nehme ich mir da aber auch zu viel vor!

Wie oft haben Jugendliche und junge Erwachsene wegen Liebeskummer und den daraus resultierenden schweren Selbstzweifeln früher den Weg in die Therapie gefunden? Jetzt sind es die Angststörungen, Depressionen und Panikattacken, die sie zu uns Therapeut:innen führen.

Wo ist der Zauber des Verliebtseins hingewandert? Warum werden viele der heutigen Jugendlichen nach Corona von dieser wunderbaren Liebes-, die immer auch Lebenskraft ist, so selten erfasst?

„Nur die Wirklichkeit heilt die Folterqualen der Phantasie", schreibt Anaïs Nin (Nin, 2005, S. 33). Die Jugendlichen betrachten sich oft mehr als selbstkritisch. Oft grenzt ihre Selbstwahrnehmung an hässliches Wortgestrüpp. „Ich seh scheiße aus, erzähl ich aber keinem, sonst bin ich geliefert / An mir ist einfach nichts cool, ein hingerotztes Stück Etwas, schauen Sie mich nicht so entgeistert an! Sie müssen mir ja widersprechen, Sie werden ja auch fürs Lügen bezahlt. Alle lügen!"

Ich habe den Jugendlichen in den letzten zwei, drei Jahren (ja, die fehlende Bereitschaft zum Verlieben war schon vor Corona!) wiederholt die Frage gestellt, warum das Verliebtsein wenig Raum einnimmt in ihrem Leben.
Hier einige Antworten:

> „Ich konzentrier mich auf die Schule." (Ronja, 16 Jahre)

> „Ist mir viel zu anstrengend, geht eh schief, dann machst dir nur einen Kopf, wenn du vom Typen nichts mehr hörst, meine Freundin war so verliebt, und dann war er weg, hat sie einfach überall gelöscht, dabei haben sie drei Monate lang gechattet …" (Jana, 19 Jahre)

> „Ich bereite mich jetzt aufs Studium vor, Mädels lenken nur ab." (Silvan, 18 Jahre)

> „Ich hab's ja probiert, mit Elsa, doch die hat gleich so das Klammern angefangen, da bin ich abgehauen. Fühl mich einfach besser mit den Kumpels. Die kannste sehen, wann du Bock hast. Mädels wollen immer so was Regelmäßiges." (Julius, 17 Jahre)

> „Ich bin einfach zu jung für eine Beziehung. Mein Vater sagt auch: ‚Beziehung kannst noch lange genug haben, konzentrier dich aufs Studium, bringt mehr', und er hat ja recht." (Isa, 20 Jahre)

> „Ich hab die Schnauze voll von Jungs, seitdem das passiert ist vor zwei Jahren (ein Junge hatte sie unter Drogen gesetzt und vergewaltigt), viel-

leicht können Sie ja mein Männerbild korrigieren, es ist nämlich definitiv schlecht." (Mara, 19 Jahre)

Da läuft etwas gewaltig schief im Dialog zwischen jungen Frauen und jungen Männern.

Anaïs Nin glaubt an die Heilung der Wirklichkeit. Doch wie viel Wirklichkeit findet denn gerade noch statt? Diejenigen unter meinen Patient:innen, die dem Liebestraum unverändert nachhängen, verlieben sich selten – wie es früher öfters passiert ist – auf einer Party. Das erstaunt mich, finden doch jedes Wochenende Partys zu Hauf statt! Einige meiner sozial sehr beliebten Jugendlichen sind mitunter sogar am selben Abend, in derselben Nacht auf zwei oder drei Partys hintereinander. Mein wehmütiger Blick zurück: Bei uns hat damals eine monatliche Party im Jugendkeller gereicht fürs erfolgreiche Verlieben.

Der Liebestraum hat keineswegs aufgehört, die Fantasien der jungen Männer und Frauen zu beschäftigen.

Im Lied des Songwriters Joel Brandenstein „Diese Liebe" ist sie sehr spürbar:

„Du warst sterneklar
Wolkenlos
Doch unsichtbar
Wie der Wind
Ich hab dich gehen lassen
Nicht zurück gesehn
Ich hab geglaubt irgendwie wird mir der Lauf der Zeit
Die Sehnsucht nehmen
Doch aus schwarzen Stunden wurden Tage
Und aus Wochen ein dunkles Jahr
Ich kann nicht aufhören es zu fühlen
Denn es ist immer noch so nah
Es ist diese Liebe
Die mich am Leben hält
Auf die mein Herz so zählt [...]
Ohne dich ist vieles so farblos
Ich spüre ein schweres Gewicht
Wo einst Licht schien
Ist jetzt nichts [...]"

Doch diesen Fantasien einen Wirklichkeitsraum zu geben, scheint heute schwerer geworden zu sein. Wenn der Liebestraum es überhaupt in den Alltagsraum der Jugendlichen schafft, ist eine hohe und schnelle Störanfälligkeit und geringe Frustrationstoleranz zu beobachten.

Die meisten Liebesschritte fangen im Internet an. Viele Jugendlichen sind auf den verschiedensten Portalen unterwegs. Noch bevor es zu einer realen, sprich: physischen Begegnung kommt, ist der Kontakt schon wieder abgerissen. Das Internet kennt keine Moral, sondern **Beleidigungen** („Also so richtig drauf hast du es nicht, oder? Stell dich doch nicht so an, wollte ja nur ein Foto von dir, das ich noch nicht kenne, muss ja kein Nacktfoto sein"), **Hemmungen**, vom digitalen Kontakt in den analogen überzugehen (das erste analoge Date wird einfach abgesagt), eigene **Ängste**, den anderen zu enttäuschen, sie jedoch in verbal kränkenden Sticheleien zu tarnen und zu projizieren („Vielleicht bist du ja gar nicht so hot, wie ich hoffe").

Wenn die Jugendlichen dann fragen, ob sie mir einen Chatverlauf vorlesen dürfen, zögere ich regelmäßig. Ich bin nicht ihre Mutter, nicht ihr Vater, nicht ihre Freundin. Doch dann überwiegt meist die Einschätzung, dass ich zu verstehen glaube, warum sie es wollen.

Sie wollen eine Einordnung, von einem Menschen, der schon mehr Lebenserfahrung hat als sie.

Und damit komme ich zu Ihnen, den Eltern. Jugendliche haben eine natürliche Scheu, die Eltern mit ihren heimlichen Liebesversuchen zu konfrontieren. Man will sich ja gerade von den Eltern emanzipieren.

Bei einer Therapeutin, einem Therapeuten ist diese Scheu überflüssig. Da gilt ja: Alles, was dich beschäftigt, hat hier Platz.

Trotzdem können Eltern bei dem und den nachfolgenden Liebesversuchen vieles richtig machen.

Als Erstes wäre hier ein freundliches Begleiten dieser Liebesversuche zu nennen – und gerade nicht den jungen Menschen mit so fatalen Ratschlägen zu kommen, wie sie oben erwähnt sind („Konzentrier dich aufs Studium, auf das Abitur, ein Freund, eine Freundin lenkt dich nur vom Wesentlichen ab"). Ich nenne diese Argumentation lebens- und liebesfeindlich.

Manchmal tun mir diese unsicheren Flugversuche in Sachen Liebe fast physisch weh, besonders wenn solche Sätze fallen wie „Die Jungs sind doch alle scheiße" oder „Mädchen machen nur Stress, wenn du sie näher kennenlernst" könnte ich innerlich aufschreien. Täusch ich mich, oder ist das einfach nie die Sichtweise meiner Generation gewesen?

Wenn mir die Chatverläufe vorgelesen werden, staune ich über die rohe Sprache und darüber, wie schnell die Waffe der Beleidigung gezückt wird. Dies geschieht von beiden Geschlechterseiten her, wenn auch viel entwertender von der Jungenseite.

Eltern sollten etwas wieder tun, von dem sie sich längstens verabschiedet haben: ihre Jugendlichen wieder aufklären. Ich denke dabei nicht an die klassische Sexualaufklärung. Wie Geschlechtsverkehr funktioniert, wissen in der Regel alle Jugendlichen. Doch eine andere Aufklärung ist dringend notwendig.

Ich formuliere sie in einem Satz: „Du musst nichts tun, was dir nicht gefällt" für die Mädels. Und „Du solltest nichts tun, was du im Porno gesehen hast" für die Jungs.

Denn nicht nur die Kontaktsprache zwischen Jugendlichen ist roh geworden. Auch die ersten sexuellen Erfahrungen sind es.

Noch vor zehn Jahren hatte ich kaum jugendliche Mädchen in Behandlung, deren erste sexuelle Handlung die Befriedigung des Jungen war. Inzwischen scheint Fellatio als häufig erste Form sexueller Kontaktaufnahme an der Tagesordnung zu sein. Um es vorwegzunehmen: Ich kenne nicht ein einziges Mädchen, welches Fellatio in der ersten sexuellen Begegnung genossen hat. Die jungen Mädchen und jungen Frauen reagieren fast unisono mit einem Ekelgefühl. „Doch ich habe es gemacht, weil er mich sonst ausgelacht hätte. Es war schrecklich." (Ilsa, 15 Jahre) Ja, es ist schrecklich, wenn so die erste sexuelle Erfahrung aussieht!

Ein 17-Jähriger, der gerne Aufsätze schreibt, hat mir auf meinen Wunsch hin sein erstes Mal schriftlich zusammengefasst, nachdem wir drei Therapiestunden darüber gesprochen hatten:

„Es war überhaupt nicht so, wie ich es erwartet hatte. Ziemlich langweilig. Dabei hab ich mich so gefreut, dass wir es jetzt endlich mal machen. Sie war unsicher, ich war unsicher. Für beide das erste Mal. Ich kam viel zu schnell. Im Porno ist es so anders. Er stößt und stößt, ein Kraftpaket von einem Mann und sie liegt da, stöhnt, stößt mit zitternder Stimme und glasigen Augen [!] stammelnd hervor: ‚Ja, gib's mir, ja, härter, viel härter, ja, ja, du bist sooo gut' oder so ähnlich. War alles überhaupt nicht. Ich fand's ziemlich frustrierend. Dann hat sie noch ‚Aua' gerufen. Da war bei mir Schluss und ich bin schnell noch gekommen. Brauch ich nicht so schnell wieder. Sie war auch enttäuscht, glaub ich zumindest. Hat kaum noch ein Wort gesagt, sich umständlich angekleidet und gesagt, sie müsse jetzt los, dabei wollte sie über Nacht bleiben. Ich bin dann dagelegen und hab gedacht: Scheiße, was ist da schiefgelaufen! In Zukunft machst es wieder ohne."

Er hat es dann doch nicht ohne sein Mädel gemacht, „an der ich so lange rumgebaggert habe, weil ich sie unbedingt wollte". Die zwei kamen Stunden später zusammen in seine Therapiestunde. Sie: „Er hat ein Programm abgespult. Mich überhaupt nicht gesehen. Es war schrecklich. So stell ich mir eine Vergewaltigung vor." Am Ende der Therapie, zwei Jahre später, waren sie immer noch zusammen und hatten ziemlich viel Genuss an ihrer Sexualität.

Was ist hier passiert? Die Pornoerfahrung des Jugendlichen hat die romantischen Sehnsüchte des Mädchens nach Begehren, Verschmelzung, zartem Austasten und gemeinsamem Betreten der sexuellen Welt zunichtegemacht. Dieses Mädchen konnte mit der Pornodarstellerin einfach nicht mithalten. Er selber hat nur (viel) Erfahrung mit Pornos und den dort praktizierten üblichen Klischeebildern vom potenten Mann, der sich die Frau nimmt, wenn nötig, mit etwas Gewalt. Eine 22-Jährige drückte es so aus: „Den ganzen Abend über habe ich das Gefühl, der meint mich. Und wenn ich dann mit einem dieser sympathischen Jungs mal schlafe, bekomm ich das Gefühl, der ist direkt aus dem Porno in mein Bett gesprungen. Ein sexueller Zombie, der sich gerade austobt. Fremdgesteuert von den verdammten Pornos. Wie ich diese Pornos hasse. Warum machen Jungs das?"

Wenn in den begleitenden Elterngesprächen das Thema darauf kommt, liegt zuerst ein peinliches Schweigen im Raum. Die Väter flüchten sich dann schnell in eine forcierte Humorigkeit. „Dieser Jugend muss man doch nicht mehr mit Aufklärung kommen, die wissen eh alles." Mütter neigen dann eher zu Hemmnissen: „Oh, das find ich ja peinlich, wie soll ich mit meiner Tochter so etwas ansprechen? Die will das doch gar nicht."

Ich darf hier aus meinen Aufzeichnungen zu einem Elterngespräch zitieren, autorisiert von den Eltern. Die Therapie liegt einige Jahre zurück:

T: „Sie wissen ja, warum Ihr Sohn untern anderem hier ist. Er hat dreimal Mädchen, die in ihn verliebt waren, zur Fellatio gezwungen. Er kommt gut an bei den Mädels. (Der Vater schmunzelt.) Nur das dritte Mal hat sich eine Mutter gewehrt und ihn angezeigt."

Vater: „Ich hab ihm jetzt gesagt, er soll den Quatsch ein für alle Mal lassen!"

Mutter: „Er schaut halt ständig diese Internetgeschichten an, Sie wissen schon …"

T: „Pornos ... ja, da ist er nicht der Einzige. Doch Ihr Sohn ist ja selber erst 16. Sie wissen beide, dass er sehr viele Pornos guckt. Ist Ihnen da nie die Idee gekommen, vielleicht mal mit ihm darüber zu reden?"

Vater: „Das machen doch alle in seinem Alter, da hätten wir uns ja lächerlich gemacht, das machen doch alle Jungs heimlich."

T: „So heimlich kann es ja nicht gewesen sein. Sie haben es mir noch vor Ihrem Sohn erzählt."

Vater: „Ja, weil er damit auch etwas geprahlt hat. Hat mich genervt."

T: „Ist Ihnen da nie die Idee gekommen, dass er vielleicht Hilfe wollte? Es ist ungewöhnlich, dass Jungs vor den Eltern damit prahlen."

Mutter: „Ich hab mir gedacht, er will nur angeben, er kommt ja bei den Mädels extrem gut an, die laufen ihm so was von nach."

T: „Jetzt nicht mehr. Hat sich ja rumgesprochen an der Schule."

Vater: „Ich hab ihm gesagt, lass die Finger von der Zicke, die hat ja ständig angerufen, dass deren Mutter dann Stress macht, war nicht überraschend."

T: „Ich sage Ihnen jetzt mal meine persönliche Meinung: Wenn Ihr Sohn meine Tochter betrunken gemacht hätte, und sie ihm dann einen hätte blasen müssen, vor den Augen von zwei anderen Jungs, hätte ich auch was unternommen. Und ich zähle mich normalerweise nicht zu den Müttern, die die Probleme ihrer Kinder für sie lösen, statt mit ihnen."

(Es ist ganz still im Raum.)

Mutter: „Was sollen wir denn tun?"

Vater: „Ja, war vielleicht suboptimal. Was schlagen Sie denn vor?"

T: „Dass Sie, die Eltern und Erwachsenen, mal mit ihm reden. Und zwar nicht in der Art ‚Lass den Scheiß'. Ich darf jetzt aus der Stunde mit Ihrem Sohn nichts Genaueres sagen, doch eines ist mir klar geworden. Er wollte von seiner Pornosucht loskommen, stattdessen waren Sie, die Eltern, allerdings aus unterschiedlichen Motiven, von seinem Erfolg bei den Mädels begeistert."

Mutter: „Und was sagen wir da? Bei uns wird nie wirklich geredet. Jeder macht halt so, was ihm einfällt."

T: „Darüber sprechen wir in den nächsten Stunden, über das ‚Nicht wirklich Reden'. Doch jetzt geht es gerade um Ihren Sohn, den ich sehr mag, trotz all dem Scheiß. Fragen Sie ihn, warum er so oft Pornos guckt, warum er mit jungen Mädchen so respektlos umgeht. Lassen Sie ihn erzählen, hören Sie ihm zu. Er ist überhaupt kein schlechter Junge, doch sehr einsam, vor allem, weil ihn die Mädchen jetzt meiden. Er leidet. Mit den Jungs konnte er ja noch nie so gut. Er konnte ja auch mit Ihnen, Herr M., nie so gut, weil er eben immer optimal sein musste, ein cooler Sohn, ein Winnertyp. Und jetzt hat der Winnertyp die digitale Welt der Pornos mit der Wirklichkeit verwechselt. Und siehe da: Die realen Mädchen aus Fleisch und Blut sind verletzbar. Ich finde übrigens, dass Sie, Herr M., mit Ihrem Sohn reden sollten."

Vater: „Können wir das Gespräch mit ihm in einer Einzelstunde vorbereiten, weiß gar nicht so genau, was ich da sagen soll, so was lernt man ja nicht. Hab gedacht, es reicht, ihm zu sagen: ‚Mach nicht nochmal so einen Scheiß, mit Anzeige und so, sonst fliegst du hier raus.'"

T: „Ja, versteh ich, dass Sie etwas ratlos und unsicher sind. Ich würde vorschlagen, Sie kommen beide, Sie und Ihr Sohn, und Sie, Herr M., führen dann das Gespräch mit Ihrem Sohn allein. Ich bin einfach dabei und unterstütze Ihren Sohn oder Sie, falls es von Ihnen beiden gewünscht ist. Ich glaube, er wartet schon lange auf so ein Gespräch auf Augenhöhe mit dem Vater."

Erste Liebe. Fellatio. Anzeige. Das Dritte kommt selten vor, die ersten zwei Punkte leider nicht.

Erlauben Sie mir, liebe Leser:innen, Nostalgie. Sie muss erlaubt sein. Helfen tut sie nicht. Doch ist es nicht verständlich, dass eine 68-jährige Therapeutin mitunter von einer ziemlich tiefen Trauer erfasst wird beim Zusehen dieser unsicheren, ja queren Liebesbewegungen der jungen Menschen, wenn diese denn überhaupt stattfinden? Die können nichts dafür, die jungen Menschen, dass Liebe so künstlich geworden ist, dass sie es nie mit sich allein zu tun haben, bei den ersten Liebesgefühlen, sondern immer mit den bearbeiteten Internetvorbildern. Sie sind in Fantasie und Verhalten so überlagert von all den Netzeinflüsterungen, manipulierten Netzbildern, wie eine richtige junge Frau, ein richtiger junger Mann zu sein hat. Hauptsache, ich sehe so aus wie die perfekten Influencer:innen oder, inzwischen, Avatarinnen und Avatare.

Auf einem privaten Westschweizer Fernsehsender moderiert seit April 2023 eine Avatarin das Wetter. Zweieinhalb Wochen lang hat kein:e Fernsehzuschauer:in gemerkt, dass hier kein Mensch, sondern eine künstliche Intelligenz eingesetzt wird. Auf den ersten Blick merkt man nichts: Die Frau ist wunderschön, spricht fehlerfrei und steht immer zur Verfügung, ist nie krank, nie unpässlich, verhaspelt sich nie. In China, in Russland, in Amerika gelangen sie zum Einsatz. Sie werden ebenso wie die Influencer:innen die Fremd- und Selbstwahrnehmung unserer Jugendlichen beeinflussen: ‚So muss ich aussehen!'

Die Ungeübtheit der jungen Männer im Flirten fällt auf. Das Fitnessstudio verleiht nur Muskeln, einen vielversprechenden Body, einen klasse definierten Körper. Doch wie spreche ich denn ein Mädchen an, ein Mädchen aus Fleisch und Blut?

Annäherung an die Wirklichkeit, an das wirkliche Mädchen, an den wirklichen Jungen. Wie geht das?

Wir erleben gerade die erste Generation, die ihre Vorbilder nicht mehr in der direkten Umgebung findet, sondern im Internet. Und es sind oft gefakte Bilder. Was kann dagegenhalten? Auch hier wieder: der echte, lebendige Dialog, in dem alle ihre Einzigartigkeit wieder spüren können, und trotzdem eine Verbindung da ist.

Zwei Dialoge, die so nie stattgefunden haben, doch stattfinden könnten:

Vater-Sohn-Gespräch über Mädchen:

Vater (etwas angestrengt): „Ich würde gerne mit dir mal über Mädels sprechen."

Sohn (abwehrend): „Nicht nötig, weiß ich alles selber."

Vater: „Ist schon klar. Ihr wisst ja viel mehr als wir in eurem Alter, da waren wir ja Waisenknaben."

Sohn: „Eben, also bringt's nix."

Vater (nicht mehr verlegen, sondern ernst): „Keine Angst, ich will nicht mit dir darüber reden, was man im Bett macht, weiß ja nicht mal, ob du eine Freundin hast."

Sohn: „Brauch ich dir auch nicht zu sagen …"

Vater. „Ich seh ja auch das ganze Internetzeug, diese Influencer-Geschichten, Kanye West, die Kardashians, gestylte Körper, wohin du schaust, geliftete Gesichter, ist das Foto echt, also diesen ganzen Mist. Me too, Frauen, die nicht mehr schweigen, die auch nicht vergewaltigt werden wollen …“

Sohn: „Hallo, was hat das jetzt mit mir zu tun?“

Vater: „Nichts. Doch ich finde es notwendig, dass ich dir einfach mal sage, wie ich das mit den Mädels und Frauen sehe. Magst du zuhören, ich bin ja selber etwas unsicher, ob ich dir rüberbringen kann, was ich wichtig finde.“

Sohn (etwas gönnerhaft, doch neugierig, weil der Vater sonst ja immer sicher ist): „Probier es halt mal.“

Vater: „Es gibt viele Missverständnisse, was Mädels mögen, die Pornos …“

Sohn (lachend): „Kennst du Pornos?“

Vater: „Jetzt halt mal den Ball flach. Natürlich. Doch da wird oft völliger Mist transportiert. Mädels mögen es, dem Jungen einen zu blasen, ja, sie seien richtig scharf drauf. Es stimmt nicht. Mädels wollen mit Respekt angefasst werden, die wollen auch nicht gleich ins Bett mit dir. Du musst ein Mädel doch zuerst mal näher kennenlernen, dich für es interessieren. Weißt du, Sex ohne wirkliche Zuneigung und Zärtlichkeit ist eine ganz harte Nummer für ein so junges Mädchen. Geh gut mit einem Mädchen um. Du bist nicht dann ein cooler Typ, wenn du möglichst viele flachlegst, sondern sie achtest …“

Sohn : „So wie du die Mama? Ha, ha …“

Vater: „Ja, da sind wir nicht immer das beste Vorbild, da müssen wir besser werden, also ich, da ist nicht alles so toll gelaufen. Doch jetzt reden wir über dich, das andere musst du der Mama und mir überlassen. Es ist mir wirklich wichtig. Geh gut um mit den Mädchen. Vom Mädchen dir einen blasen lassen bei der ersten Gelegenheit, gehört nicht dazu. Sag ich mit aller Entschiedenheit.“

Sohn: „Ok, so ernst hab ich dich schon lange nicht mehr erlebt. Find ich gut, auch dass wir mal reden, über so was, mein ich. Ich hab zwar keine Freundin, doch vielleicht hilft es ja, wenn ich mal eine habe …“

Mutter-Tochter-Gespräch:

Mutter: „Spring jetzt nicht gleich an die Decke, aber ich wollte mit dir mal über Jungs reden …“

Tochter: „Echt jetzt! Mama! Ich bin aufgeklärt, jetzt wird es aber mega peinlich. Ich hab jetzt auch gar keine Zeit, muss mit Marga telefonieren …“

Mutter: „Dann nimmst du dir jetzt bitte etwas Zeit. Ich hab dich vor zwei Nächten weinen hören, wie ich ins Bett gegangen bin. War sicher nicht wegen deiner Noten.“

Tochter: „Ja und! Hast du nie geweint in meinem Alter?“

Mutter: „Doch, ich glaub schon. (Denkt echt nach.) Doch, hab ich … warum hast du denn geweint?“

Tochter: „Jetzt hat auch Marga einen Freund. Ich bin die Einzige, die keinen hat, aber überhaupt keinen!“

Mutter. „Deine anderen Freundinnen haben doch auch nicht alle einen …“

Tochter: „Das weißt du doch gar nicht.“

Mutter: „Also Marga hat jetzt einen, das freut mich für sie.“

Tochter: „Na, so toll ist es jetzt auch nicht. Haben sowieso alle Stress. Aber alle haben etwas zu erzählen, nur ich nicht, da kommst du dir so blöd vor.“

Mutter: „Verstehe ich, ist echt blöd, wenn alle was zu erzählen haben. Doch warum haben die dann so viel Stress?“

Tochter: „Du weißt ja gar nicht, wie manche Jungs drauf sind. Die pennen ja nicht nur mit der einen. Man weiß nie, woran man ist, hat Lisa gesagt. Die hat sich jetzt gerade getrennt, weil der so komisch drauf war. Da bin ich dann froh, dass ich keinen Freund habe.“

Mutter: „Was heißt denn, der war komisch drauf?“

Tochter: „Das willst du nicht wissen.“

Mutter: „Ich bin sicher, dass du einen netten Freund findest. Etwas ist mir ganz wichtig.“

Tochter: „Was denn?“

Mutter: „Dass du nie einem Jungen zuliebe etwas machst, was du nicht willst. Einer, der dich wirklich mag, nimmt auf dich Rücksicht, will, dass du dich auch wohlfühlst, und nicht einfach mal so schnell mit dir pennen. Ich glaube ja, dass das doof ist, wenn man mit 17 noch nicht groß was zu erzählen hat. Doch viele Mädchen geben auch an mit ihren ‚Erfahrungen', erfinden einiges, um sich wichtig zu machen, oder, viel schlimmer, machen dann mit Jungs Dinge, die sie gar nicht wollen. Mach das nicht. Du bist bezaubernd. Du findest einen Freund, der zu dir passt. Da habe ich überhaupt keinen Zweifel!"

Tochter: „Ja, wahrscheinlich muss ich mir gar nicht so große Sorgen machen. Ich will ja nicht irgendeinen. Muss schon passen."

Neigungen

Jugendliche sind in einer Hinsicht gleich: Sie sind Schüler:innen oder Lehrlinge. Sie drücken täglich die Schulbank oder sind Tag für Tag im Ausbildungsbetrieb. Dann gibt es noch eine dritte Gruppe, die Gruppe der Schulabbrecher:innen oder die mit Hauptschul-, Mittelschul- oder Realschulabschluss, die vorübergehend, falls sie über 16 Jahre alt sind, einen Job auf 520 €-Basis ausüben oder einige Monate pausieren. Diese letzte Gruppe, zu welcher auch oft Abiturientinnen gehören, nenn ich gerne die Suchenden. Ja, die Abiturientinnen gehören dazu! Noch nie sind mir so viele Abiturientinnen begegnet, die einfach nicht wissen, wie es weitergehen könnte.

Sie suchen ihre Neigungen. Sie haben zwar die nötigen Schuljahre, haben sogar noch einige Jahre drangehängt, falls es junge Menschen mit Abitur oder Fachabitur sind, doch etwas irritiert sie sehr: Sie wissen nicht, wer sie sind. Sie wissen nicht, was sie ausmacht, was ihre spezifischen Begabungen und Talente sind.

Das ist nicht einfach schlimm, das ist himmeltraurig! Wo kommt diese Planlosigkeit, diese Mentalisierungslücke her, wenn es um die eigenen beruflichen Vorstellungen gehen könnte? Was ist in den Jahren davor passiert?

Die langweilige Schule

Die Dichterin Marie von Ebner-Eschenbach sagte: „Nicht was wir erleben, sondern wie wir empfinden, was wir erleben, macht unser Schicksal aus." (Ebner-Eschenbach, 2002, S. 24)

Was erleben die meisten Jugendlichen in ihrer langen Schulzeit? Langeweile, erzwungene Anpassung. Sie werden in einen straff organisierten Lehrplan gepfercht, in welchem sie kaum Spielraum haben. Da ist die enge Lehrbox und drinnen stecken tänzelnde, abenteuerlustige Fohlen. Die Box ist viel zu eng für ihren Erlebnis- und Bewegungsdrang. Sie stoßen schnell an, wenn sie eigene Bewegungen ausprobieren wollen.

Ich höre Ältere unter uns sagen, dass Schule doch immer so war. So ein bisschen Anpassung sei doch eine gute Vorbereitung fürs Leben. Stimmt, ich selber schätze situative Anpassung hoch ein. Wo befinde ich mich, wer ist mein Gegenüber, wann sind Kompromisse sinnvoll? Lauter Gelegenheiten, situative Anpassung zu üben.

Doch die heutigen, nicht reformierten Schulen haben es mit anderen Jugendlichen zu tun als gestern. Der Unterricht ist in großen Teilen noch derselbe wie in den zwei Generationen davor. Das ist ein Unrecht am Jugendlichen, dieses ewige ‚Weiter so' im Stoff- und Lehrplan.

Die Jugend ist digitalisiert, also mit der halben Welt vernetzt. Sie hat einen Überhang an Informationen, ob wir Erwachsenen deren Herkunft nun als wertvoll oder eher fragwürdig einschätzen. Sie ist den Lehrer:innen haushoch überlegen, wenn es um digitale Ortskenntnis geht. Sie ist im Netz zu Hause, die meisten Lehrer:innen sind es immer noch nicht, wie Corona gezeigt hat. Diese Ortskenntnis wird von den Schulen zu oft noch gar nicht genutzt. Die große digitale Kompetenz der Jugendlichen wird nicht in den Unterrichtsplan eingespeist. Sie werden mit IHREN Ressourcen einfach zu wenig beachtet. Wie soll da ein wertschätzender Dialog zustande kommen? Sie fühlen sich nicht gesehen. Und wir haben auf den vorangegangenen Seiten anhand vieler Beispiele sehen und nachvollziehen können, wie entscheidend genau dieses Gesehenwerden ist.

Die Schattenseiten davon: Die Jugend ist schnellen virtuellen Reizen ausgeliefert, hat einen Input an Trends, News, Fake News und medialen Aufregungen zu verkraften wie keine Generation davor. Nirgendwo findet mehr ein beschauliches, selbstbestimmtes und ungestörtes Heranwachsen statt. Die Welt dringt medial in die Welt der Jugendlichen hinein, noch bevor die Jugendlichen in der Welt waren. Und sie dringt mitunter mit großer Brutalität hinein: ungefiltert, verstörend, zumindest am Anfang. Dann schafft sie sehr schnell neue Gewohnheiten des Sehens und, wie schon beschrieben, emotionale Abstumpfung dort, wo die emotionale Verarbeitung nicht mehr nachkommt, weil die notwendige Einordnung durch (beziehungsfähige) Erwachsene oft ausgeblieben ist.

Diese Jugend ist im Unruhestand wie jede Jugend vor ihr auch. Auch diese Jugend protestiert gegen alles, was alt und gestrig wirkt. Auch gestern sind nicht alle Jugendlichen gerne in die Schule gegangen. Doch da gibt es einen Unterschied: Diese Jugend heute ist verunsichert und verängstigt, nicht abgeschlafft. Warum werden diese Aspekte nicht von uns allen gesehen?

Es ist die erste Jugend, die nicht nur theoretisch, sondern ganz praktisch, greif- und sichtbar um ihre Zukunft fürchten muss.

Die „Last Generation" ist ein Sinnbild dafür. Die Aktionen der „Last Generation" muss man nicht mögen. Doch die ihnen zugrunde liegende Angst und Verzweiflung einer jungen Generation, die sich in ihrer Unruhe und Besorgnis um ihre Zukunft nicht mehr verstanden fühlt, wird von den Erwachsenen bagatellisiert. Sie werden, zumindest in Bayern, sogar noch kriminalisiert.

Ist es die Unruhe und Angst einer verlorenen Generation, die sich zur letzten Generation stilisiert hat?

Auch viele Schulen machen einfach weiter wie eh und je. Und die Stundenpläne bieten zu wenig Spielraum für Veränderungen. Wenn die Schulen länderübergreifend nicht bald Reformen anstreben, verlieren sie ihre Schüler:innen. Körperlich sitzen die zwar alle noch da, doch innerlich sind sie längst woanders.

Wie könnte denn eine zeitgemäße Schule aussehen?

Im Matheunterricht käme es zur Auseinandersetzung mit Algorithmen. Es gäbe so viele Schüler:innen, die Entscheidendes und Spannendes beitragen könnten.

Im Deutschunterricht könnten die Schüler:innen mitbestimmen, welche Inhalte sie beschäftigen – und die Lehrerin, der Lehrer würde mit dem nötigen literarischen Input darauf antworten. Der gewohnte Literaturkanon müsste dabei nicht auf der Strecke bleiben. Er wäre Teil des Lehrer:in-Schüler:in-Dialogs. Der wäre das Ergebnis einer aktuellen Bestandsaufnahme. Was beschäftigt euch, was treibt euch um, wie sehen eure Erwartungen, Hoffnungen, Ängste aus? Habt den Mut, sagt es mir – ich versuche, das passende Stück Literatur zu finden.

Es gibt viele Schulen, Lehrer:innen und Lehrteams, die sich zum Thema „Digitalisierte Welt unserer Schülerinnen und Schüler" und zu vielen anderen aktuellen Fragen kluge und praktikable Gedanken gemacht haben – nicht alles muss von jeder Schule neu erfunden werden.

Ein kurzer Exkurs zum „Lesen"

Gut die Hälfte meiner Patient:innen liest nicht mehr, was mir manchmal schon im Erstgespräch von den Eltern oder von den Kindern und Jugendlichen selber mitgeteilt wird. Jetzt fragen Sie sich vielleicht, wie das gehen kann, liebe Eltern. Die sind doch in der Schule! Das geht doch gar nicht, nicht zu lesen. Doch, es geht. Ich habe auch gestaunt.

„Ich lese doch nicht. Keine einzige Schullektüre hab ich gelesen", erklärt mir vor etwa einem Dreivierteljahr ein Zehntklässler. „Aber ihr müsst doch dazu Schulaufgaben schreiben etc.", antwortete ich staunend. „Hol ich mir doch im Internet. Hab ich gerade gemacht. ‚Nathan der Weise'. Hat doch keiner echt gelesen, außer so ein paar Streberinnen!"

Ich habe jetzt „Nathan der Weise" bei ChatGPT eingegeben, neugierig auf das Ergebnis.

Zuerst speist mich der Chatbot mit nur vier Zeilen ab. „Etwas genauer, bitte!" „Natürlich!" Jetzt kommen 14 richtig gut zusammengefasste Zeilen. Wenn es so gut klappt, sage ich mir, probiere ich es gleich nochmals. „Noch etwas ausführlicher, bitte." Doch jetzt scheint Schluss zu sein. Und die in solchen Fällen übliche Bemerkung folgt auf dem Fuß: „Das Tokenlimit für Gastnutzer wurde aufgrund erhöhter Anfragen reduziert. Versuchen Sie es später nochmals …"

Wie drückte es der Jugendliche aus? „… außer so ein paar Streberinnen!" Leser:innen sind heute also Streber:innen? Es sind tatsächlich Mädchen und junge Frauen bei mir in der Therapie, die noch teilweise lesen, mitunter sogar viel lesen. Streberinnen sind sie nicht. Die meisten von ihnen sind gut integriert und beliebt in der Klasse. Aber offensichtlich funktioniert Schule in manchen Fällen eben auch ohne Lesen und es bleibt fraglich, ob alle Lehrer:innen hier aufmerksam genug sind.

Und noch ein paar Ideen für mögliche jugendnahe Themen in verschiedenen Fächern:

- Wichtige Themen für den Biologieunterricht könnten sein: Hirnforschung (Was passiert im Hirn, wenn jemand gedemütigt wird?), Psychosomatik (Migräne – haben so viele Jugendliche … eine Schülerin

oder einen Schüler beschreiben lassen), sexuelle Orientierung und Identität.
- In den Geografieunterricht passen Klima, Ressourcen, Bodenschätze etc.
- Der Religions- und Ethikunterricht sollte sich mit der digitalen Entwicklung, Rassismus und Antisemitismus, einer kulturellen Wertedebatte anhand verschiedener Religionen und Ethnien etc. befassen.
- Im Fremdsprachenunterricht könnte lebendig mit Videos, Filmen, Schüler:innen, die diese Sprache sprechen, mit Autor:innen, Rollenspielen etc. interaktiv gearbeitet werden.
- In Sport könnte ein:e Fitnesstrainer:in hinzugebeten werden, die ihre, der seine Sicht darlegt, dann könnten auch Schüler:innen Stunden gestalten. Da ist eine Menge an Wissen und Können da. Auch könnte man Expert:innen zu verschiedenen Sportarten einladen und Verbindungen zu Vereinen knüpfen.
- Was Expert:innen anbelangt: Laden Sie, passend zum Fach, als Lehrkraft Menschen ein in den Unterricht. Es gibt im Netz ein wunderbares Video von Lea, wo sie vor einer Schulklasse singt. Da hat keiner mehr sein Handy in der Hand!
- Physik lässt sich ebenfalls mit Klimafragen verbinden. Ein ideales Fach übrigens, in welchem Schüler:innen selber Experimente durchführen und dokumentieren können.
- Im Chemieunterricht könnten zum Beispiel chemische Reaktionen im Hirn bei zu viel Alkohol diskutiert werden. Was passiert beim Kiffen im Hirn, bei Verliebtsein? Chemische Reaktionen könnten erklärt werden anhand von Stress, Panikattacken. Die chemischen Reaktionen beim Meditieren könnten dargestellt werden. Nicht nur chemische Formeln auswendig lernen lassen! Die Schüler:innen haben doch Internet.

Der traditionelle Schulstoff soll nicht auf der Strecke bleiben. Er muss entrümpelt werden und er muss auf die Relevanz für Jugendliche, wie sie heute sind, sorgfältig abgeklopft werden, und zwar mit Hirnforscher:innen, Psycholog:innen etc. zusammen. Die Unterrichtsstoffe müssen mit der Lebenswirklichkeit von Kindern und Jugendlichen viel stärker verknüpft werden. Und wenn jetzt Ältere unter uns sagen, so ein Theater hätte man früher in den Schulen auch nicht gemacht, dann kann die Antwort nur kurz und knapp heißen: Es gab früher weder Internet noch gab es „Social Media-

Theater". Wir haben es mit einer anderen Jugend zu tun. Gerade weil sie so digitalisiert unterwegs ist, ist es für die Unterrichtenden entscheidend, dass sie den analogen Dialog beherrschen, mit Emotion den Unterricht gestalten, mit Emotion der Schülerin, dem Schüler begegnen, in ihrer Unterrichtsplanung unentwegt im Fokus die emotionale Eigenbeteiligung der zu Unterrichtenden haben. Ohne emotionale Eigenbeteiligung sind viele heutige Schüler:innen kaum mehr erreichbar im Unterricht. Die Schüler:innen können keine Gedichte mehr auswendig lernen? Dann lassen Sie sie eigene Gedichte schreiben. Nehmen Sie, liebe Lehrer:innen, einen Klassiker als Vorlage mit dem Motiv Gewalt/Liebe/Einsamkeit/Untreue/Hass/Mobbing und lassen Sie die Schüler:innen MACHEN. Alle kennen sich da aus. Das Wichtigste sind dann nicht die Rechtschreibfehler, sondern die sprachliche Selbstbegegnung. Dieser Tage kursierten im Internet die wichtigsten Sätze von Maria Montessori. Die schönsten hier:

> „Der Lehrer muss passiv werden, damit der Schüler aktiv werden kann."
>
> „Hilf mir, es selbst zu tun."
>
> „Kinder sind Gäste, die nach dem Weg fragen."
>
> „Das Spiel ist die Arbeit des Kindes."
>
> „Helfen Sie niemals einem Kind bei einer Aufgabe, bei der es glaubt, Erfolg zu haben."
>
> „Das größte Erfolgszeichen für einen Lehrer ist, sagen zu können: Die Kinder arbeiten jetzt so, als ob ich nicht existiere."

Die Modernisierung und Attraktivierung des Stoffplans und vor allem der Stofferarbeitung muss viel energischer und entschlossener vorangetrieben werden. Und jetzt kommt vielleicht der wichtigste Punkt: unter Mitgestaltung und aktiver Einbeziehung der Schüler:innen. Dabei ist nicht das Referat gemeint, das alle halten müssen, sondern die ganz gewöhnliche Unterrichtsstunde. Die Lehrperson als alleinige Unterrichtsquelle ist überholt. Die Schüler:innen sollen und wollen sich, internetaffin, wie sie sind, auch Stoffe selber holen und der Klasse vortragen. Sie werden in Zukunft auch die Seminararbeiten aus dem ChatGPT holen. (Eine Patientin von mir hat es getan und kein Lehrer hat es gemerkt.) Die Lehrkraft wird dadurch nicht überflüssig, sondern eine wichtige Begleiterin und Einordnende für den thematischen Gesamtzusammenhang bleiben. Die Rolle der Lehrperson wird sich ändern.

Ein lebendiges Austauschen unter Führung der Lehrperson ist bitter nötig. Schüler:innen sind mit 15, 16 Jahren keine Blackbox mehr, die man zuerst füttern muss, weil sie ja leer oder mit digitalem Müll gefüllt ist. Die heutigen Schüler:innen sind nicht leer. Im Gegenteil, sie nehmen so viele Informationen aus dem Netz auf, dass sie diese nicht mehr sortieren können.

Die Aktivierung der Schüler:innen ist oberstes Gebot, wenn der Unterricht nicht in Langeweile und Absitzen der Stunden versinken soll.

Die heutigen Lehrkräfte haben eine Konkurrenz, wie es sie nie gegeben hat: Social Media. Die Bildungsverantwortlichen können diese Gegnerschaft verfluchen und beklagen, was nichts an der attraktiven Gegenpartei ändert, oder sie passen ihre Lehrmethoden an. Das heißt:

a) Die ‚abgeschaltete' Schülerin, der ‚abgeschaltete' Schüler muss wieder angeschaltet werden.
b) Es muss eine attraktivere Gestaltung des Stoffplans stattfinden.
c) Der Unterricht muss personalisiert werden. Die Schülerin, der Schüler reagiert nicht, wenn sie:er im Stoff keine Verbindung zu sich selber herstellen kann. Sie oder er reagiert weitgehend nur auf Reize, sprich: Sie oder er will gereizt werden, für den Stoff gewonnen werden.
d) Die Lehrerinnen und Lehrer müssen führen und begeistern können. Sie müssen in Beziehung gehen. Viele Lehrpersonen können das nicht und greifen immer noch, weil sie der Klasse weder Herr noch Frau werden, viel zu schnell zu Sanktionen oder Bestrafung qua Notendruck. Ein Wort zu den Lehrpersonen: Sie werden in ihrer Lehrer:innenausbildung nicht zeitgemäß vorbereitet. Es muss unbedingt Teil der Lehrer:innenausbildung werden, wie man einen Stoff attraktiv rüberbringt, wie man als Lehrer:in vor der Klasse steht.
e) Jede Schule sollte einen Schüler:innenbeirat haben für jede Jahrgangsstufe. Das bedeutet nicht, dass die Lernenden jetzt entscheiden, was Lerninhalte sind und was nicht. Es würde nur bedeuten, dass auf sie **gehört** wird beim Wie und Was der Unterrichtsgestaltung. Denn zumindest in der Schweiz dürfte der Druck bei den Schüler:innen weiter steigen. „Die

Konferenz der kantonalen Erziehungsdirektoren will die Zahl der Abiturnoten von 13 auf 15 erhöhen. Und sie wollen den schlanken Rahmenlehrplan durch ein umfangreicheres Werk ersetzen." (Donzé, 2023) Vielen Kantonen (= Bundesländer) und Schulleiter:innen bereitet dieses fern der Schüler:innen und der zur Umsetzung dann angehaltenen Lehrkräfte entworfene Machwerk ziemlich große Bauchschmerzen „Das wird die Situation für viele Schüler und Schülerinnen noch verschärfen", befürchtet der Zürcher Rektor Andreas Nicklaus, der einem der größten Gymnasien (2.200 Schüler:innen) in der Schweiz vorsteht. Er hat für seine Schule eine Arbeitsgruppe aus Schulleitung, Lehrer:innen- und Schüler:innenschaft gegründet, welche „Maßnahmen zur Entlastung" der Schüler:innen erarbeitet. Im Zentrum stehe die Abschaffung der Hausaufgaben.

Die ‚Egotalisierung' hat auch in das letzte Klassenzimmer Einzug gehalten. Diesen Begriff verdanken wir Gerald Hüther und Robert Burdy (Hüther & Burdy, 2022, S. 39). Denn genau diese ‚Egotalisierung' hat sich wie eine Seuche im Zeitalter der Digitalisierung ausgebreitet. Keiner hat sie kommen sehen, doch sie ist da. Die Selbstdarstellung, wie sie erst möglich geworden ist durch ‚Social Media', hat diese ‚Egotalisierung' grenzenlos befeuert.

„Mein Ich findet im digitalen Raum Anerkennung und Zustimmung. Jeder Like belohnt mich für meine Bemühungen zu gefallen. Und jede Belohnung vertieft und verstärkt diesen Lernprozess: Ich will als attraktiv, klug, empathisch, professionell und erfolgreich wahrgenommen werden und erhoffe mir dadurch Zustimmung, Anerkennung und Verbundenheit mit anderen Menschen. Durch diese fortwährende Bestätigung des Ich dreht sich praktisch die gesamte Erfahrungswelt des Digitalen um den Einzelnen." (ebenda, S. 31)

Die jungen Menschen sind nicht defizitärer als die Generationen davor, auch wenn sie oft nicht mehr so gut schreiben und lesen können. Sie haben ungefragt (!) eine digitalisierte Welt angeboten bekommen, nutzen sie jetzt und versuchen, sich erfolgreich in ihr zu bewegen. Die Generation vor ihnen macht ja die lukrativen Geschäfte mit den Influencer:innen, welche über die Social-Media-Kanäle ins Jugendzimmer ohne Maß und Ende fluten.

Was bringt es den Lehrkräften, auf die Jugendlichen zu schimpfen und von vergangenen Zeiten zu träumen, „wo die Jugendlichen noch bereit und fähig waren, ein Gedicht auswendig zu lernen" (so eine Lehrerin aus einem städtischen Gymnasium)? Ein erfolgversprechenderer Weg wäre, sich mit genau diesen egotalisierten Jugendlichen auseinanderzusetzen. Warum keine Lerneinheit „Die Geschichte der Digitalisierung und wie sie unsere und deine Welt verändert hat"? Wenn Lehrkräfte offen oder schweigend nur Verachtung für diese so veränderte Jugend übrighaben, haben sie sie endgültig fürs Lernen verloren. Ich begegne viel Entwertung bis hin zur Verachtung in meinen häufigen Gesprächen mit Lehrer:innen (Gespräche kommen auf Wunsch der Patient:innen zustande). Allerdings finde ich im persönlichen Gespräch auch oft gute Einfühlung bei den Lehrenden.

Es hilft nicht, Digitalisierung und Egotalisierung passiv zu ertragen, auch nicht im Klassenzimmer. Eine aktive und kritische Auseinandersetzung mit ihnen gehört in den Stundenplan. Sonst vertieft sich auf beiden Seiten, da Lehrkräfte, dort Lernende, die Kluft. Die Gemeinsamkeit, dass sich Schüler:innen und Lehrer:innen von der digitalen Welle überrollt fühlen, wird dann als Gegnerschaft erlebt, vielleicht, weil sich die eine Seite kraft ihrer Jugend schneller hat adaptieren können. Doch beide Seiten leiden unter einer Welt, in welcher Algorithmen zum Taktgeber für fast alles geworden sind.

Die Egotalisierung ist ja vonseiten der Jungen nur ein Versuch, sich zu behaupten in einer Welt, in der die Anzahl der Likes zum persönlichen Maßstab geworden ist.

Bedeutung von Praktika

Eine Schlüsselstellung im Umgang mit der zunehmenden Egotalisierung der Lernenden nimmt das Praktikum ein. Es verkörpert die sinnliche Korrektur zum digitalisierten Schüler:innendasein. Viele Lernende blühen regelrecht auf, wenn sie in der Fachoberschule den rhythmischen Wechsel zwischen Schule und Praktikum erleben. „Endlich kann ich mal was tun", heißt es dann.

Man könnte schon in der Grundschule mit Praktika beginnen. Eine kindgerechte Form wäre ein Praktikum auf dem Bauernhof, zu zweit oder zu dritt, an einem Theater, einer Sportschule, in einer Bäckerei. Eine Woche könnte zunächst ausreichen, die Schüler:innen könnten zu zweit oder zu dritt gemeinsam Erfahrungen sammeln. Denn Versinnlichung der Schule tut not! Der schon in der Grundschule gehandhabte Umgang mit dem Handy ist fern jeder Sinnlichkeit und Sinnhaftigkeit, wie sie eigenes Ausprobieren und Erleben mit sich bringen können.

Die älteren Schülerinnen und Schüler lieben Praktika, weil da Fleisch an den oft faden, abgekauten Schul-Knochen kommt. Oder psychoanalytisch gesagt: Das handelnde Ich wird erfahrbar gemacht, vorbei ist in dem Augenblick die Egotalisierung. „Wenn ich in Mathe dasitze, erlebe ich nichts, bin leer und sitze nur da wegen der nächsten Schulaufgabe. Doch in diesem Behindertenheim für psychisch und körperlich behinderte Kinder und Jugendliche bin ich total wach, da muss ich genau darauf achten, was ich sage, was ich tue, da kommt es auf mich an", so eine Elftklässlerin. Und ein Neuntklässler erzählt mit einer ungewohnten Begeisterung von seinem Praktikum bei einem Fotografen. „Der hat mich ernst genommen, hat gesagt: ‚Frag alles, was dich interessiert', so was hört man in der Schule ja nie, da ist ganz schnell Schluss mit Fragen, immer fehlt die Zeit, Stoffpauken geht über alles. Unser Klassenlehrer schimpft oft, dass uns nichts interessieren würde. Vielleicht müsste er auch mal so ein Praktikum machen, dann wüsste er, wie das geht mit dem Interessieren! Ich hab ja auch langsam geglaubt, ich sei so eine abgestumpfte Schulleiche. Bin ich gar nicht!"

Die Praktika bringen die Schülerinnen und Schüler wieder in Kontakt mit sich selbst, wenn sie gut ausgesucht sind. Ab und zu erklingen dort erstmals wieder Töne, die sie doch in eine eigene Lebenspur hineingleiten lassen. Praktika sind ein schönes Beispiel für vielfältige Möglichkeiten, die Jugendlichen zu interessieren und damit zu erreichen.

Generationenkonflikte anno 2024

Den Hauptkonflikt zwischen der Eltern- und der Kindergeneration tragen, wie auf den vergangenen Seiten klar geworden sein müsste, zwei Gegenparteien aus, die nicht in der gleichen Welt sozialisiert sind. Generationenunterschiede hat es immer gegeben. Jede neue Generation betritt im Universum menschlicher Entwicklungswege neue Pfade, lehnt die Elternpfade ab, will eigene Wege gehen, oft radikal und unerschrocken. Doch der Übergang von einer Generation zur nächsten hat sich noch nie so rasend schnell und alle Menschen zum Wandel nötigend vollzogen. Jeder Mensch, egal, welchen Alters, ist von der Digitalisierung betroffen. Manche fühle sich regelrecht mitgerissen, andere scheinen auf dieser Welle zu surfen, ohne eine kritische Distanz zu entwickeln. Und wie immer gibt es im Umgang mit der Digitalisierung vieles dazwischen.

Im jetzigen Generationenkonflikt steht der noch weitgehend analoge Mensch (Eltern) dem weitgehend digitalisierten Menschen (Kind) gegenüber. Vater, Mutter, ebenso Lehrer:innen sind noch in einer mehrheitlich analogen Welt groß geworden. Die Nachfolgerin der Generation Z hingegen, die Alpha-Generation, ist bereits komplett digitalisiert. Diese Alpha-Generation kennt nur diese digitalisierte Welt. Der Vollständigkeit halber ein Überblick über die Generationenbezeichnungen:

Traditionalisten (1922–1945)
Baby Boomer (1946–1965)
Generation X (1966–1980)
Generation Y (Millenials 1981–1995)
Generation Z (1996–2009)
Generation Alpha (ab 2010)

Auffällig ist, dass die Generationenfolgen immer kürzer dauern, es entwickelt sich also eine beschleunigte Generationenabfolge. Generationenabfolgen gehen mit Umwälzungen einher, mit historischen wie wirtschaftlich bedingten und kulturellen Zäsuren, welche die Menschen immer etwas in Unruhe versetzen. Die aktuellen Veränderungen entwickeln sich jedoch rasanter und tiefgreifender als jede bisherige Zäsur.

Eltern und ihre Heranwachsenden

Viele junge Erwachsene unterscheiden kaum noch zwischen analoger und digitaler Welt. Sie sind fast immer online. Wir älteren Erwachsenen machen die Trennung, sie nicht.

Die soziale Schere hat bei den jungen Erwachsenen in den letzten Jahren kräftig zugeschnitten und sie geteilt, in eine große Gruppe mit einem ungeregelten und unkontrollierten Internetumgang und eine kleine Gruppe, die das Handy bewusst beiseitelegt, wieder bewusst mehr mit Freund:innen Zeit verbringt, sich bewusst Social-Media-Pausen verordnet. Eine 19-Jährige sagt dazu: „Ich werde sonst dauerbeeinflusst, weiß dann zwar, was alle Welt einen Tag lang bewegt – doch nicht mehr, was mich bewegt."

Oder ein 20-Jähriger: „Je häufiger ich gewohnheitsmäßig auf dem Handy rummache, umso weniger tue ich selber."

Es gibt die jungen Erwachsenen, die nicht nur konsumieren, sondern verändern wollen. Denn Veränderung passiert nicht nur bei ihnen selber, sondern ist das globalisierte Gebot der Stunde. Die erste Generation von jungen Erwachsenen ist da, welche Zukunft nicht mehr als gegeben, sondern gefährdet erfahren muss. Es ist auch die erste Generation, die auf Distanz geht zur Elterngeneration, nicht nur, weil Distanz naturgegeben sein sollte zwischen Eltern und ihren Kindern in diesem Alter, sondern weil die Kinder digitalisiert sind.

Die jungen Erwachsenen

Die Bedeutung von Leidenschaften

Vielleicht erstaunt es die eine oder den anderen Lesende:n, dass dieser vierte und letzte große Entwicklungsabschnitt mit der Bedeutung von Leidenschaften anfängt. Diese müssen nämlich weit vor der Volljährigkeit, die uns im nächsten Kapitel begegnen wird, auf den Weg gebracht werden, damit der Schritt in das Erwachsensein auch wirklich überzeugend vollzogen werden kann.

Leidenschaften sind wichtige Begleiterinnen auf dem Weg vom Jugendlichen zum Erwachsenen und sind Motivation, um überhaupt erwachsen werden zu wollen!

Es liegt über diesen 20er-Jahren des neuen Jahrhunderts eine seltsame Scheu vor dem Erwachsenwerden. 27,3 % aller jungen Erwachsenen leben mit 25 Jahren noch zu Hause (Statistisches Bundesamt, 2022). Das scheint ungewöhnlich für eine Generation, die dank der Digitalisierung und Globalisierung in der Welt unterwegs ist wie keine davor.

Allerdings ist es weitgehend eine virtuelle Begehung der Welt geworden. Nach Corona hat nämlich die Bereitschaft der Jungen, sich auf eine physische Begegnung mit anderen Ländern und Kontinenten und ihren Bewohner:innen einzulassen, merklich nachgelassen. Es wird bei der jungen Generation viel weniger geflogen, was durchaus positiv ist und für die Nachdenklichkeit dieser Generation spricht. Oft sind es inzwischen die Jugendlichen, die bei den Ferienplänen der Familie mit dem Flug in die Weite abwinken.

Die Leidenschaften führen aus der Familie hinaus. Schon das kleine Mädchen, das zum Ballettunterricht geht, trennt sich in dem Moment von der Mutter. Die Zehnjährigen, die unbedingt im Verein Fußballspielen wollen, trennen sich für die Trainingszeit von den Eltern. Der 14-Jährige, der

Tennis spielt, tut es ohne die Mama. Vielleicht schauen die Eltern im Ballettsaal, am Rand des Fußballfeldes, auf der Tennistribüne mal zu. Doch die Aktivität findet ohne die Eltern statt.

Leidenschaften trennen. Leidenschaften sind an eigenes Tun gekoppelt. Leidenschaften entbinden von der gewohnten Routine und Umgebung.

Natürlich müssen sich Kinder und Jugendliche täglich von den Eltern trennen, wenn sie im schulpflichtigen Alter sind. Doch dieses Weggehen ist kein selbstgewählter und selbstbestimmter Trennungsschritt, sondern verordnet. Alle Kinder müssen ihn tun, ob sie dazu Lust haben oder nicht.

Das Pflichtprogramm trainiert die Jugendlichenseele für das Erwachsenwerden. Doch die Kür, also die Leidenschaft, macht ein frohes und schöpferisches Erwachsensein erst möglich.

Mir tut es unendlich weh, immer wieder erleben zu müssen, wie viele der Jugendlichen heranwachsen und volljährig werden, ohne die Leidenschaft, die über einen süchtigen Handygebrauch hinausweist, kennengelernt und gefunden zu haben. Man macht mit, man passt sich an, man hält aus, man hält sich schulisch über Wasser. Man weiß mit 18 ziemlich genau, was die anderen erwarten, was die Gesellschaft will, etwa das Abitur. Doch das eigene, selbstbestimmte Wollen und Erleben ist auf der Strecke geblieben.

Es ist heute tatsächlich möglich, erwachsen zu werden, ohne sich und seinen persönlichen Leidenschaften und Stärken je begegnet zu sein. Mit so wenig Persönlichkeit und so viel Verwechselbarkeit ausgestattet, macht der Schritt in die Volljährigkeit natürlich Angst, manchmal sogar sehr große Angst. Es kommt dann oft zu fluktuierender, oberflächlicher und hektischer Vorbildsuche, wie sie in der digitalisierten Influencer:innenwelt zu Hauf angeboten wird, statt zur Entwicklung von Individualität und Unverwechselbarkeit auf der Basis eigener Interessen, Hobbys, Leidenschaften und persönlicher Besonderheiten, die durchaus nicht einem künstlich geschaffenen Ideal entsprechen müssen. Wieder sticht man nur durch Fotos heraus, die zum Verwechseln sind, weil die eigene zaghaft sich andeutende Persönlichkeit im angesagten Mainstreamdiktat sofort wieder verwischt wird. Die kunstvolle Pose ersetzt die Persönlichkeit. Das Netz quillt über mit Vorschlägen zur Selbstoptimierung. Doch wie soll ich mich denn optimieren, wenn ich gar nicht so recht weiß, wer dieses Ich überhaupt ist?

Volljährigkeit

Plötzlich ist sie da, die früher so ersehnte, heute eher gefürchtete Volljährigkeit, die sich inzwischen oft auf einen schnellen ‚Dann kann ich machen, was ich will'-Impuls reduziert.

Die meisten 18- bis 20-Jährigen haben ihre Schulausbildung abgeschlossen, sind also Lehrlinge oder Student:innen. Und am häufigsten sind sie einfach Suchende, nachdem der ihnen vertraute Schulweg als feste Orientierungsmarke weggefallen ist.

Es ist ein weit offener und unstrukturierter Zwischenraum, in welchen sie nun eintreten. Die Schulzeit ist vorbei, doch oft scheint dies das einzig Klare und so ganz Fassbare zu sein. Vielen jungen Erwachsenen fällt es schwer, eine Entscheidung zu treffen. Und das ist nicht verwunderlich.

Es spricht vieles dafür, nach Abschluss der Schuljahre nicht gleich an die Universität oder Fachhochschule zu gehen. Wahrscheinlich gäbe es dann nicht so viele Studienabbrecherinnen oder Studienabbrecher.

Die Volljährigkeit ist keineswegs immer ein Anlass zur Freude. Zwar lassen sich die meisten 18-Jährigen feiern. Doch wenn die Feier vorbei ist, sinkt oft auch die Stimmung, manchmal schon vor dem großen Tag. „Ich will gar nicht 18 werden, sag ich aber nur hier!", höre ich oft in der Praxis. Denn was kommt mit der Volljährigkeit auf die noch Jugendlichen zu?

Die Antworten ähneln unerwarteterweise oft den Aussagen vor dem sechs bis acht Jahre vorher erfolgten Übertritt an eine weiterführende Schule:

„Jetzt wird es ernst!"

„Jetzt erwarten meine Eltern, dass ich es allein hinbekomme."

„Da muss ich ja dann irgendwann ausziehen."

„Jetzt sollte ich wissen, was ich will, sonst quatschen die Eltern mir rein."

„Meine Eltern erwarten, sagen es natürlich nicht so deutlich, dass ich jetzt selber entscheide, dass ich jetzt weiß, was ich will."

Nicht nur der Eintritt in die Schule, dann der Übertritt an die weiterführende Schule, dann das Abitur/Mittlere Reife und Beginn des Studiums oder der Lehre sind Schwellensituationen. Auch die Volljährigkeit ist so eine emotional beeindruckende Schwellensituation.

Ob diese Schwelle gut genommen wird, hängt von gleich mehreren Faktoren ab. Der wichtigste ist die jahrelang zuvor geübte Eigenmächtigkeit.

Wenn Kinder und Jugendliche zu selten die Möglichkeit bekommen haben, selber (kleine) Entscheidungen zu treffen, ja wie soll das denn plötzlich mit 18 klappen?

Erwachsensein macht dort Angst, wo zu wenig Identität aufgebaut werden konnte. Identität und Selbstwert sind siamesische Zwillinge. Sie gehen Hand in Hand in der psychischen Entwicklung, es gibt die Identität ohne den gesunden Selbstwert nicht.

Identität, so Verena Kast, sei immer eine Frage von Beziehungen (Kast, 2023, S. 47). Jeder junge Mensch hat am Modell gelernt. Wir kennen sie alle, die guten Vorbilder („So möchte ich es mal machen") und die schlechten Vorbilder („So möchte ich nie werden"). Verena Kast spricht beim schlechten Vorbild vom „Anti-Modell".

Kinder und Jugendliche, die zu wenig eigene Selbstwirksamkeit erfahren haben, weil Papa oder Mama schon alles bewirkt haben (sei es das Bewältigen der nächsten Schulaufgabe, das Auflösen eines Konflikts mit einer Klassenkameradin, das Suchen und Finden eines Hobbys, die Auswahl des Geschenkleins für den nächsten Mitschülergeburtstag, die Auswahl eines Buches), werden träge Schlaraffenlandfantasien entwickeln, doch bestimmt kein Selbstwertgefühl.

Kinder lernen an Modellen, an Vorbildern. Doch sich selber finden sie nur in der Entdeckung, dass sie anders sind als ihre Vorbilder, nämlich sie selbst, und zwar mit Haut und Haar. Hier wird, wohlgemerkt, nicht der kleinen Tyrannin, dem kleinen Tyrannen das Wort geredet, die oder der nicht lernt, sondern regiert zu Hause. Selbstgefühl und Selbstwirksamkeit entwickeln sich aus den gemachten Erfahrungen mit ihren wichtigsten Beziehungspersonen, doch die persönliche innerpsychische Ausgestaltung dieser Erfahrungen leisten die Jugendlichen im Laufe der Entwicklung selber, wenn sie dafür genügend Freiraum bekommen.

Auszug

Meistens ist es noch nicht der endgültige Auszug mit 18, 19 oder 20 Jahren. Doch eine räumliche Trennung ist für beide Seiten, da die Eltern, dort die jungen Erwachsenen, eine sehr belebende Erfahrung. Es gibt junge Menschen, die bereits im Familiennest Selbstständigkeit und Eigenverantwortung im Laufe der Pubertät haben üben und anwenden dürfen. Doch mindestens so viele unter ihnen, ich würde aus meiner Erfahrung heraus sogar von einer Mehrheit sprechen, eben leider nicht. Sie sind herangewachsen im Glauben, dass die Eltern „les choses de la vie" schon für sie regeln. Es gilt: Wer die wichtigen Dinge des Lebens vor 18 nie hat regeln dürfen, regelt sie auch nach 18 nicht, oder dies geschieht mit Unsicherheit und Hilflosigkeit.

Zwischen Schule und Studium oder Ausbildung tut vielen Jugendlichen eine Zäsur gut. Es gibt viel weniger Studienabbrecher:innen unter den jungen Erwachsenen, welche die Zäsur gewagt haben und in ein anderes Bundesland oder ins Ausland gegangen sind.

Die Trennung vom altvertrauten Umfeld und seinen gewohnten Abläufen und das erstmalige Zurechtfinden in einer nicht von Eltern begleiteten Alltagswelt setzen ungeahnte Energien frei.

Ein junger Mensch, der sich ein Jahr oder ein halbes Jahr fern der Eltern hat behaupten und zurechtfinden müssen, kehrt verändert zurück. Er ist innerlich gewachsen. Sechs meiner jungen Patienten waren in den letzten drei Jahren nach ihrem Schulabschluss im Ausland, zwei davon für ein halbes Jahr, vier für ein ganzes Jahr. Auf meine Frage nach ihrer wichtigsten Erfahrung kamen folgende Antworten:

> Anna: „Ich war mir nicht sicher, Mama wollte ja nicht, dass ich gehe, hatte im Vorfeld viele Bedenken. Doch ich habe es geschafft! So, so cool, dieses Gefühl."

> Johannes: „Ich weiß jetzt, was ich will. Nicht das, was Papa sich gewünscht hat. Doch jetzt bin ich stark genug, für das, was ich will, zu kämpfen."

Silvie: „Ich bin noch nie so sehr mir selber begegnet. War viel allein, hab gedacht, das kann ich nicht. Und es hat mich niemand abgelenkt."

Miriam: „Ich hab herausgefunden, dass ich viel mehr kann, als ich zu Hause hab zeigen können, da haben dir immer die anderen reingequatscht. Jetzt red ich mit den anderen, doch reinreden lass ich mir nicht mehr … und einreden sowieso nicht!"

Susanne: „Ich hab mich das erste Mal auf mich selber konzentrieren können, die Streitereien zu Hause waren mir egal. Ich war jetzt frei. Die Stunden (online) haben natürlich geholfen. Doch ich hätte das, was ich in diesem Jahr in England geschafft habe, zu Hause in dieser ständig aufgeheizten Atmosphäre nicht schaffen können."

Louis: „Ich hab fast alles selber hinbekommen, sogar die neue Gastfamilie selber ausgesucht. Ziemlich krass, dass ich ein Jahr durchgehalten habe. Papa hat ja gemeint, ich stehe nach einem Monat wieder da."

Kinder, die sich in ihrem Wesen zu Hause ausbreiten durften, also keine Rollen übernehmen mussten, etwa die Rolle der Mama-Versteherin oder des tüchtigen Papa-Nachfolgers, der Streitschlichterin, des Querulanten oder des Stars im doch sonst so harmonischen Familiengefüge, müssen mit 18 nicht ins Ausland. Sie haben sich ja bereits gefunden. Einmal erwachsen geworden, werden diese jungen Menschen sowieso mit 20 oder 22 die Familientür hinter sich schließen. Doch die anderen gewinnen nur durch einen räumlich-physischen Abstand. Wo das Rollenspiel wegfällt, wartet Freiraum, lockt Selbstentdeckung.

Das Rollenspiel fällt übrigens nicht nur bei den erwachsen gewordenen Kindern weg. Auch die Eltern können diese erste Trennungszeit für einen Ausstieg aus zu fad gewordenem und abgenutztem Rollenspiel nutzen. Die Abwesenheit eines Kindes verändert das Familiengefüge für die zu Hause Gebliebenen. Ein Platz ist leer geworden. Handelt es sich um ein Einzelkind, bleibt er leer, eine große Chance für die ‚verwaisten' Eltern, denn nun sind sie auf ihre Paarbeziehung zurückgeworfen. Erkennen sie sich noch als Paar? Bei einer mehrköpfigen Kinderschar kommt eine neue Dynamik auf. Wenn der Abwesende eine gute Rolle innehatte, wird ein Geschwister sofort in die nicht mehr besetzte Rolle schlüpfen. Wenn es eine ‚schlechte' Rolle war (Sorgenkind, Kiffer:in, schulisches Problemkind), kann eine vorerst ruhigere Familienzeit anfangen, bis ein anderes Geschwisterkind auffällig wird. Auffällig wird wahrscheinlich eines der Geschwisterkinder, weil mit dem Wegzug des Problemkindes die basalen Familienkonflikte ja nicht gelöst worden sind. Das Kind, auf welches sie projiziert worden sind, steht nicht mehr zur Verfügung. Es ist wie in einer Märchenaufführung: Wenn die Prinzessin ausfällt, muss eine zweite Prinzessin her oder ein neues Stück zur Aufführung kommen. Vergleichbares ist übrigens in jedem guten Therapieprozess zu beobachten: Wenn der jugendliche Mensch, der so ‚faul' war, so aggressiv, so depressiv, im Laufe der therapeutischen Behandlung aktiv, weniger kränkbar, vitaler wird, verschiebt sich das familiäre Gleichgewicht. Alle in der Familie verändern sich mit. Und manchmal gibt dann die Veränderung des einen auch eine neue Optik der übrigen Familienmitglieder frei: Die ‚Übeltäterin', der ‚Übeltäter' war gar nicht die Indexpatientin, der Indexpatient. Die Familie als lebender Organismus ist keine feste Größe.

Der verlorene Sohn, die verlorene Tochter kommen nach einigen Monaten wieder zurück. Wir erinnern das biblische Gleichnis vom verlorenen Sohn: Der jüngere Sohn zieht in die Welt hinaus mit dem vorzeitig vom Vater geforderten Erbe. Er bringt sein Erbe durch, muss als Schweinehirt sich über Wasser halten. Voller Reue will er heimkehren, alles beichten, den Vater bitten, als Tagelöhner bei ihm arbeiten zu dürfen. Wird der lang Abwesende vom Vater freudig empfangen? Und wie, sehr zum Neid des ‚braven', großen Bruders. Wir hören dabei dessen Klagen, dass er selber doch dem Vater treu gedient habe in Abwesenheit des Jüngeren. Wer sich trennt, also trennungsfähig ist, hat natürlich immer Neues zu erzählen. Das kann sich für andere Familienmitglieder durchaus ungerecht anfühlen.

Doch es kommt eben ein anderes zurück als das Kind, das die Eltern ein halbes oder ein Jahr davor verabschiedet haben. Vor allem Mütter neigen dazu, die Rückkehrer wieder auf den Familienschoß ziehen zu wollen. Da wollen diese aber nicht mehr recht hinaufpassen. Sie sind frei geworden, und das ist gut so. Noch sind sie wirtschaftlich unselbstständig und abhängig, doch in ihrer seelischen Entwicklung, in ihrer geistigen Reife haben sie an Profil gewonnen und zeigen oft keine große Bereitschaft mehr, sich den einst vertrauten Familiengesetzmäßigkeiten unterzuordnen. Und schon gar nicht wollen sie in die alten Rollenbilder schlüpfen.

Der endgültige Absprung aus dem Familiennest steht bevor. Wenn Vogeleltern ihre kleinen Nesthocker:innen flügge machen wollen, versorgen sie sie nicht mehr so intensiv mit Nahrung wie die frisch geschlüpften Nestlinge, sondern zeigen ihren Kleinen, die nun Ästling heißen, die Nahrungssuche im Garten, im Wald. Jetzt erst ist der Jungvogel bereit, das Nest endgültig zu verlassen. Die jungen Erwachsenen, die für ein paar Monate ins Ausland ziehen, proben wie die Ästlinge im Vogelreich die Trennung, bevor sie den Absprung von zu Hause endgültig wagen.

Die Tendenz vieler junger Erwachsener geht aktuell allerdings in Richtung Nestverbleib bis in ihre höheren 20er-Jahre hinein. Eine ungesunde und – ich bin mir der Wertung durchaus bewusst – langweilige Entwicklung, weil sie, um in der Analogie mit Vögeln zu bleiben, den Jungen die Flügel bindet. Es wird dann schnell von Eltern wie jungen Erwachsenen auf die teuren Mieten verwiesen, vor allem in Großstädten wie München, Hamburg, Berlin.

Wir Psychotherapeut:innen bezweifeln, ob es wirklich die hohen Mieten sind, die junge Erwachsene im Status der Nestlinge verharren lassen. Während meiner Studentinnenzeit in Zürich vor über 40 Jahren haben fast alle Studierenden um mich herum gejobbt. Das Kindergeld, welches die Eltern uns zur Verfügung gestellt und überlassen haben, war ja bei Weitem nicht ausreichend. Mein Job hatte mir zum selbstständigen Leben verholfen. Das Ziel Selbstständigkeit hat als Motivation ausgereicht.

Viele Jugendliche und junge Erwachsene wirken heute verwöhnt. „Ist alles so bequem zu Hause, ich kann mich dann auf mein Studium konzentrieren", meinte ein frisch gebackener Student zu mir. Ich halte dagegen: „Studium und Job müssen sich doch nicht ausschließen. Sie suchen einen Job, dann eine Wohngemeinschaft, muss ja nicht gleich in Schwabing (Univiertel in München) sein, und entdecken dabei, dass es nicht unmöglich ist." „Unmöglich nicht, aber ziemlich anstrengend, sieht der Papa übrigens auch so." „Anstrengend sollte es natürlich nicht sein!", antworte ich schmunzelnd. „Nehmen Sie mich jetzt auf den Arm?" „Ne, nicht im Traum. Nur in der Realität. Was spricht gegen etwas Anstrengung, wenn Sie dabei Ihre eigene Kraft spüren lernen? Die Kraft Ihrer Eltern haben Sie kennengelernt. Die werden älter, die sollen jetzt mal ihre Kraft für sich behalten dürfen." „Ach, daher weht der Wind! Die kommen jetzt immer so gut gelaunt aus den Elterngesprächen zurück, mir gegenüber sind sie dann immer eine

Weile streng!" „Sind Sie denn gar nicht neugierig, was Sie ohne Flughilfe Ihrer Eltern vermögen?" Lang gedehntes, zögerliches „Ja, schon". Man sollte ja die Therapeutin bei Laune halten.

Ende des emotionalen Durchreichens

18 oder 20 Jahre alt werden könnte eine große Chance für die jungen Erwachsenen sein. Die ungelösten Konflikte der Eltern werden vom Elternraum, also der Küche, dem Wohnzimmer und Schlafzimmer, ins Esszimmer durchgereicht, viele Jahre lang. Der Esszimmertisch ist der aufregendste Ort in der Familienwohnung. Dort wird gestritten, um Abgrenzung gerungen, dort kommt neben dem Essen alles auf den Tisch, was in einer Familie rumort. Neben dem Brot, dem Salat, dem Fleisch, der Getränke, dem Nachtisch stehen da noch unsichtbare Schalen mit Ärger, Missmut, Neid, Vorwürfen, guten oder schlechten Schulnoten und mannigfacher Frustrationen herum. Ein reichlich gedeckter Tisch! Das ist im Grunde genommen nichts Lebensgefährliches, nur oft schwer Verdauliches, ein ganz normaler Familientisch also. Leider versammeln sich heute viele Familien gar nicht mehr einmal am Tag um den Tisch herum. Das ist keine gute Entwicklung. Face to Face findet oft nur noch am Laptop statt. Die Bedeutung fester Essensrituale für die ganze Familie wird leider immer weniger gesehen, die Rituale entsprechend immer weniger gepflegt. Vielleicht versinkt auch dadurch der gegenseitige Respekt für die Erfahrungen des Gegenübers, ob alt oder jung.

Was bedeutet eigentlich Respekt? Ich verdanke den etymologischen Hinweis Hanne Seemann und ihrem wunderbaren Buch „Mein Körper und ich – Freund oder Feind?" über das Zusammenspiel zwischen Körper und Psyche (Seemann, 2012). Sie weist darauf hin, dass Respekt und respektieren nichts anderes als HINSEHEN heißt. Hinsehen (lat. respectare oder respicere), zurückblicken, sich umblicken – am Esstisch wäre die Gelegenheit, sich umzublicken. Wie geht es meinem Kind, meiner Partnerin, meinem Partner? Was bringen alle aus ihrem Tag heraus an den Tisch mit? Wir können es entweder wie beim „Struwwelpeter" handhaben oder, da wir im 21. Jahrhundert angekommen sind, mit Respekt:

Vater: „Das war ein ärgerlicher Tag, ziemlich viel schiefgelaufen im Büro, also entschuldigt, wenn ich etwas daneben bin."

Mutter: „Erzähl es mir später, wenn du magst. Mein Tag war ganz okay, wie war es denn bei euch beiden (Moritz, 14 Jahre, Silvia 17 Jahre)?"

Moritz: „Doof, ganz doof." (Und jetzt nicht ein verärgertes „Bei dir ist doch immer alles doof" eines Elternteils.)

Mutter: „Was war doof?" (Und nicht sofort: „Gell, die Schulaufgabe … hast ja auch wenig gelernt! Hab ich befürchtet.")

Moritz (wird von der Schwester unterbrochen): „Bin in Bio ausgefragt …"

Silvia: „Das interessiert doch jetzt keinen, ich habe …"

Mutter (mit einem freundlichen Lächeln): „Doch, mich interessiert es, weshalb sein Tag doof war, jetzt hören wir mal Moritz zu, danach dir, du kommst nicht zu kurz."

(Silvia schaut zum Papa, von dem es sonst oft schnelle Schützenhilfe gibt. Dieses Mal nicht.)

Papa: „Genau. Was war doof, Moritz?"

(Fünf Minuten später.)

Silvia: „Mein Tag war super, eine Eins in Mathe …" (Schaut leicht triumphierend ihren Bruder an.)

Vater: „Das freut mich. Mathe fällt dir ja nicht schwer. Und was war sonst noch los bei dir?"

(Silvia erzählt von einer kränkenden Begebenheit mit einer Freundin.)

Mutter: „Red mit ihr drüber, muss sie erfahren, wie du dich gefühlt hast, find ich."

Vater: „Mir fällt gerade ein, dass mein Arbeitskollege, der Hubert, ihr wisst schon, mich ähnlich blöd angeredet hat heute wie deine Freundin, hat mich auch geärgert, genau wie dich, muss ihm das wohl auch sagen."

Hier wird nichts durchgereicht, hier wird respektvoll miteinander umgegangen. Alle sehen sich nacheinander um, und wo gerade nicht, etablieren die Eltern wieder den respektvollen Umgang miteinander. Sie sind dafür verantwortlich.

Tatsächlich findet das ‚emotionale Durchreichen' in jeder Familie statt, auch dort, wo Eltern sich selbst und ihr Erziehungsverhalten reflektieren. Es passiert einfach. Ausmaß und Inhalt des Durchgereichten sind entscheidend.

Wenn eine Mutter und Frau ein negatives Männerbild hat, aus guten Gründen vielleicht, reicht sie dieses Bild an ihre Tochter weiter, oft gänzlich unbewusst. Genauso erreicht auch ihr Sohn dieses dunkel eingefärbte Männerbild – und es wird ihn ungefragt und ungewollt tief prägen.

Wenn ein Vater auch im 21. Jahrhundert noch insgeheim ein Verfechter des patriarchalen Systems ist („Meine Frau hat mich zu verstehen, zu versorgen, mir den nötigen Freiraum zu geben, weil alles, was ich tue, halt doch einen Tick wichtiger bleibt als Bemutterung und Kindererziehung"), reicht er seinem Sohn und auch der Tochter genau diese Sichtweise und Haltung weiter.

„Es geht nicht an, dass tüchtige und starke Frauen von parasitären Männern ausgebeutet und obendrein entmündigt werden und dass die weibliche Hälfte der Menschheit allein für die psychische Stabilität der ganzen Menschheit zuständig bleibt, während die Männer kindisch führen und kämpfen." (Wieck, 1986, S. 83)

Weder Mutter noch Vater können aus ihrer Haut. Beide sind von ihren eigenen familiären Beziehungserfahrungen zutiefst beeinflusst.

Durch seinen Auszug beendet der 20-jährige Sohn, die 20-jährige Tochter das ‚elterliche Durchreichen'.

Sie nehmen zwar die Prägungen und das Durchgereichte mit, doch ab jetzt sind sie selber für die Qualität ihres Lebens verantwortlich. Ich habe meinen Kindern gesagt, dass ich ihnen gegeben habe, was mir möglich war. „Es war nicht alles, was ihr braucht. Doch was gefehlt hat, sucht ihr euch jetzt aktiv selber."

Wenn junge Erwachsene den Eltern die Schuld geben, dass sie nicht schwungvoll und leicht in ein eigenes Leben fliegen können, kann das stimmen. Doch es hilft ihnen nicht. In einer Psychotherapie geht es immer darum, Eigenverantwortung zu übernehmen. Für Zwölfjährige ist das noch kaum möglich. Doch bei 20-Jährigen lasse ich diese Schuldzuschreibung ab einem gewissen Therapiezeitraum nicht mehr ohne Weiteres zu, außer es handelt sich um schwer traumatisierte junge Erwachsene. Deren Heilung braucht viel, viel Zeit und Geduld.

„Wir können uns jetzt nochmals 40 Stunden darüber unterhalten, was Ihre Eltern Ihnen angetan haben, warum Sie so verunsichert und verletzt sind, wir könnten die folgenden Stunden aber auch damit füllen, was Sie jetzt tun können. Verstanden und gefühlt haben wir ja beide Ihre Verletztheit, Ihren Schmerz. Sie können die elterlichen Verwundungen weiterwirken lassen, sich zurücklehnen und resignieren, oder Sie suchen jetzt mit mir zusammen aktiv nach besseren Wegen. Das Zweite scheint mir mehr zu bringen. Das ist übrigens auch günstiger für Ihre Entwicklung."

Das junge Erwachsenenalter kann also das Ende der emotionalen Weitergabe durch die Eltern werden und der Beginn eines selbstbestimmteren Lebens. Doch dafür braucht es den Mut zur Abgrenzung und die wachsende Freude an der Eigenverantwortung.

Eltern allein zu Haus – Die leere Wohnung

Die Kinder sind ausgezogen. Vielleicht ist eines noch da. Doch auch wenn kein Kind mehr zu Hause ist, wird die Wohnung nicht wirklich leer. Diese Leere scheint mehr einem subjektiven Gefühl der Eltern zu entsprechen.

Ich erinnere mich gut: Ich habe tagelang geweint, als meine Tochter mit 19 Jahren auszog und alle meine mich tröstenden Freundinnen behaupteten, dass sie nach einem Jahr Auslandsaufenthalt ja wieder zurückkomme. Sie kam nicht zurück, blieb zehn Jahre in Spanien.

Es geht nicht um Leere, es geht um das instinktive Wissen einer drohenden, unumgänglichen Veränderung. Ein Alltagsleben ohne Kinder nach 20 Jahren oder mehr – eher mehr heutzutage – ist etwas Neues, eine echte Veränderung. Wie wird man wieder Paar, wenn man doch eben noch Familie war?

Benoîte Groult schreibt: „Seit tausend Jahren feilen die Philosophen an ihren Gedanken an einer Welt, in der sie, was Geist und Macht betrifft, alle Plätze besetzen. Ein Recht auf Denken, ja, sogar auf Lesen und Schreiben haben die Frauen doch erst seit so kurzer Zeit." (Groult, 1998, S. 324)

Warum bringe ich hier ein Zitat zu den Frauen? Weil es die Frauen sind, die am mutigsten mit der alten Welt Schluss machen. Auch Sie, die Männer, sollten es tun. Meinen Sie nicht?

Abschließende Gedanken: Ist Wirklichkeit beliebig geworden?

Unsere Reise durch die Räume der kindlichen Entwicklung in digitalen Zeiten ist zu Ende. Viele Themen, wie sie die Familie im 21. Jahrhundert beschäftigen, sind zur Sprache gekommen. Der Fokus lag, bestimmt durch meine Arbeit als Psychoanalytikerin für Kinder, Jugendliche und Paare, auf den fünf Entwicklungsstufen Baby, Kleinkind, Schulkind, Jugendliche und junge Erwachsene. Auf jeder dieser Stufen haben wir es mit Eltern zu tun, die sich auf der sichtbaren Ebene zwar weniger als ihre Kinder, doch innerlich einem ebenso anspruchsvollen Transformationsprozess im Laufe dieser 20 Jahre unterziehen müssen. Die Baby-Eltern gleichen in keiner Weise mehr den Eltern, wie die erwachsenen Kinder sie nun im Rückspiegel ihres jungen Lebens kleiner werden sehen. Die Eltern schrumpfen. Sie, die einst Riesen waren in ihrer Bedeutung für das psychische und physische Wohlergehen des kleinen Kindes, sind nicht nur auf Normalgröße geschrumpft, was ja eine gute Entwicklung wäre. Sie werden meines Erachtens gerade zu klein, ihr Einfluss schwindet zu stark bei ihren digitalisierten Kindern. Denn ihre Einzigartigkeit, nämlich Eltern genau dieses einen Kindes zu sein, sollten sie ein Leben lang behalten dürfen.

Ihnen ist in diesen 20 Jahren viel abverlangt worden: Sie mussten halten, beschützen, nähren, unterstützen, begleiten, trösten. Manche Eltern mussten diese Fähigkeiten vielleicht selber erst erlernen, wenn sie selber nie gehalten und getröstet worden sind. Sie haben es geschafft, immer wieder neue emotionale Zugänge zu ihrem Kind zu finden, das gestern noch Baby war und heute ein trotziges Kleinkind, gestern noch Schulkind, heute ein junger Erwachsener, der als solcher von den Eltern erkannt und ernst genommen werden will.

Das Kind hat von den Eltern gelernt, und die Eltern ebenso vom Kind. Das Lernen und die erforderlichen Auseinandersetzungen verlangen ihnen immer wieder vieles ab. Das Wichtigste vielleicht: Sie sind Eltern einer Generation von Kindern, die unter dem Einfluss der künstlichen Intelligenz aufwachsen. Es gab in der bisherigen Geschichte nie einen so gewaltigen Nebenfluss, wie er die aktuelle Familie gerade begleitet und durchspült. Haupt(-ein-)fluss war bisher immer die Familie selbst. Was seit Generationen durch die Familienadern geflossen ist, wurde weitergegeben. Darunter war immer Gutes wie Schlechtes. Klaus Mann sagt in seiner ersten Autobiografie „Kind dieser Zeit“: „Ohne Frage ist es nicht nur Geistesträgheit, sondern auch fromme Scheu, wenn wir dazu neigen, dieses Dunkel unberührt lassen zu wollen, anstatt es zu lichten und aufzuheben, mit allen Mitteln, über die wir verfügen.“ (Mann, 2019, S. 12) Jetzt ist die KI im Kinderzimmer, im Jugendzimmer, in jedem Familienzimmer mit dabei. Sie bringt viel Erleichterung, sie stellt unbegrenzte Datenmengen zur Verfügung für alle. Man könnte sie die gelungene Umsetzung und Realität gewordene Demokratisierung des Wissens nennen, wenn sie nicht eben auch das perfekte und schwer kontrollierbare Instrument von Manipulation in einem Ausmaß wäre, wie wir es noch gar nicht zu denken wagen. Wer die Algorithmen füttert, füttert die Welt. Doch wer ist denn dieser Anonymus?

Kein Kind bräuchte mehr sein eigenes Zimmer zu verlassen. Die Internet-Welt kommt zu ihm. Kein Kind bräuchte mehr Freundschaften zu schließen. Die Klick-Welten sorgen für Ersatz. Keine junge Erwachsene, kein junger Erwachsener bräuchte mehr die Liebe. Die humanoiden Roboter sind bereits auf dem Weg zu ihr oder ihm. Täuschend echt, täuschend erotisch – und gänzlich unter der Kontrolle der Nutzerin, des Nutzers und absolut anspruchslos.

Eine alte Bekannte, eine Gegenwelt muss wieder an Bedeutung gewinnen. Genauer: Die analoge Welt, in der gefühlt, geliebt und verletzt wird, weil wir verletzliche Wesen sind und bleiben, muss aufrechterhalten werden. Sie ist bedroht. Und wer das nicht sehen will, verleugnet den moralisch enthemmten Zustand, in welchen unsere Welt hineingerutscht ist. Das ist keine Panikmache, sondern eine große, tiefe Sorge, die ich mit vielen Kollege:innen, Lern- und Hirnforscher:innen teile. Und wenn ich mir die vielen, plötzlich warnenden Stimmen auf Facebook und in den Printmedien vergegenwärtige, sehe ich, dass es keineswegs nur Fachleute sind, die sich sehr sorgen. Viele meiner Freundinnen und Freunde sind ebenfalls tief besorgt.

Die menschliche Seele ist bedroht. Dafür können unsere Kinder nichts. „Die digitale Inbesitznahme des Menschen" sieht der Psychosomatiker und Neuroimmunologe Joachim Bauer darin, dass „die Werkzeuge ihre Besitzerinnen und Besitzer beherrschen" (Bauer, 2023, S. 57).

Für den Erhalt einer lebendigen, attraktiven Gegenwelt können Familien ganz viel tun. Einige Ansätze kamen hier zur Sprache. Eltern und andere wichtige Bezugspersonen benötigen dafür keine schwierigen Zauberkunststücke, nur die Ressource Zeit. Auch sollten die Familien wieder eine klare Wertevermittlung als ihre Aufgabe sehen. Und es wird, mehr als früher, nicht bloße Worte, sondern emotionale und beziehungsfördernde Statements brauchen („Mich würde es sehr verletzen, wenn ich deine Freundin wäre und du verschwindest einfach, hast nicht den Mut, sie ein letztes Mal zu sehen, löschst sie einfach … he, das nenn ich feige, lieber Sohn").

Die Erziehung, hoffentlich haben die vorangegangenen Seiten es aufzeigen können, muss wieder persönlicher werden. Jetzt, wo es endlich möglich ist, dass nicht nur die Mutter Social Care, sondern Frau und Mann Social und Psychological Care gemeinsam gestalten, muss mehr miteinander gesprochen werden. Dabei geht es nicht um das quantitative Mehr, sondern vor allem um die Gesprächsqualität, das „in Beziehung treten". Auch von Männern! Meine Erfahrung aus der Paartherapie zeigt mir immer wieder: Die Männer können es gut (wenn Frau sie lässt). Vor allem die Männer unter 40 können es gut. Und die Männer über 40 sind bereit, etwas zu tun, was noch ihre Väter kaum in Betracht gezogen hätten: eine psychoanalytische Therapie. Im Moment (Januar 2024) machen mehr Väter als Mütter meiner Patient:innen eine eigene psychoanalytische Therapie. Ich bin begeistert. Meine emanzipierte Tochter würde jetzt vermutlich sagen: „Mama, kein Grund, so auszuflippen." „Doch, liebe Tochter, es ist ein Grund. Das kannst du nicht wissen, weil du einer anderen Generation angehörst, einer Generation, wo junge Männer genauso Therapie machen wie junge Frauen. Das war noch nie so."

Alle Eltern sollten sich bewusst sein, dass durch den gewaltigen Interneteinfluss ihr eigener Einfluss gerade ernsthaft bedroht ist. Wie holt man den eigenen Einfluss auf die Kinder zurück? Es braucht das, was nur wir Menschen können: lebendiges Fühlen und Mitfühlen. Es hilft kein roboterhaft kaltes „Du musst, du solltest, du darfst nicht", sondern „Ich überleg gerade, wie ich es an deiner Stelle machen würde, echt blöde Situation … komm, wir denken mal zusammen über eine Lösung nach".

Ingeborg Bachmann sagt in ihrem Roman „Malina“: „Ein Tag wird kommen, an dem die Menschen schwarzgoldene Augen haben, sie werden die Schönheit sehen […].“ (Bachmann, 2011, S. 348) Sie, die österreichische Schriftstellerin, hat damals sicherlich nicht die geröteten Internetaugen gemeint, sondern strahlende Augen, aus tiefem (Mit-)Empfinden und Wärme heraus leuchtende Augen, die immer schon und hoffentlich auch morgen noch uns Menschen ein tiefes Gefühl von Identität und Lebendigkeit zu sichern vermögen. Identität ist da, wo ich weiß, wer ich bin, was ich fühle und – dass ich fühle. Wir dürfen uns nicht abschalten lassen, weder in der Familie noch im eigenen Inneren. Sonst drohen rücksichtslose Zeiten.

Sehen wir neben aller Sorgen auch das Hoffnungsvolle: etwa das Lächeln eines Babys, das einfach nur vertraut, oder das Lachen eines jungen Mannes, der zwar auch einen Schulweg, doch mit noch größerer Überzeugung einen eigenen Weg gegangen ist; das Lächeln von Eltern, wenn Streitgespräche nicht im wiederholten und gewohnten Chaos sie verschleißen, sondern im erneuerten Vertrauen zueinander enden, und sie den Paar-Weg der Liebe unerwartet und unverhofft – doch natürlich nicht ohne eigenes Zutun – wieder unter die Füße nehmen können.

Die Jugend will immer noch ein Zugehörigkeitsgefühl, und damit mehr sein als ein von Algorithmen verführter und manipulierter Mensch. Algorithmen wärmen nicht, sie geben nur vor, mehr zu wissen als der Mensch. Inzwischen ist es übrigens kein Vorgeben mehr, sondern sie wissen tatsächlich mehr. Hinter ihrer Entwicklung stehen nicht wenige größenwahnsinnige Forscher, die zig Milliarden dafür einsetzen, den menschlichen Geist zu beschämen, „ihn als anfällig, unberechenbar und fehlerhaft zu entlarven“, so Johannes Hepp in seinem Buch „Die Psyche des Homo Digitalis“. Und weiter: „Die jungen Menschen, die so sorglos und naiv TikTok oder Instagram konsumieren, glauben sich als auswählende Konsumenten. Doch sie sind bereits ihr Produkt.“ (Hepp, 2023, S. 27) Wie viele Jahrzehnte haben gerade wir Psychotherapeut:innen mit unseren Patient:innen und den Eltern daran gearbeitet, im Kind nicht ein Produkt der Elternbedürfnisse zu sehen? Und jetzt haben die Kids die Seite gewechselt: Was die Eltern sagen, ist langweilig, was die KI und Social Media verkünden, ist die neue Wahrheit. Sie glauben sich frei. Sie sind es nicht.

Ein Erosionsprozess vollzieht sich, demokratische Werte sind bedroht, gerade in Europa. In Amerika schon seit den Trump-Jahren. Gestern war auch, dass Eltern ihren Kindern Märchen vorgelesen haben. Die Kinder holen sich die Märchen jetzt im Netz. Und das Ergebnis sieht dann so aus wie bei einem 13-jährigen Jungen, der lapidar gesagt hat – ja etwas überrascht war er schon: „Ich wollte den Typen nicht verletzen, war ja selber überrascht, dass der so richtig blutet."

„Wir brauchen eine neue Verteidigung des Menschen." (Fuchs, 2023, S. 11) Wir brauchen unbedingt eine Aufwertung der menschlichen Seele, ihrer kreativen Möglichkeiten, ihrer einzigartigen Leistungen. Wenn wir Erwachsenen den Kindern vermitteln, dass alles zu Erwartende und die Welt Fortbewegende nur von der KI kommt, geben wir jede Einflussnahme ab und machen uns dann bedeutungslos.

Ich bin kein ängstlicher Mensch. Doch ab und zu ergreift die Angst mich inzwischen. Ich will das nicht. Trotz aller Sorgen sollten die Ängste nicht unser Handeln bestimmen, weder meines als Psychotherapeutin noch das Handeln von Ihnen, liebe Eltern. Schauen wir hin und lassen uns auf eine respektvolle Beziehung zu unseren Kindern ein. Nehmen wir die Herausforderung an, unsere Kinder müssen es auch!

Ein hilfreicher Hinweis

Für Kinder und Jugendliche mit medialer Suchtthematik, Schulangst und psychischen Problemen, die in der Familie gerade nicht aufgefangen werden können und eine vorübergehende Trennung nahelegen, gibt es die Lebenswelt Mont in den Schweizer Alpen. Vreni von Wartburg, eine ehemalige Lehrerin und Mutter von vier erwachsenen Söhnen, hat vor 20 Jahren in Vals (Kanton Graubünden) einen Biohof aufgebaut, wo Kinder und Jugendliche eine Auszeit nehmen können, bis sie wieder stabiler geworden sind.

Ich habe Vreni von Wartburg vier Fragen gestellt. Hier ihre Antworten:

NSK: „Worum geht es bei den Aufenthalten von Kindern und Jugendlichen in der Lebenswelt Mont?“

VvW:„Es geht in erster Linie darum, die Jugendlichen für eine gewisse Zeit aus ihrem Umfeld herauszunehmen.

Bei mir kommen sie in eine für sie ganz fremde Welt: Von allem gibt es weniger als zu Hause. Ich lebe ein viel einfacheres Leben, als sie es gewohnt sind. Sie haben kein Handy, sie arbeiten mit mir auf dem Hof und in der Natur. Das ermöglicht ihnen Distanz zu ihrem gewohnten Leben und löst ein Nachdenken oder Umdenken aus.

Dass jemand immer da ist, Zeit hat und auch zuhört, ist in dieser Situation wichtig. Ich bin am Anfang nicht besonders freundlich zu den Jugendlichen, nur einfach fair. Eine gute Beziehung zwischen uns müssen die Jugendlichen von sich aus aufbauen wollen, und sie schaffen es auch. Es ist aber eine große Herausforderung für sie, denn sie sind es gewohnt, dass ihnen alles angeboten wird. Ich schaue darauf, dass sie alles haben, was sie brauchen. Aber nur schon sich so einzurichten, dass es ihnen wohl ist, ist ihre eigene Aufgabe.

Ein Aufenthalt der Jugendlichen bei mir bewirkt aber auch eine Entlastung von Familie, Schule oder Jugendheim. Dies geschieht dadurch, dass die Jugendlichen während der Zeit bei mir keinen Kontakt zu ihrem Umfeld haben. Der Kontakt läuft über eine vor dem Aufenthalt bestimmte Kontaktperson.“

NSK: „Welche Kinder und Jugendlichen kommen nach Mont?“

VvW: „Es kommen Kinder und Jugendliche bzw. junge Erwachsene im Alter zwischen zehn und 25 Jahren. Sie werden durch die Familie, die Schule, das Jugendheim oder das Sozialamt bei mir platziert. Sie kommen aus ganz unterschiedlichen Familienkonstellationen und sehr unterschiedlichen finanziellen Verhältnissen.“

NSK: „Welche Erfahrungen haben Sie gemacht?“

VvW: „Mit meiner Arbeit kann ich den Familien/Schulen/Jugendheimen vor allem eine Entlastung anbieten. Diese haben dann die Möglichkeit, die Situation in Ruhe zu analysieren und die Zukunft mit dem Kind oder der, dem Jugendlichen zu planen.

Bei den Jugendlichen gehe ich nicht davon aus, dass ich sie ‚ändern‘ kann. Doch sie erleben bei mir die große Wertschätzung gegenüber dem, was hinter den Dingen ist: die Natur, die Ursprünge der Nahrung durch Tiere und Garten, ein respektvoller Umgang mit dem, was man wirklich braucht.

Und sie erleben das Glück, welches in der Einfachheit entstehen kann: die Zufriedenheit nach einem anstrengenden Tag, nach vollbrachter Arbeit, die Freude an kleinen Dingen, die Kraft, die zwischen Menschen entstehen kann, wenn sie einander vertrauen können.

Diese Erfahrungen nehmen sie mit. Was sie damit machen, ist ihre Sache. Vielleicht können sie sie in ihr Leben einbauen, aber das braucht ganz sicher Zeit.

Die größten Auswirkungen eines Time-out hat wahrscheinlich die veränderte Haltung des Umfeldes, wenn die Kinder und Jugendlichen zurückkommen. Darauf bereite ich sie vor.

NSK: „Warum findet dieses Projekt so viel Resonanz?“

VvW: „Ich erlebe immer deutlicher, wie Eltern und Institutionen es aufgegeben haben, an ihre eigene Kraft den Jugendlichen gegenüber zu glauben. Die Jugendlichen sind sehr oft die Stärkeren und setzen sich mit allem durch.

Dadurch werden die Kinder und Jugendlichen immer hilfloser, da ihnen die Struktur in ihrer von ihnen selbst geschaffenen Welt fehlt. So bricht ihre Welt irgendwann einfach ein.

In letzter Zeit häufen sich die Anfragen von Müttern, die mir schreiben, dass ihr Kind nur noch im Bett bleiben will. Für mich fühlt sich das an wie der Wunsch, noch einmal ganz von vorne anfangen zu können.

In gewisser Weise kann ich ihnen das mit der Lebenswelt Mont bieten.
Eine andere Welt, ein neuer Anfang.
Oder: Eine neue Figur in einem neuen Game. Aber in echt!“

Adresse:
Lebenswelt Mont
Hof Mont
7116 St. Martin
Switzerland

Telefon: +41 (0)79 662 11 26
E-Mail: vreni@lebenswelt-mont.ch

Literaturverzeichnis

Aigner, Josef Christian (2016): Der andere Mann, Psychosozial-Verlag, Gießen.

Auster, Paul (2023): Baumgartner, Rowohlt Verlag, Hamburg.

Bachmann, Ingeborg (2011): Malina, Suhrkamp Verlag, Berlin.

Badinter, Elisabeth (1985): Mutterliebe, DTV Taschenbuch Verlag, München.

Baier, Maren (Hrsg.) (2023): Worte in finsteren Zeiten, S. Fischer Verlag, Frankfurt am Main.

Bauer, Joachim (2023): Realitätsverlust: Wie virtuelle Welten von uns Besitz ergreifen – und die Menschlichkeit bedrohen, Heyne Verlag, München.

Becker-Textor, Ingeborg (1994): Montessori „Hilf mir, es selbst zu tun!", in: Kinderzeit, 45(4), S. 16–22.

Bitkom (2022): Online-Zeit von Kindern und Jugendlichen wächst auf 111 Minuten pro Tag. https://www.bitkom.org/Presse/Presseinformation/Online-Zeit-Kinder-Jugendliche-111-Minuten (15.01.2024).

Buber, Martin (2021): Ich und Du, Reclam Verlag, Ditzingen.

Burchartz, Arne (2021): Psychodynamische Therapie im Kindes- und Jugendalter, Kohlhammer Verlag, Stuttgart.

Fuchs, Thomas (2022): Verteidigung des Menschen, Suhrkamp TB Verlag, Berlin.

Decker, Kerstin (2028): Franziska zu Reventlow, Piper Verlag, München.

Donzé, René (2023): Gymis wollen Hausaufgaben abschaffen, in: NZZ, 13.03.2023.

Dürrenmatt, Friedrich (1998): Ein Engel kommt nach Babylon, Diogenes Verlag, Zürich.

Von Ebner-Eschenbach, Marie (2002): Aphorismen, Reclam Verlag, Stuttgart.

Frisch, Max (1987): Biografie: Ein Spiel, Suhrkamp Verlag, Frankfurt.

Gittner, Christa (2022): Der Garten hat Geburtstag, Europa Buch, Berlin.

Gorz, André (2009): Brief an D., btb Verlag, München.

Gracia, Giuseppe (2022): Der Posthumanismus ist in Wahrheit ein Antihumanismus – Fortschritt braucht Ethik, in: NZZ, Feuilleton, 29.09.2022.

Gracia, Giuseppe (2023): Absolute Wahrheitsansprüche sind nicht die Gegner, sondern die Grundlage von Offenheit und Toleranz, in: NZZ, Feuilleton, 05.07.2023.

Green, Robert (2019): Die Gesetze der menschlichen Natur, FinanzBuch-Verlag, München.

Groult, Benoîte (1998): Leben heißt frei sein, Knaur Verlag, München.

Gruen, Arno (1993): Der Verrat am Selbst, dtv, München.

Hepp, Johannes (2023): Die Psyche des Homo Digitalis – 21 Neurosen, die uns im 21. Jahrhundert herausfordern, Kösel Verlag, München.

Hesse, Hermann (1988): Eigensinn, rororo TB Verlag, Hamburg.

Hopf, Hans (2020): Wie Jule ihre Angst verliert, ein Kinderfachbuch, Mabuse-Verlag, Frankfurt am Main.

Hopf, Hans (2021a): Abgründe – spektakuläre Fälle aus dem Leben eines Psychotherapeuten, Klett-Cotta Verlag, Stuttgart.

Hopf, Hans (2021b): Die Psychoanalyse des Jungen, Klett-Cotta Verlag, Stuttgart.

Hopf, Hans (2023): Wenn Kinder krank werden – eine kleine Psychosomatik von Husten, Schnupfen, Heiserkeit, Mabuse-Verlag, Frankfurt am Main.

Hüther, Gerald & Burdy, Robert (2022): Wir informieren uns zu Tode – Ein Befreiungsversuch für verwickelte Gehirne, Herder Verlag, Freiburg, Basel, Wien.

Hustvedt, Siri (2004): Die Verzauberung der Lily Dahl, rororo TB Verlag, Hamburg.

Hustvedt, Siri (2023): Mütter, Väter und Täter, Rowohlt Verlag, Hamburg.

Ineichen, Michelle (2023): Kein Anstand und fehlende Manieren – jetzt müssen Lernende zum Knigge-Kurs, in: 20 Minuten, 22.02.2023.

Jaffé, Aniela (Hrsg.) (1990): Träume, Erinnerungen, Gedanken von C. G. Jung, Walter-Verlag, Olten, Freiburg im Breisgau.

Kapitelman, Dimitrij (2022): Das Lächeln meines unsichtbaren Vaters, dtv, München.

Kast, Verena (2023): Leben ist Beziehung, Patmos Verlag, Ostfildern.

van der Kolk, Bessel (2015): Verkörperter Schrecken, G .P. Probst Verlag, Lichtenau/Westfalen.

Leibig, Corinna & Hopf, Hans (2023): Bin ich richtig? – Pubertätswegweiser für Jugendliche, Mabuse-Verlag, Frankfurt am Main.

Lanier, Jaron (2018): Zehn Gründe, warum du deine Social Media Accounts sofort löschen solltest, Hoffmann und Campe Verlag, Hamburg.

Mann, Klaus (2022): Kind dieser Zeit, rororo TB Verlag, Hamburg.

McEwan, Ian (2019): Maschinen wie ich, Diogenes Verlag, Zürich.

Medienpädagogischer Forschungsverbund Südwest (Hrsg.) (2021): JIM-Studie 2021: Jugend, Information, Medien – Basisuntersuchung zum Medienumgang 12- bis 19-Jähriger, Medienpädagogischer Forschungsverbund Südwest, Stuttgart.

Mertens, Wolfgang (1996): Entwicklung der Psychosexualität und der Geschlechtsidentität, Kohlhammer Verlag, Stuttgart.

Miller, Alice (2012): Das Drama des begabten Kindes, Suhrkamp Verlag, Berlin.

Miller, Alice (1983): Du sollst nicht merken, Suhrkamp Verlag, Berlin.

Moeller, Michael Lukas (2000): Die Wahrheit beginnt zu zweit, rororo Taschenbuch Verlag, Hamburg.

Moeller, Michael Lukas (2002): Auf dem Weg zur Wissenschaft der Liebe, rororo Taschenbuch Verlag, Hamburg.

Montessori, Maria (1991): Das kreative Kind. Herder Verlag, Freiburg.

Müller, Silke (2023): Wir verlieren unsere Kinder, Droemer Knaur Verlag, München.

Müller, Ulrich A. (Hrsg.) (2019): „There is no such thing as a baby" –Zur gegenwärtigen Bedeutung der frühkindlichen Entwicklung im Anschluss an D. W. Winnicott, Psychosozial-Verlag, Gießen.

Nin, Anaïs (2005): Nächte unterm Venusmond – Die bisher unveröffentlichten Tagebücher, Fischer Taschenbuch, Frankfurt am Main.

Perkins, John (2021): Das Vermächtnis eines Economic Hit Man, FinanzBuchVerlag, München.

Perkins, Adam (2015): The Walfare Trait: How State Benefits Affect Personality, Palgrave Verlag, London.

Rauchfleisch, Udo (2019): Sexuelle Identitäten im therapeutischen Prozess, Kohlhammer Verlag, Stuttgart.

Schmid König, Nelia (2010): Damit Kindern kein Flügel bricht, Kösel Verlag, München.

Schmid König, Nelia (2019): Vom Verschwinden der Kindheit, Mabuse-Verlag, Frankfurt am Main.

Schmid König, Nelia (2021): Corona – WUNDE und Wende, wild art edition, Heimenkirch.

Seemann, Hanne (2007): Freundschaft mit dem eigenen Körper schließen – Über den Umgang mit psychosomatischen Schmerzen, Klett-Cotta Verlag, Stuttgart.

Seemann, Hanne (2012): Mein Körper und ich – Freund oder Feind?, Klett-Cotta Verlag, Stuttgart.

Schrimpf, Ulrike (2023): Mythos Mutterschaft – Warum Depressionen rund um die Geburt kein individuelles Problem sind und wie wir sie überleben, Leykam Verlag, Graz.

Staats, Hermann (2021a): Psychoanalyse des 21. Jahrhunderts, Entwicklungspsychologische Grundlagen der Psychoanalyse – Band 1: Schwangerschaft, Geburt und Kindheit, Kohlhammer Verlag, Stuttgart.

Staats, Hermann (2021b): Psychoanalyse im 21. Jahrhundert, Entwicklungspsychologische Grundlagen der Psychoanalyse – Band 2: Jugend, Erwachsenwerden und Altern, Kohlhammer Verlag, Stuttgart.

Storey, Anne E. et al (2000): „Hormonal correlates of paternal responsiveness in new and expectant fathers", in: Evotinonal and Human Behavior, 21, S. 79–95.

Streeck-Fischer, Annette (2004): Adoleszenz – Bindung – Destruktivität, Klett-Cotta Verlag, Stuttgart.

Wieck, Wilfried (1989): Männer lassen lieben – Die Sucht nach der Frau, Kreuz-Verlag, Freiburg im Breisgau.

Winnicott, Donald W. (1990): Der Anfang ist unsere Heimat, Klett-Cotta, Stuttgart.

Winnicott, Donald W. (1985): Kind, Familie und Umwelt, Ernst Reinhardt Verlag, München, Basel.

Winnicott, Donald W. (2022): Vom Spiel zur Kreativität, Klett-Cotta, Stuttgart.

Würfel, Stefan (2021): Schule ohne Schüler, in: Schmid König, Nelia (Hrsg.), Corona – WUNDE und Wende, wild art edition, Heimenkirch.

Danksagung

Am Anfang dieses Buchprojektes stand ein Mann: Lutz Widmaier. Er erschien vor zwei Jahren in meiner Praxis. Ob ich nicht einen „Elternführerschein" schreiben wolle. Seine Idee hat mich begeistert. Doch dann tauchten vor meinem Auge die Fachbücher auf, die namhafte Kolleg:innen zur Entwicklungspsychologie aus psychoanalytischer Sicht schon geschrieben hatten. Ein weiteres beisteuern? Nein. Doch plötzlich schien mir das Projekt vorstellbar. Es muss ja kein Fachbuch sein, Sachbuch genügt. Auf meine direkte und persönliche Art. Ich kann nur solche Bücher schreiben. Ein riesengroßes Danke für Ihre Initiative, lieber Herr Widmaier.

Danken möchte ich auch den Patient:innen und ihren Eltern, die mir ihr Vertrauen schenken und bereit sind, den für sie nicht immer einfachen Weg der Selbstbegegnung zu gehen. Die Kinder und Jugendlichen tragen einen schier endlos fließenden Strom an Lebendigkeit in die Praxis. Manchmal ist diese Lebendigkeit gebremst worden, scheinbar wie weggeblasen von den heftigen Zeit-Stürmen, wie sie gerade toben, mit Coronafolgen, Kriegen, digitaler Sucht. Doch sie ist da. Fast immer.

Ich danke meinen Kindern. Ohne euch wäre ich nicht dieser mir und anderen Vertrauen schenkende Mensch. Ihr seid der Beweis, den es nicht braucht: dass der Dialog zwischen uns Menschen und Generationen funktionieren kann.

Danken möchte ich auch meinem ersten Mann und Kollegen Wolfhard H. König. Ich bin der Meinung, dass wir es im Sinne von Winnicott genügend gut gemacht haben mit unseren Kindern.

Ich danke meinem Mann. Er akzeptiert als selbstbewegter Ruheständler, dass ich neben einer vollen Praxis hin und wieder schreibe, auch wenn uns dadurch gemeinsame Zeit gekürzt wird.

Ein ganz großer Dank gilt Linde Löffler, meiner Lektorin. Sie hat mit Feinfühligkeit und großem Sachverständnis das Buch verbessert. Auch ihre klare Entschlossenheit, Wiederholungen und zu persönliche oder auch politisch eingefärbte Einlassungen auf Autorinnenseite zu streichen, empfinde ich als wertvolle Korrektur. Sie war mir eine verlässliche Partnerin in meinem Anliegen, die Eltern für die Bedürfnisse ihrer Kinder zu sensibilisieren.

Der allerletzte Dank geht an Dr. Simone Holz mit ihrer Schlussredaktion. Wann ist ein Buch (endlich) fertig? Wenn eine fachkundige Frau den letzten Blick darauf wirft.

Hans Hopf

Aggression in psychodynamischen Therapien mit Kindern und Jugendlichen

3. Aufl. 2021, 216 S., 19,95 Euro
ISBN 978-3-86321-342-8

Der Kinderpsychoanalytiker Hopf gibt einen Überblick über die wichtigsten Konzepte zum Aggressionsbegriff und hebt die Bedeutung der Geschlechtsunterschiede bei aggressiven und destruktiven Tendenzen hervor. Er schildert anhand von Fallbeispielen behandlungstechnische Probleme und stellt verschiedene Formen des Umgangs mit jungen Patient:innen vor. Dabei geht er auch auf die Persönlichkeit des Analytikers und Probleme der Gegenübertragung ein.

Hans Hopf

Kinderträume verstehen

3. Aufl. 2018, 217 S., 16,95 Euro
ISBN 978-3-86321-293-3

Träume sind keine Schäume! Und weil alle Kinder träumen, können Eltern, Erzieher:innen und Lehrer:innen an den Traumerzählungen erkennen, welche kleinen und manchmal auch großen Probleme da zu bewältigen sind. Der erfahrene Kinder- und Jugendlichenpsychotherapeut Hans Hopf zeigt an zahlreichen Beispielen und ihrer behutsamen Interpretation: Selbst ohne Kenntnis psychologischer Theorien können Erwachsene mit den kindlichen Traumbildern umgehen – vorausgesetzt, sie sind bereit, sich in die Träume einzufühlen.